Uni-Taschenbücher 1808

UTB
FÜR WISSEN
SCHAFT

Eine Arbeitsgemeinschaft der Verlage

Wilhelm Fink Verlag München
Gustav Fischer Verlag Jena und Stuttgart
Francke Verlag Tübingen und Basel
Paul Haupt Verlag Bern · Stuttgart · Wien
Hüthig Verlagsgemeinschaft
Decker & Müller GmbH Heidelberg
Leske Verlag + Budrich GmbH Opladen
J. C. B. Mohr (Paul Siebeck) Tübingen
Quelle & Meyer Heidelberg · Wiesbaden
Ernst Reinhardt Verlag München und Basel
Schäffer-Poeschel Verlag · Stuttgart
Ferdinand Schöningh Verlag Paderborn · München · Wien · Zürich
Eugen Ulmer Verlag Stuttgart
Vandenhoeck & Ruprecht in Göttingen und Zürich

Eugenio Coseriu

Textlinguistik

Eine Einführung

Herausgegeben und bearbeitet
von Jörn Albrecht

Dritte, überarbeitete und erweiterte Auflage

Francke Verlag Tübingen und Basel

Eugenio Coseriu ist emeritierter Professor für Romanische Philologie und Allgemeine Sprachwissenschaft an der Universität Tübingen.

Jörn Albrecht ist Professor für Französische Sprach- und Übersetzungswissenschaft an der Universität Heidelberg.

Die Deutsche Bibliothek - CIP-Einheitsaufnahme

Coseriu, Eugenio:
Textlinguistik : eine Einführung / Eugenio Coseriu. Hrsg. und bearb. von Jörn Albrecht. – 3., überarb. und erw. Aufl. – Tübingen ; Basel : Francke, 1994
   (UTB für Wissenschaft : Uni-Taschenbücher ; 1808)
   ISBN 3-8252-1808-2
NE: Albrecht, Jörn [Bearb.]; UTB für Wissenschaft / Uni-Taschenbücher

Lizenzausgabe des Gunter Narr Verlages Tübingen
(1.–2. Auflage)

3., überarbeitete und erweiterte Auflage

© 1994 · A. Francke Verlag Tübingen und Basel
Dischingerweg 5 · D-72070 Tübingen
ISBN 3-7720-2234-0

Druck und Bindung: Presse-Druck, Augsburg
Printed in Germany

ISBN 3-8252-1808-2 (UTB-Bestellnummer)

V

Inhalt

3. Textlinguistik als "transphrastische Grammatik" 205

Vorwort zur ersten Auflage

Das vorliegende Bändchen geht auf eine Vorlesung zurück, die der Verfasser im Wintersemester 1977/78 an der Universität Tübingen gehalten hat. Wie bei dergleichen Nachschriften üblich, hat der Bearbeiter manches gestrafft, anderes dagegen auch ausgearbeitet, wobei er sich natürlich in erster Linie auf die Publikationen sowie auf andere Vorlesungen und Seminarveranstaltungen des Verfassers zu stützen hatte. Die (nur in bescheidenem Ausmaß) "eigenmächtigen" Zusätze des Bearbeiters stehen in eckigen Klammern. Auf die Erstellung eines terminologischen Registers wurde verzichtet. Das ausführliche Inhaltsverzeichnis mit seinen teilweise recht "barocken" Titeln dürfte in Verbindung mit dem Personenregister ein schnelles Nachschlagen ermöglichen.

Vorlesungsnachschriften seien trübe Quellen, meint Martin Heidegger in *Unterwegs zur Sprache*. Dem wird vor allem derjenige freudig zustimmen, der schon einmal die Nachschrift einer eigenen Vorlesung in Händen gehalten hat. Die vorliegende Nachschrift beruht auf einer vollständigen Tonbandaufzeichnung, die dem Bearbeiter freundlicherweise von der Medienabteilung des Tübinger Neuphilologikums zur Verfügung gestellt wurde. Dieser Umstand allein würde allerdings noch keine Gewähr für Trinkwasser von zufriedenstellender Qualität bieten. Der Bearbeiter hat sich daher nicht gescheut, dem Verfasser auch zu den ungelegensten Zeitpunkten die fertiggestellten Teile des Typoskripts zur Begutachtung vorzulegen und Rat in schwierigen Fragen einzuholen; er hat dem Verfasser für seine Langmut zu danken. Die verbliebenen Unzulänglichkeiten gehen selbstverständlich zu Lasten des Herausgebers. Besonderen Dank ist der Bearbeiter auch Gesa Albrecht schuldig, die das Typoskript auf argumentative Stimmigkeit und sprachliche Korrektheit hin durchgesehen hat und sich dabei zu zahlreichen Verbesserungsvorschlägen veranlaßt sah.

Schließlich sei an dieser Stelle auch nicht des Verlegers vergessen, der dem geplanten Band eine Nummer in der Reihe *Tübinger Beiträge zur Linguistik* freigehalten und damit seiner unerschütterlichen Zuversicht Ausdruck verliehen hat, dieses Buch werde eines Tages doch noch erscheinen können.

Tübingen, im April 1980   Jörn Albrecht

Vorwort zur neubearbeiteten dritten Auflage

"*Texte* est peu utilisé en linguistique en France, sinon par emprunt récent à l'allemand dans *linguistique du texte* (*Textlinguistik*) ou *grammaire de texte* [...]." Wie groß die Ausstrahlungskraft der Textlinguistik in jener Ausprägung gewesen ist, die sie speziell in den deutschsprachigen Ländern erfahren hat, geht indirekt aus der Tatsache hervor, daß sich die Kompilatoren des kürzlich erschienenen monumentalen *Dictionnaire historique de la langue française* aus dem Hause Robert bemüßigt fühlten, sub voce *texte* auf den deutschen Terminus zu verweisen. Als die hier in neuer Bearbeitung anzukündigende Einführung, die aus einer Vorlesungsnachschrift hervorgegangen ist, zum ersten Mal erschien, befand sich die junge Disziplin bereits in stürmischer Entwicklung. Der Strom der Neuerscheinungen auf diesem Gebiet ist in den vergangenen Jahren noch angeschwollen; die vorliegende Neubearbeitung mußte daher bibliographisch aktualisiert werden (vgl. die bibliographischen Ergänzungen am Ende der Vorbemerkungen und das neu hinzugekommene Literaturverzeichnis).

Welchem Zweck kann die Neuauflage eines Buches dienen, das schon zum Zeitpunkt seines ersten Erscheinens allenfalls am Ufer des *main stream* der Beiträge zu der Disziplin angesiedelt war, in die es einführen wollte? Der Abstand zum geltenden 'Paradigma' ist in den vergangenen fünfzehn Jahren gewiß nicht geringer geworden. Ein wohlmeinender Kritiker schreibt mir, daß Coserius Textlinguistik Mitte der neunziger Jahre etwas "betulich" wirke und einen gewissen "ältlichen Charme" ausstrahle, beeilt sich jedoch hinzuzufügen, daß er darin keinen Mangel, sondern eher einen Vorzug des Buches sehe, da der Leser hier nicht von einem technischen Detail zum anderen gehetzt, sondern behutsam auf ein hohes Reflexionsniveau geführt werde. Der einzig ernsthafte Nachteil des Buches bestehe darin, daß es kaum Informationen zum gegenwärtigen *state of the art* auf dem Gebiet der Textlinguistik enthalte. In der Tat wird man bei Coseriu auf eine Fülle von Termini stoßen, die zu seiner eigenen Sprachtheorie gehören; der Begriff der "Isotopie", der Komplex "Oberflächen- und Tiefenstrukturen von Texten" und die damit korrelierenden Termini *Kohäsion* und *Kohärenz* sowie die Problemfelder linguistische Pragmatik und Handlungstheorie bleiben hingegen weitgehend ausgespart. Zumindest entsteht dieser Eindruck bei einer ersten Lektüre. Ich habe mich bemüht, soweit dies ohne schwerwiegende Eingriffe in den Text möglich war, dort auf sachliche Übereinstimmungen zwischen Coseriu und anderen Vertretern der Disziplin hinzuweisen, wo diese durch eine völlig andersartige Terminologie verschleiert werden. So erscheint z.B. der heute im Zentrum des Interesses stehende Terminus *Intertextualität* in Coserius Text überhaupt nicht, obschon der damit gemeinte Sachverhalt ausführlich behandelt wird. Es schien mir geboten, in diesem Fall und in ähnlichen Fällen dem Leser durch kleine Hinweise die Herstellung von Bezügen zum *main stream* zu erleichtern.

Eine Neuauflage von Coserius *Textlinguistik* läßt sich natürlich nicht damit rechtfertigen, daß es sich dabei um eine liebenswert altmodische Einführung handelt, die frei von szientistischem Imponiergehabe ist. Der eigentliche Rechtfertigungsgrund liegt in ihrer Originalität, in ihrer 'Andersartigkeit'. Es sei hier kurz auf einige besonders wichtige Punkte verwiesen, in denen sich Coseriu von den meisten anderen Vertretern der Disziplin unterscheidet:

– Als erster Punkt wäre die Unterscheidung zweier Arten von Textlinguistik zu nennen. Coseriu unterscheidet eine übereinzelsprachliche "Linguistik des Sinns", deren Gegenstand das Zustandekommen von Inhalten auf der Ebene des Textes ist, und eine transphrastische Grammatik, die einzelsprachliche Verfahren zur Verknüpfung von Sätzen zu größeren Einheiten untersucht. Bei der ersten Art, in der Coseriu die 'eigentliche' Textlinguistik sieht, handelt es sich um eine linguistisch fundierte Methode der Textinterpretation, bei der zweiten um eine Ausdehnung der 'gewöhnlichen' deskriptiven Linguistik über die Grenze des Satzes hinaus, die in der langen Tradition der Grammatikschreibung nur selten überschritten wurde (vgl. 1.4.). Neuerdings wird die

Ansicht vertreten, es handle sich bei der transphrastischen Grammatik um eine "überholte Phase" der Textlinguistik (vgl. u.a. Heinemann / Viehweger 1991: 36). Coseriu führt überzeugende Argumente dafür an, daß es sich dabei nicht um zwei unterschiedliche Phasen einer einheitlichen, in Entwicklung befindlichen Disziplin, sondern um zwei Disziplinen mit mehr oder weniger klar unterschiedenen Untersuchungsgegenständen handelt. Mit der Unterscheidung der beiden Arten von Textlinguistik geht die Ablehnung aller Bestrebungen einher, die herkömmliche 'Systemlinguistik' einfach in einer übergreifenden Textlinguistik aufgehen zu lassen.

– Die erste Art der Textlinguistik ist an eine Annahme geknüpft, die im Zentrum von Coserius Sprachtheorie steht. Coseriu unterscheidet drei selbständige Ebenen im Bereich der Sprache im weitesten Sinne: die Ebene des Sprechens im allgemeinen, die Ebene der Einzelsprachen und die des Textes, die am stärksten determiniert ist, insofern sie das Sprechen in konkret gegebenen Fällen betrifft, das zur Erreichung bestimmter Zwecke erfolgt. Diesen drei Ebenen entsprechen drei Ebenen der sprachlichen Inhalte – die Bezeichnung, die Bedeutung und der Sinn – sowie drei Stufen des sprachlichen Wissens: die elokutionelle, die historische und die expressive (vgl. 1.5.). In einer völlig andersartigen Terminologie ausgedrückt heißt das, daß Sprecher auf allen drei Ebenen über eine besondere Kompetenz verfügen. Die Ebene des Textes umfaßt einen Großteil dessen, was heutzutage der linguistischen Pragmatik zugerechnet zu werden pflegt. Die eigentliche Originalität Coserius besteht in seinem Beharren auf einer klaren Unterscheidung von Betrachtungsebenen, die die meisten übrigen Autoren eher in einer einheitlichen Theorie zu integrieren bemüht sind.

– "Dekonstruktivisten" jeder Couleur werden die explizit geäußerte These belächeln, daß es so etwas wie einen objektiv, d.h. unabhängig vom konkreten Rezeptionsakt gegebenen Textsinn gebe, die Techniker werden sich darüber ärgern, daß die Existenz eines allgemeingültigen Verfahrens zu seiner Aufdeckung geleugnet wird (vgl. 2.5.-2.5.3.). Die herrschende Tendenz geht eher in die umgekehrte Richtung: Die Annahme des Bestehens eines objektiven Textsinns gilt als naiv, andererseits gilt die Rekonstruktion des Sinns in einem konkreten Kommunikationsakt als restlos durchführbar, wenn alle Rezeptionsbedingungen bekannt sind.

– Besonders schockierend mag schließlich die – keineswegs nur von Coseriu vertretene – These erscheinen, daß Dichtung keinen Adressaten sensu stricto habe, daß der Dichtung im Gegensatz zur Sprache die Dimension der Alterität nicht wesentlich innewohne (vgl. S. 83f.). Mit Adressaten sensu stricto sind hier jene anderen gemeint, an die sich der Dichter wenden könnte, wenn "er als Dichter *kein* moralisches Subjekt wäre" (vgl. S. 84), nicht diejenigen, die die Dichtung aus freier Entscheidung als Botschaft aufzunehmen bereit sind, obschon sie nicht eigentlich 'gemeint' waren. Rezeptionsforscher der verschiedensten Richtungen werden sich mit dieser These auseinanderzusetzen haben.

Die meisten Wissenschaftler pflegen heute Fachbücher nicht wirklich zu lesen; sie 'benutzen' sie. So gesehen handelt es sich bei Coserius *Textlinguistik* nicht um ein Fachbuch, sondern um ein 'Lesebuch', das sich trotz des nunmehr angefügten Sachregisters besser für eine zusammenhängende Lektüre als zum bloßen Nachschlagen eignet. Einige Wiederholungen, die sich im Verlauf einer Vorlesung ganz natürlich ergeben, wurden bei der Umarbeitung in Buchform absichtlich beibehalten; sie erleichtern zumindest dem noch nicht in alle Geheimnisse der Zunft Eingeweihten das Verständnis.

Die eingestreuten Skizzen zur Interpretation vorwiegend literarischer Texte sind mehr als bloße Anwendungsbeispiele. Sie sind geeignet, eine Rehabilitierung der heute etwas vernachlässigten *explication de textes* einzuleiten und zum 'theoriegeleiteten' *close reading* zu erziehen. Es ist dabei durchaus nicht von Nachteil, daß altgriechische Texte darunter sind, die kaum einer unter den jüngeren Lesern spontan verstehen dürfte. Ähnlich wie die nordamerikanischen Distributionalisten prinzipielle Fragen der Phonologie und der Morphosyntax vorzugsweise anhand von Sprachen vorgeführt haben, die den meisten unter ihren Lesern unbekannt waren, weil sie davon überzeugt waren, daß der Zugang 'von außen' den Blick für das Technische schärft, zeigt auch Coseriu mit seinen griechischen Beispielen, daß man gewisse Mechanismen der Entstehung des Sinns besonders gut analysieren kann, wenn sich der globale Textsinn aufgrund fehlender Sprachkenntnis nicht unmittelbar in einem einheitlichen Akt des Verstehens offenbaren kann.

Schließlich sei hier noch auf das etwas unscheinbar anmutende Kapitel zur Transphrastik verwiesen, das auf einer systematisch ausgearbeiteten funktionalen Grammatiktheorie beruht, die generativistischen oder dependenzgrammmatischen Ansätzen in ihrer ausgefeilten Beschreibungstechnik nicht nachsteht.

Zum Zustandekommen der vorliegenden neubearbeiteten Auflage haben viele beigetragen, die hier nicht namentlich aufgeführt werden können, vor allem kritische Studentinnen und Studenten in zahlreichen Lehrveranstaltungen. Herrn Privatdozenten Dr. Andreas Gardt habe ich dafür zu danken, daß er mir dabei geholfen hat, den Text aus der kritisch-sympathetischen Sicht einer anderen Schule neu zu lesen. Zum Schluß – und damit an einer besonders hervorgehobenen Textstelle – sei schließlich eingestanden, daß ohne die tatkräftige Hilfe von Herrn Dr. Michael Schreiber diese Neuauflage nicht zustandegekommen wäre. Er hat großen Anteil an der bibliographischen Aktualisierung und hat sowohl das Sachregister als auch das Literaturverzeichnis zusammengestellt. Bei der Erstellung der Druckvorlage war ihm Katrin Gatzke behilflich. Um den Textsortenkonventionen Genüge zu tun, sei ganz zum Schluß – *postremo* (vgl. S. 28) – versichert, daß für die verbliebenen Mängel der Herausgeber allein verantwortlich bleibt.

Heidelberg, im Mai 1994   Jörn Albrecht

0. Vorbemerkungen und bibliographische Hinweise

Die folgenden Ausführungen erheben keinen größeren, aber auch keinen geringeren Anspruch als denjenigen, eine wirklich einführende Vorlesung in die heutige Textlinguistik zu sein. Ein solches Vorhaben setzt voraus, daß wir die drei Textlinguistiken, die in der heutigen Sprachwissenschaft nicht unterschieden bzw. miteinander verwechselt werden, genau unterscheiden und voneinander abgrenzen. Es wäre natürlich viel leichter, eine Einführung in nur eine dieser drei Textlinguistiken zu geben. Dies wäre jedoch ein ziemlich nutzloses Unterfangen, denn es würde wohl darauf hinauslaufen, eine einzige Textlinguistik mit ihrem spezifischen Gegenstand ungerechtfertigterweise mit den gesamten Bemühungen um die Textlinguistik in der heutigen Sprachwissenschaft zu identifizieren. Es soll also an dieser Stelle zunächst eine Abgrenzung dieser drei Textlinguistiken vorgenommen werden. Ich werde dann sogleich eine kurze Kritik einer dieser Textlinguistiken geben, die ich für einen Irrweg halte, d.h. für eine Textlinguistik, die eigentlich gegenstandslos ist. Danach werde ich die wichtigsten Probleme der beiden anderen Textlinguistiken aufführen und besprechen, jener Textlinguistiken, die ich für berechtigt halte. Eine der beiden – ich werde sie an zweiter Stelle behandeln – stellt m.E. zwar eine durchaus berechtigte Forschungsrichtung dar, jedoch handelt es sich dabei nicht um eine wirkliche Textlinguistik; ich werde sie "transphrastische Grammatik" bzw. "transphrastische Analyse" nennen. Die andere, die m.E. mit größerem Recht den Terminus *Textlinguistik* für sich in Anspruch nehmen darf, werde ich an erster Stelle und besonders ausführlich behandeln. Es ist natürlich nicht möglich, in einer einführenden Vorlesung alle erdenklichen Probleme zu besprechen – manches muß ausgespart bleiben und wird gegebenenfalls zu einem anderen Zeitpunkt zu behandeln sein.[1]

Nun einige knappe bibliographische Hinweise:

W. Dressler, *Einführung in die Textlinguistik*, Tübingen 1972, [2]1973.

Eigentlich nur eine Einführung in unsere 2. Textlinguistik, also in die transphrastische Grammatik, aber als solche ausgezeichnet gemacht.

E. Coseriu, *Die Lage in der Linguistik*, Innsbruck 1973 [jetzt auch in: *Energeia und Ergon. Studia in honorem Eugenio Coseriu*. Bd. 1: Schriften von E. Coseriu. Eingeleitet u. hrsg. v. J. Albrecht. Tübingen 1988, SS. 367-375.]

Eine sehr knappe Darstellung, in der der Verf. u.a. eine Einordnung der verschiedenen Textlinguistiken innerhalb des Panoramas der heutigen Sprachwissenschaft vornimmt. Für Anfänger nicht unbedingt geeignet, da aus Gründen der räumlichen Beschränkung sehr viel als bekannt vorausgesetzt wird.

W. Dressler / S.J. Schmidt, *Textlinguistik. Kommentierte Bibliographie*, München 1973.

Enthält Sekundärliteratur zu allen drei Textlinguistiken, die hier natürlich nicht voneinander abgegrenzt werden, mit kurzen Zusammenfassungen und Charakterisierungen der verschiedenen Beiträge – in dieser Hinsicht sehr nützlich.

Nur so viel zur allgemeinsten bibliographischen Orientierung.

Weiterhin, insbesondere für spezieller Interessierte, wären eine Reihe von Werken zu nennen, in denen allerdings schon recht spezifische Auffassungen der Textlinguistik vertreten werden:

S.J. Schmidt, *Texttheorie*, München 1973, [2]1976.

Eine Einführung kommunikationstheoretischer Orientierung.

D. Breuer, *Einführung in die pragmatische Texttheorie*, München 1974.

Die spezifische Ausrichtung ist schon im Titel erkennbar.

W. Kummer, *Grundlagen der Texttheorie. Zur handlungstheoretischen Begründung einer materialistischen Sprachwissenschaft*, Reinbek bei Hamburg, 1975.

Auch hier kommt (im Untertitel) die spezifische Ausrichtung deutlich zum Ausdruck.

---

[1] Einige neue Aspekte, die sich bei der Durchführung eines Hauptseminars des Verf. über denselben Gegenstand im folgenden Semester ergeben haben, sind vom Hrsg. bei der Redaktion des vorliegenden Textes berücksichtigt worden. Für die vorliegende Neuauflage wurden – wenn auch sparsam – spätere Arbeiten des Verfassers herangezogen.

Ferner wären in erster Linie einige Sammelbände zu nennen; es handelt sich dabei entweder um Anthologien oder um Akten von Kolloquien und Symposien zur Textlinguistik, die in den letzten Jahren abgehalten wurden:

W.-D. Stempel (Hrsg.), *Beiträge zur Textlinguistik*, München 1971.

Die Akten eines Kolloquiums, das 1968 in Konstanz stattgefunden hat. Besonders wichtig in diesem Band die im Anschluß an die einzelnen Aufsätze abgedruckten Diskussionsbeiträge.

E. Gülich / W. Raible (Hrsg.), *Textsorten*, Frankfurt a. M. 1972, 2. Aufl. Wiesbaden 1975.

Die Akten eines Kolloquiums der Universität Bielefeld, das 1972 auf Schloß Rheda stattgefunden hat.

Linguistische Probleme der Textanalyse. Jahrbuch IdS für das Jahr 1973, Düsseldorf 1975.

In diesen Band wurden leider die Diskussionsbeiträge nicht aufgenommen.

W. Kallmeyer et alii, *Lektürekolleg zur Textlinguistik*, 2 Bde., Frankfurt a.M., 1974 (Bd. 1 [4]1984).

Bd. 1 enthält so etwas wie eine systematische Einführung, die aus Fragmenten von Arbeiten verschiedener Autoren zusammengestellt worden ist; es handelt sich also gleichzeitig um eine Anthologie zur Textlinguistik. Bd. 2 ist ein reiner "Reader"; er enthält nur vollständige, getrennte Beiträge. Zur Einführung insb. für diejenigen geeignet, die sich stärker in das Gebiet der Textlinguistik einarbeiten wollen.

Dies mag vorerst genügen, was die elementarsten bibliographischen Hinweise betrifft; weiterführende Informationen sind der oben genannten kommentierten Bibliographie sowie den Literaturverzeichnissen der übrigen genannten Werke zu entnehmen. Für besonders Interessierte seien nun lediglich noch einige Namen genannt, denen bei der eigenen bibliographischen Arbeit besondere Aufmerksamkeit geschenkt werden sollte:

Im deutschen Sprachraum:

H. Brinkmann, W. Dressler, P. Hartmann, R. Harweg, W.A. Koch, W. Kummer, J.S. Petöfi, W. Raible, S.J. Schmidt, W.-D. Stempel, H. Weinrich.

Die Fülle der Namen zeigt, daß die Textlinguistik in ihrer heutigen Form im deutschen Sprachraum besonders stark vertreten ist.

Im französischen Sprachraum:

R. Barthes, A. Greimas, C. Lévy-Strauss und, etwas abseits, da eigentlich zu einer anderen Richtung gehörend: M. Riffaterre.

Im französischen Sprachraum wird die Textlinguistik in einer ganz besonderen Form, nämlich als *"analyse du discours"* (Diskursanalyse) betrieben.

Die wichtigsten Namen in den Vereinigten Staaten sind:

Z. Harris, K.L. Pike

Es handelt sich jedoch sozusagen um Wegbereiter der Textlinguistik, zur neueren Entwicklung haben die beiden dann weit weniger beigetragen, was u.a. mit der speziellen Entwicklung der allgemeinen Sprachwissenschaft in den USA zusammenhängt.

In den Niederlanden (jedoch in enger Verbindung zum deutschen Sprachraum) wäre vor allem zu nennen:

T.A. van Dijk

Er hat vor allem auf dem Gebiet "Textlinguistik und Literaturwissenschaft" und auf dem der entsprechenden Anwendungsmöglichkeiten der Textlinguistik gearbeitet.

Im schwedischen Sprachraum:

N.E. Enkvist

Er lehrt in Finnland, an der schwedischsprachigen Universität von Turku (Åbo), wo gerade ein bedeutendes Zentrum für Textlinguistik eingerichtet worden ist. Ähnlich wie Riffaterre kommt auch Enkvist von einer anderen Richtung her, nämlich von der Stilistik im engeren Sinn.

Schließlich noch einige italienische Namen, die in den oben genannten Werken überhaupt nicht oder nur unzulänglich berücksichtigt wurden:

Antonino Pagliaro

Er erscheint in der oben angeführten Bibliographie überhaupt nicht. Ich halte ihn jedoch für einen der wichtigsten Vertreter der Textlinguistik überhaupt, allerdings weniger auf dem Gebiet der Konstruktion von Modellen oder der Diskussion der theoretischen Grundlagen der Textlinguistik, sondern vielmehr auf dem Gebiet der angewandten Textlinguistik, der Interpretation von Texten. Pagliaro hat jahrzehntelang unter dem Namen *"critica semantica"* (semantische Kritik) Textlinguistik betrieben.[2]

---

[2] Cf. u.a.: A. Pagliaro, *Saggi di critica semantica*, Messina-Florenz 1953; *Nuovi saggi di critica semantica* (insb. "La critica semantica", SS. 379-408), Messina-Florenz 1956; *Altri saggi di critica semantica*, Messina-Florenz 1961. Besonders berühmt die Interpretation einiger "dunkler Stellen" in weltbekannten Texten; so z.B. die Formel *ite missa est; sunt lacrimae rerum* (Verg., *Aen.* I, 462; *e'l modo ancor m'offende* (Dante, *Inf.* V, 102).

Weiterhin wären zu nennen:

Cesare Segre, Maria Corti und D'Arco Silvio Avalle.[3]

Inzwischen sind u.a. noch folgende Werke von allgemeinerem Interesse erschienen:

W. Dressler (Hrsg.), *Textlinguistik*, Darmstadt 1978.

Eine Anthologie innerhalb der bekannten Reihe "Wege der Forschung". Enthält Beiträge aus den Jahren 1912 (!) - 1972 (zum größten Teil von oben bereits genannten Autoren) und dazu eine sehr informative Einleitung (SS. 1-14) des Hrsg.; dazu zahlreiche bibliogr. Hinweise.

W. Dressler (Hrsg.), *Current Trends in Textlinguistics*, Berlin - New York 1978.

Ebenfalls eine Anthologie mit 17 durchweg englischsprachigen Beiträgen (obschon die Muttersprache der meisten Mitarbeiter nicht das Englische ist). Wie der Titel schon sagt, weit stärker als das zuerst genannte Werk auf die neuesten Entwicklungen innerhalb der Disziplin ausgerichtet.

Einige wichtige Veröffentlichungen zur Textlinguistik seit 1980

J.-M. Adam: *Eléments de linguistique textuelle*. Liège 1990.

G. Antos / H.P. Krings (Hrsgg.): *Textproduktion. Ein interdisziplinärer Forschungsüberblick*. Tübingen 1989.

R.-A. de Beaugrande / W. Dressler, *Einführung in die Textlinguistik*. Tübingen 1981.

E. Bernárdez, *Introducción a la lingüística del texto*. Madrid 1982.

P. Blumenthal, *La syntaxe du message. Application au français moderne*. Tübingen 1980.

K. Brinker, *Linguistische Textanalyse*. Berlin 1985/[3]1992.

---

[3] Die beiden ersten haben insb. auf dem Gebiet der Semiotik gearbeitet; C. Segre ist jedoch auch auf dem Gebiet der Philologie und der allg. Sprachwissenschaft hervorgetreten. Cf. u.a.: M. Corti, *Principi della comunicazione letteraria*, Mailand 1976; C. Segre, *Semiotics and literary criticism*, Den Haag-Paris 1973. Der dritte, von Hause aus Romanist und Mediävist, ist im Bereich der Textlinguistik vor allem im Hinblick auf seine exemplarischen Textanalysen hervorzuheben; vgl. z.B.: "»Gli orecchini« di Montale", jetzt in: *Tre saggi su Montale*, Turin 1970, SS. 9-90.

Idem (Hrsg.): *Aspekte der Textlinguistik*. Hildesheim / Zürich / New York 1991.

T.A. van Dijk, *Textwissenschaft*. Dt. Übers. v. Ch. Sauer. Tübingen 1980 (*Tekstwetenschap*. Utrecht / Antwerpen 1978).

Idem (Hrsg.), *Handbook of Discourse Analysis*. London 1984 (4 Bde.).

W. Heinemann / D. Viehweger, *Textlinguistik. Eine Einführung*. Tübingen 1991.

H. Kalverkämper, *Orientierung zur Textlinguistik*. Tübingen 1981.

M. Metzeltin / H. Jaksche, *Textsemantik. Ein Modell zur Analyse von Texten*. Tübingen 1983.

O.I. Moskalskaja, *Textgrammatik*. Übers. u. herausgeg. v. Hans Zikmund. Leipzig 1984 (Original: Moskau 1981).

F. Rastier, *Sens et textualité*. Paris 1989.

C. Reichler (Hrsg.), *L'interprétation des textes*. Paris 1989.

M. Scherner, *Sprache als Text. Ansätze zu einer sprachwissenschaftlichen Theorie des Textverstehens*. Tübingen 1984.

B. Sowinski, *Textlinguistik. Eine Einführung*. Stuttgart 1983.

A. Steube, *Einführung in die Textanalyse*. Lehrmaterial. Leipzig 1986.

H. Thun, *Personalpronomina für Sachen. Ein Beitrag zur romanischen Syntax und Textlinguistik*. Tübingen 1986.

H. Vater, *Einführung in die Textlinguistik*. München 1992.

H. Weinrich, *Textgrammatik der französischen Sprache*. Stuttgart 1982.

Idem, *Textgrammatik der deutschen Sprache*. Mannheim 1993.

Alle im Text und in den Fußnoten zitierten Werke werden im Literaturverzeichnis am Ende des Bandes aufgeführt.

1. Einführung in die Problematik einer "Linguistik des Textes"

Ein altes scholastisches Prinzip besagt: "Wo begriffliche Widersprüche auftreten, müssen Unterscheidungen getroffen werden".[1] Da nun in kaum einem anderen Bereich die begrifflichen Schwierigkeiten so zahlreich und so auffällig sind wie in demjenigen der Textlinguistik, werden wir in der nun folgenden Einführung vor allem Unterscheidungen zu treffen haben.

1.1. Erkenntnisinteresse und Gegenstand möglicher Textlinguistiken. Verschiedene Begriffe des "Textes"

Der Gegenstand der Textlinguistik ist bislang noch nicht genau identifiziert worden, so daß "Textlinguistik" in gewisser Hinsicht nicht viel mehr als ein Name für sehr unterschiedliche Betrachtungsweisen ist, ja sogar für ganz verschiedene wissenschaftliche Disziplinen.[2] Hinsichtlich der Kategorien der Textlinguistik herrscht noch weit weniger Übereinstimmung; jeder Autor führt neue Begriffe ein wie

---

[1] Dieser von William James in seinem Aufsatz "What Pragmatism means" (1907) in Erinnerung gerufene Grundsatz wurde wahrscheinlich zum ersten Mal von Gilbert de la Porrée, dem Zeitgenossen Abaelards, formuliert.

[2] [An diesem Zustand hat sich in den vergangenen zehn Jahren wenig geändert. So wollen auch Heinemann / Viehweger (op. cit., S. 10) ihren Lesern dabei helfen, sich in der "verwirrende[n] Vielfalt unterschiedlicher Beschreibungsansätze" zurechtzufinden, "die zwar das Etikett 'Textlinguistik' verwenden", deren Einheitlichkeit jedoch "nicht so sehr auf gemeinsamen theoretischen Ausgangspositionen, sondern auf der bloßen Textbezogenheit der Darstellung" beruhe.]

z.B. *Textem* oder *Repräsentem* – das Suffix *-em* ist auf diesem Gebiet von besonders großzügiger Produktivität. Noch nicht einmal der Begriff "Text" ist, wie gesagt, bei allen Autoren identisch, und zuweilen ist er dies nicht einmal bei ein und demselben Autor. In einer einführenden Darstellung fnden wir z.B. als erstes Definiens für "Text": "abgeschlossene sprachliche Äußerung". In derselben Einführung, genauer gesagt in einer Fußnote zu dieser einführenden Definition, wird dann als erweiterte, oder wie der Autor selbst meint, genauere Definition folgender Passus vorgeschlagen: "Text ist eine nach der Intention des oder der Sender und Empfänger sprachlich abgeschlossene Spracheinheit, die nach den Regeln der Grammatik der jeweils verwendeten Sprache gebildet ist." Nun, man benötigt keinen besonderen Scharfsinn um festzustellen, daß es sich hier nicht einfach um eine knappere und eine ausführlichere, um eine genauere und eine weniger genaue Definition handelt, sondern daß die beiden Definitionen keineswegs koextensiv sind, daß sie eigentlich nicht denselben Gegenstand "Text" betreffen. In der ersten Definition ist überhaupt nicht von einer Sprache die Rede, und ihrzufolge könnte ein Text auch ein mehrsprachiger Text sein, wogegen natürlich nichts einzuwenden ist; denn es gibt schließlich mehrsprachige Texte. Ebensowenig ist in der ersten Definition von den Regeln einer bestimmten Sprache die Rede. Durch die Aufnahme dieser Präzisierung in die Definition wird der Text zu etwas, das sich einer bestimmten Sprache wie z.B. dem Deutschen oder dem Englischen zuordnen läßt, etwas, das den Regeln dieser Einzelsprachen entspricht. Man kann demgegenüber jedoch einen ganz anderen Begriff des Textes vertreten, einen Textbegriff, innerhalb dessen man dann Unterscheidungen wie "Roman", "Tragödie", "Komödie" usw. treffen kann, einen Textbegriff also, bei dem es nicht um die Regeln einer bestimmten Sprache geht. Es sind dies zwei Textbegriffe, die, wie wir dann genauer sehen werden, in der heutigen Textlinguistik immer wieder miteinander verwechselt werden. Darüber hinaus wird die Textlinguistik einerseits als eine Teildisziplin neben anderen innerhalb der Sprachwissenschaft angesehen, andererseits jedoch als die Linguistik schlechthin, als der übergeordnete Ansatz, der alle Probleme der Sprachwissenschaft vom Gesichtspunkt der Texte her stellen und lösen möchte.

Aus dieser Lage der Dinge ergibt sich die eingangs betonte Notwendigkeit, Unterscheidungen einzuführen: Die Verwechslung bzw. Nichtunterscheidung von zwei Textbegriffen einerseits und die verschiedenen Auffassungen vom Status der Textlinguistik andererseits entweder als eines Teilbereichs oder als des grundlegenden Ansatzes der Linguistik nötigt uns, mindestens drei verschiedene Formen von Textlinguistik zu unterscheiden. Diese Unterscheidungen sind in der Literatur im allgemeinen nicht üblich, unsere drei Formen der Textlinguistik werden nicht selten in einem Buch, in ein und demselben Aufsatz stillschweigend als ein einheitlicher Gegenstand angesehen.

Ich habe meine eigene Auffassung der Textlinguistik in den fünfziger Jahren in meinem spanisch geschriebenen, jedoch in Deutschland erstmals veröffentlichten Aufsatz: "Determinación y entorno. Dos problemas de una lingüística del hablar" dargelegt.[3] In eben diesem Aufsatz habe ich zum ersten Mal den Begriff der "Textlinguistik", der "Linguistik des Textes" (*lingüística del texto*, cf. art. cit., § 1.2.3.) eingeführt. Ich bin damals von den ständig vorhandenen allgemeinen Eigenschaften der Sprache ausgegangen: Die Sprache ist eine allgemein menschliche Tätigkeit, die einerseits von jedem Menschen individuell realisiert, ausgeübt wird, wobei sich jedoch andererseits wiederum jeder einzelne an historisch vorgegebene Normen hält, die auf gemeinschaftlichen Traditionen beruhen. So spricht man z.B. Deutsch, Englisch, Französisch usw. aufgrund einer bestimmten, historisch gewordenen Tradition des Sprechens.

Unsere allgemeine Bestimmung der Sprache als einer universellen menschlichen Tätigkeit, die unter Befolgung historisch vorgegebener Normen individuell ausgeübt wird, führt uns zur Unterscheidung dreier Ebenen im Bereich des Sprachlichen:

---

3   *Romanistisches Jahrbuch* VII (1955/56), SS. 29-54. Jetzt in: *Teoría del lenguaje y lingüística general*, tercera edición revisada y corregida, Madrid 1973. Eine deutsche Übersetzung von U. Petersen findet sich in: *Sprachtheorie und allgemeine Sprachwissenschaft*, München 1975.

a)   Die universelle Ebene, das Sprechen oder "die Sprache im all-
      gemeinen", vor jeder Unterscheidung von einzelnen Sprachen im
      Plural;

b)   Die historische Ebene, die Ebene der historischen Einzelspra-
      chen, die meist mit identifizierenden Zusätzen versehen werden
      (deutsch, französisch, russisch usw.), die Ebene der Sprachen im
      Plural;

c)   Die Ebene der Texte, der Redeakte bzw. der Gefüge von Rede-
      akten, die von einem bestimmten Sprecher in einer bestimmten
      Situation realisiert werden, was natürlich in mündlicher oder in
      schriftlicher Form geschehen kann.

Dies bedeutet also: Alles was Redeakt oder Gefüge von zusammen-
hängenden Redeakten ist, gehört zu dieser dritten Ebene, ist ein Text,
ob es sich nun um eine Begrüßungsformel wie *Guten Tag* oder um die
Divina Commedia handelt.

Meine Grundidee damals war also die Abgrenzung zweier anderer
Arten von Linguistik gegenüber jener wohlbekannten Linguistik der
Sprachen, deren Gegenstand die Beschreibung oder die Geschichte
historischer Einzelsprachen ist und die unserer zweiten Ebene entspricht; eine Abgrenzung in Übereinstimmung mit jener Unterscheidung von drei Ebenen im Bereich des Sprachlichen, d.h. also neben
der wohlbekannten Linguistik der Sprachen (2. Ebene) eine Linguistik
des Sprechens im allgemeinen (1. Ebene) und eine Linguistik der
Texte oder Textlinguistik (3. Ebene).[4]

Mit diesem wissenschaftsgeschichtlichen Exkurs in eigener Sache
möchte ich freilich keine formellen Ansprüche auf geistige Urheber-
schaft anmelden. Schließlich geht es in der Wissenschaft um die

---

4   Ausführlicher und unter Heranziehung eines weiteren Kriteriums, von dem hier
     nicht die Rede ist, hat sich der Verf. zu diesem hier nur skizzierten Komplex in
     einem Buch geäußert: *Sincronía, Diacronía e Historia*, 1. Aufl. Montevideo
     1958; 3. Aufl. Madrid 1978 (deutsch von H. Sohre, München 1974).
     Inzwischen liegt eine deutschsprachige Teilveröffentlichung eines bisher
     unveröffentlichten spanischen Manuskripts des Verf. vor, wo der gesamte
     Themenkomplex noch weit ausführlicher behandelt wird: "Die Ebenen des
     sprachlichen Wissens. Der Ort des 'Korrekten' in der Bewertungsskala des
     Gesprochenen", in: *Energeia und Ergon*, op. cit., Bd. 1, SS. 327-364.

Wahrheit und nicht um das persönliche Ansehen; wenn also andere mehr oder weniger unabhängig von ihrem Vorläufer auf dieselben Ideen kommen, so sollte man dies geradezu begrüßen als eine Art von Bestätigung dessen, was schon vorher gedacht worden ist. Außerdem hat sich die heutige Textlinguistik ungefähr zehn Jahre später völlig unabhängig von meiner ursprünglichen Begründung in eine ganz andere als in die von mir intendierte Richtung entwickelt, so daß ich schon aus diesem Grunde kein persönliches Interesse daran haben kann, als Vater oder als Großvater dieser Disziplin aufzutreten. Weiterhin ging es mir damals nicht so sehr um die Begründung der Linguistik des Textes als vielmehr um die Begründung einer Linguistik des Sprechens im allgemeinen; nur indirekt hatte ich in diesem Zusammenhang auch auf die Möglichkeit und Notwendigkeit hingewiesen, im Rahmen dieses allgemeinen Vorhabens eine Linguistik des Textes als autonome Disziplin zu konstituieren und weiterzuentwickeln. Schließlich ging es mir damals – und geht es mir z.T. heute noch – vor allem darum zu zeigen, daß die Unterscheidung von drei Ebenen der Sprache für alle Gebiete der Sprachwissenschaft zu machen ist, daß sie überall wichtig und unentbehrlich ist, daß jede sprachwissenschaftliche Disziplin diese Unterscheidung, wenn nicht ausdrücklich, so doch stillschweigend voraussetzt. So z.B. auch die Grammatik:

- Sprechen (bzw. "Sprache")   =   Grammatiktheorie,
  im allgemeinen   allgemeine Grammatik
- Einzelsprache, historische   =   deskriptive Grammatik
  Tradition des Sprechens
- Text   =   grammatische Analyse

Es handelt sich hier um eine geordnete Folge im Sinne einer jeweils weitergehenden Determinierung; zunächst wird das Sprechen im allgemeinen im Sinne einer bestimmten Tradition determiniert, woraufhin dieses Sprechen aufgrund einer bestimmten historischen Tradition nochmals determiniert wird als "Text". Dementsprechend geht es in der Grammatik auf der allgemeinsten Ebene um die Identifizierung der grammatischen Kategorien. Man kann diese Kategorien eben nicht, wie dies zuweilen geschehen ist, in bezug auf eine bestimmte Sprache definieren. So müssen z.B. die *partes orationis*, die Wortarten, auf der allgemeinsten Ebene der universellen Möglichkeiten des Sprechens definiert werden. Es ist sinnlos, feststellen zu wollen, was das Substantiv im Deutschen ist; man kann nur feststellen, was ein Substantiv überhaupt ist. In bezug auf eine bestimmte Sprache kann man sich dann fragen, ob die allgemein festgestellten Kategorien dort existieren, dort funktionieren oder nicht. Es wäre z.B. möglich, daß eine Kategorie wie "Adjektiv" in einer bestimmten Sprache überhaupt nicht vorhanden ist, daß in dieser Sprache all das, was wir adjektivisch ausdrücken, nur verbal ausgedrückt wird: *der Baum grünt*, allenfalls *der grünende Baum*, aber nicht *der grüne Baum* oder *der Baum ist grün*. Nach der Identifizierung der Kategorien, die in einer bestimmten Sprache funktionieren, hat dann die Beschreibung des formalen Aspekts dieser Kategorien, die Beschreibung ihrer Ausdrucksseite, die Feststellung der Schemata des Ausdrucks zu erfolgen. Auf der Ebene des Textes müssen wir dann in der grammatischen Analyse die tatsächlichen Funktionen identifizieren, eine Tätigkeit, die keineswegs einfach mit der Beschreibung auf der Ebene der Einzelsprachen identisch ist. Denn oft fallen die festzustellenden Schemata des Ausdrucks in einer bestimmten Sprache teilweise zusammen, so daß nur im Text entschieden werden kann, ob ein dort erscheinendes Element *x* als *a* oder *b* aufzufassen ist. Ich gab damals [i.e. in einem bereits zwei Jahre früher erschienenen Aufsatz "Forma y sustancia en los sonidos del lenguaje", in: *Teoría del lenguaje*, op. cit., § 3.7.] folgendes Beispiel:

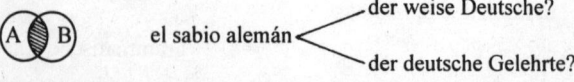

Nur in einem bestimmten Text kann man feststellen, ob *sabio* Substantiv ist und *alemán* Adjektiv oder umgekehrt, da aufgrund der Schemata des Ausdrucks im Spanischen beides möglich wäre.

Oder ein ähnliches deutsches Beispiel:

der Liebe Frühling ist vorbei
der liebe Frühling ist vorbei

Die Unterscheidung der Schreibung tangiert die gesprochene Sprache nicht, sie stellt aber schon so etwas wie eine "grammatische Analyse" qua Orthographietradition dar.

Auf dem Gebiet der Semantik, im Bereich der Inhaltsseite der Sprache, gilt im Prinzip dasselbe: Auch hier haben wir die Kategorien auf der allgemeinen Ebene zu identifizieren, wir müssen dann auf der historischen Ebene feststellen, ob sie dort vorhanden sind und wie sie funktionieren und haben dann schließlich auf der Ebene der Texte zu entscheiden, was mit der dort erscheinenden inhaltlichen Kategorie tatsächlich gemeint ist.

Exkurs: Textlinguistiken ante litteram: *Die literarische Stilistik und die antike Rhetorik*

Ich habe in jenem in den fünfziger Jahren erschienenen Aufsatz auch die Ansicht vertreten, daß es so etwas wie eine Linguistik des Textes in Ansätzen bereits gibt, und zwar in Form der sog. literarischen Stilistik oder "Stilistik der Rede", wie sie manchmal ebenfalls genannt wird. Gemeint war damit jene Art von Stilistik, wie sie insbesondere von Leo Spitzer betrieben wurde und im Anschluß an ihn von vielen anderen Linguisten in Deutschland und vor allem in den romanischen Ländern.[5] Und wenn man akzeptiert, daß es sich dabei um eine Art von Textlinguistik handelte – und wir werden noch sehen, warum man dies akzeptieren muß –, dann darf man wohl sagen, daß eine Textlinguistik immer schon dagewesen ist, weil nämlich diese literarische Stilistik nur eine moderne Form der antiken Rhetorik ist. Eine Linguistik der Texte hat es also immer schon gegeben in dieser besonderen Form der Rhetorik. Die Griechen kannten vier sprachliche Disziplinen, von denen drei besondere Bezeichnungen trugen. Es gab da zunächst die allgemeine Sprachtheorie, auch Grammatiktheorie, die nicht als besondere Disziplin anerkannt und abgegrenzt war,

---

5 Unter den außerordentlich zahlreichen Arbeiten Leo Spitzers sei hier nur ein Sammelband genannt: *Linguistics and literary history. Essays in stylistics*, 1. Aufl. Princeton New Jersey 1948, Neudruck New York 1962. Vgl. auch verschiedene Arbeiten von H. Hatzfeld und A. Schiaffini. Im übrigen vgl. w.u. 2.5.6.

die jedoch in der Praxis existierte. Daneben gab es drei sprachliche Disziplinen, die einen eigenen Namen hatten und die in der westlichen Welt bis ins hohe Mittelalter hinein im Unterrichtswesen als Propädeutikum für das gesamte Studium weiterlebten: die *Grammatik*, die *Rhetorik* und die *Dialektik*.

Dieses gesamte Studiensystem, seit der Spätantike auch unter dem Namen *artes liberales* ("freie Künste", d.h. eines nicht zum Broterwerb gezwungenen Mannes würdige Beschäftigungen) bekannt, hatte etwa seit Martianus Capella in der 2. Hälfte des 4. Jahrhunderts folgendes Aussehen:

Grammatik
Rhetorik } Trivium   = sprachliche Disziplinen, Grundlage
Dialektik }   für das weitere Studium

Arithmetik
Geometrie } Quadrivium = nichtsprachliche Disziplinen,
Astronomie }   weiterführendes Studium
Musik

Die drei sprachlichen Disziplinen waren folgendermaßen gegeneinander abgegrenzt: Unter *Grammatik* verstand man die Beschreibung des nicht-situationellen Sprachgebrauchs: Pluralbildung, Tempusbildung, Genus, Kasus usw. – kurz, alles was unabhängig von irgendeiner denkbaren Situation des Sprechens gilt. Die *Rhetorik* war hingegen als Studium des situationsgebundenen Sprachgebrauchs gemeint, d.h. als weitere Determination des Sprachgebrauchs durch eine ganz bestimmte Situation und jeweils mit Bezug auf die Elemente dieser Situation. Diese Elemente sind im Prinzip drei: 1) die Sprecher und Angesprochenen selbst, die miteinander Sprechenden, 2) die Umstände des Sprechens, die Sprechsituation, und schließlich 3) der Gegenstand, über den man spricht. Und dies alles wird in der Rhetorik auch berücksichtigt. Allerdings hat die Rhetorik ihr Hauptaugenmerk dann vor allem literarischen Texten zugewendet, wo ganz spezifische Verhältnisse vorliegen. Es "spricht" der Verfasser mit seinen Lesern, oder, wie ich sagen würde, mit niemandem (dies ist jedoch eine Frage, auf die ich hier nicht eingehen kann [vgl. 2.4]). Die Umstände des Sprechens, die Sprechsituation sind nicht gegeben; was bleibt, sind die unterschiedlichen Gegenstände, über die man sprechen kann. Aus diesem Grund hat die Rhetorik, so wie sie dann traditionell fixiert wurde, eigentlich fast nur den Gegenstand des Sprechens berücksichtigt und auch ihre Kategorien im Hinblick auf den Gegenstand des jeweiligen Sprechens entwickelt. Andererseits ist die Rhetorik, so wie sie entwickelt und bis über das Mittelalter hinaus in der Lehre vertreten wurde, vor allem eine normative Rhetorik; es wird von einer abstrakten Adäquatheit der Texte in bezug auf die Gegenstände des Sprechens ausgegangen, und bestimmte Ausdruckmittel werden dann idealen Gegenständen des Sprechens präskriptiv zugeordnet.

Die *Dialektik*, die eigentlich nicht zu unserem Thema gehört, war als Studium eines gewissen Sprachgebrauchs in der Wissenschaft – oder, wie man damals sicherlich nicht zu unrecht sagte – in der Suche nach Wahrheit gedacht. Sie stellt daher so etwas wie eine Theorie der wissenschaftlichen Sprache und der wissenschaftlichen Diskussion dar: Es geht vor allem darum, wie man Thesen aufstellt und wie man sie gegen Einwände verteidigt. Hieraus erklärt sich auch der Terminus *These* für "wissenschaftliche Arbeit", "Doktorarbeit", der in den romanischen Ländern bis heute erhalten geblieben ist. Und zwar galt es ursprünglich, eine solche These gegen eventuelle Gegner zu verteidigen; bei der traditionellen Anwendung der Dialektik handelte es sich dabei freilich um fiktive Gegner, die mit Wendungen wie "hierauf könnte man aber folgendes einwenden" etc. auftreten. In vielen Ländern werden Dissertationen noch sehr lange in diesem dialogischen Stil geschrieben, so z.B. die Dissertation von Kierkegaard.[6]

Aber zurück zur Rhetorik. Wir haben gesehen, daß diese Disziplin, wenn auch in einem stark eingeschränkten Sinn, die Ebene der Texte berücksichtigte; allerdings weniger die Ebene der jeweils konkret gegebenen Texte, sondern eher diejenige der idealen Textgattungen, der "Textsorten". Damit entspricht die Rhetorik einem der auch heute noch geltenden Begriffe der Textlinguistik. Es ist somit kein Zufall, daß in die Bibliographien zur Textlinguistik auch Werke zur Stilistik und Rhetorik aufgenommen werden; in einer Reihe mit dem Titel "Pragmatische Texttheorie" soll sogar eine neue Übersetzung der Rhetorik von Aristoteles erscheinen.[7] Es existiert also durchaus ein Kontinuitätsbewußtsein, das in der literarischen Stilistik und über sie hinaus in der Rhetorik die Ursprünge der Textlinguistik erkennt. Nun, diese Art von Textlinguistik, die am Ende der eben skizzierten Überlieferungskette steht, ist der Konvergenzpunkt, auf den scheinbar ganz unterschiedliche Richtungen zustreben, wie z.B. die Kommunikationsforschung, die allgemeine Semiotik, die Literaturwissenschaft, die Handlungstheorie, die Sprechakttheorie, auch die Philologie im engeren Sinn als Wissenschaft von der Kritik und der Rekonstruktion von Texten und nicht zuletzt die typisch philologische Disziplin der Hermeneutik.

Weit weniger, als man annehmen möchte, wird dieser Art von Textlinguistik Interesse aus den Reihen der reinen Sprachwissenschaftler entgegengebracht. Es gibt sicherlich auch Linguisten, die eine Textlinguistik dieser Ausrichtung vertreten; die meisten Sprachwissenschaftler aber, die heute von einer Linguistik der Texte sprechen, meinen damit etwas ganz anderes, auch wenn sie dies nicht ausdrücklich sagen und vielleicht auch nicht genau wissen.

---

6   *Om Begrebet Ironi, med stadigt Hensyn til Sokrates* (Über den Begriff der Ironie, mit ständiger Beziehung auf Sokrates, 1841).

7   [Vgl. die Übersetzung von Franz G. Sieveke, München [4]1993 (= UTB 159). Zwar ist diese neue Übersetzung letztlich doch nicht in der damals angekündigten Reihe erschienen; im Einbandtext wird jedoch ausdrücklich auf die Unentbehrlichkeit dieses Textes für "die Texttheorie ..., die Hermeneutik, ..., die linguistische Pragmatik und Sprechakttheorie" hingewiesen.]

1.2. Einige Fakten, die Anlaß zur Konstituierung einer modernen Form der Textlinguistik gegeben haben. Gleichzeitig eine Rechtfertigung der "transphrastischen Grammatik"

Die Linguisten im engeren Sinne haben, wenn sie auf die Notwendigkeit der Schaffung einer neuen Form von Linguistik, einer Textlinguistik, hinweisen, nicht selten etwas völlig anderes im Sinn. Es geht ihnen nicht um den Text in seiner Individualität, um den Text als ein einmaliges Geschehnis, sondern um gewisse Fakten, die eng mit einer bestimmten historischen Sprache zusammenhängen; Fakten, die jedoch die traditionelle Grammatik überhaupt nicht oder jedenfalls nicht angemessen berücksichtigen kann, solang sie am Satz als oberster Einheit der grammatischen Analyse festhält.

Was sind das nun für Fakten? Sehen wir uns z.B. einmal so wohlbekannte Erscheinungen wie die *direkte* oder die *indirekte Rede* unter diesem Gesichtspunkt etwas näher an. Es gibt ganz offensichtlich Regeln – und zwar in verschiedenen Sprachen unterschiedliche Regeln – die für diese Erscheinung über die Satzgrenze hinaus Gültigkeit haben. Im Lateinischen erscheinen z.B. die Hauptsätze der indirekten Rede im Gegensatz zur direkten nicht im Indikativ, sondern im Konjunktiv; deklarative Hauptsätze der direkten Rede erscheinen in der indirekten Rede im *A.c.I.* usw. usf. Im Deutschen gibt es wiederum andersartige Regeln für dieselben universellen Erscheinungen, Regeln, die ebenfalls über die Satzgrenze hinaus gelten.

Als ein weiteres Faktum wäre in diesem Zusammenhang die sog. *Topikalisierung* (traditionell "Hervorhebung") zu nennen, sei es durch im engeren Sinn syntaktische Mittel, sei es durch Akzent und Intonation. Vergleichen wir die beiden folgenden Sätze:

Das habe ich heute gesagt.   Das habe ich **heute** gesagt!

Ohne daß eine Änderung der Wortfolge vorläge, allein aufgrund eines spezifischen Akzents und einer charakteristischen Intonation, bezieht sich der zweite Satz im Gegensatz zum ersten auf ein Faktum, das im Satz selbst nicht genannt wird, z.B. auf die von einem Gesprächspartner aufgestellte Behauptung, ich hätte die betreffende Aussage, von der im Satz die Rede ist, gestern oder vorgestern gemacht. Regeln dieser Art sind zum großen Teil an eine bestimmte Sprache gebunden.

Wie steht es nun mit der Wortfolge? Es gibt sicherlich sehr viele Regeln der Wortfolge, die innerhalb von Sätzen gelten; es gibt jedoch auch entsprechende Regeln − und zwar Regeln für eine bestimmte Sprache −, die für bestimmte Texte gelten und dort angewendet werden müssen: z.B. die sog. *inversion du sujet* (also die Folge Prädikat-Subjekt) im Französischen. Diese Inversion ist typisch für bestimmte Texte, z.B. für Bühnenanweisungen: "Entre Don Carlos, le manteau sur le nez ..." (Don Carlos tritt ein, den Mantel über die Nase gezogen ...).

Man kann aber noch viel weiter gehen und zeigen, daß es sich bei gewissen Umstellungen der "normalen" Wortfolge um eine Erscheinung handelt, die mit der Einführung des Themas zusammenhängt. Es gibt Formeln, die dazu dienen, den Gegenstand einzuführen, über den man zu sprechen gedenkt, und in Verbindung mit solchen Formeln erscheinen dann auch gewisse präsentative Verben wie z.B. in dem bekannten Kinderlied *"Il était un petit navire ..."* (Es war einmal ein kleines Schiff ...). So etwas kann nur am Anfang eines Textes stehen, nicht hingegen, nachdem man schon von diesem *petit navire* gesprochen hat.[8]

Oder nehmen wir einen Satz wie: *"Daß er dumm ist, ist nicht wahr"*. Ein solcher Satz wäre im Deutschen am absoluten Anfang eines Textes nicht ohne weiteres möglich; man würde beim Hören dieses Satzes zunächst vermuten, daß er Teil eines bereits begonnenen

---

[8] [Der Deutlichkeit halber sei hier ausführlich hinzugefügt, daß der Verf. den Komplex der "funktionalen Satzperspektive" (Thema-Rhema-Gliederung auf Satzebene) zur zweiten, der "uneigentlichen" Form der Textlinguistik, d.h. zur "transphrastischen Grammatik" rechnet (vgl. jedoch w.u. 2.7.). Allerdings verwendet er die entsprechende Terminologie, z.B. den Terminus *Topikalisierung*, nicht immer in Übereinstimmung mit der einschlägigen Literatur. Aus der unübersehbaren Fülle von Veröffentlichungen zu diesem Gebiet sei hier nur ein für Anfänger bestimmtes Werk genannt: Hans-Werner Eroms: *Funktionale Satzperspektive*, Tübingen 1986. Dort findet man auch die wichtigste weiterführende Literatur.]

Gesprächs sein müsse, z.B. Zurückweisung der bereits geäußerten Behauptung, irgendjemand sei dumm. Sagt man hingegen: *"Daß er aber dumm ist, ist nicht wahr"*, so würde dies wiederum beinhalten, daß man anderen Behauptungen über den Betreffenden zustimmt, nur nicht derjenigen, daß er dumm sei. Wir haben also wiederum einen Bezug auf etwas, was nicht in dem betrachteten Satz selbst steht.

Natürlich kann ein konkreter Text – ich sage dies jetzt nur nebenbei und ohne weitere Begründung – gerade mit einem solchen Satz anfangen: "Daß er aber dumm ist, ist nicht wahr", sagte meine Mutter ... usw. Damit soll dann aber eine ganz bestimmte Wirkung erzielt werden; es soll nämlich der Eindruck erweckt werden, daß der Erzähler seinen Bericht mit einem bereits in Gang befindlichen Gespräch beginnt. Ein solcher scheinbarer "Verstoß gegen die Regel" hängt wiederum mit einer viel allgemeineren Erscheinung zusammen, auf die ich hier ebenfalls nicht eingehen kann, mit der Erscheinung nämlich, daß im Bereich unserer drei Ebenen der Sprache, der allgemeinen, der historischen und der individuellen, der Textebene, die jeweils spezielleren Normen die allgemeineren aufheben können: Was auf der Ebene des Sprechens im allgemeinen gilt, kann durch die Regeln einer bestimmten Sprache und was in einer bestimmten Sprache gilt, durch die Bedingungen einer bestimmten Textsorte aufgehoben werden.

Ein Satz wie der zuletzt betrachtete *"Daß er aber dumm ist, ist nicht wahr"* führt uns hin zum Gebrauch der deutschen Partikeln[9], der übrigens stark demjenigen im Griechischen ähnelt. Die Partikeln im Deutschen und im Griechischen fungieren immer als Hinweis auf etwas, was nicht im betreffenden Satz steht, sondern irgendwo außerhalb, entweder im Text selbst (jedoch etwas weiter entfernt), oder auch im außersprachlichen Kontext, in dem, was ich "Außer-Rede-Kontext" nenne [*contexto extraverbal*, weiteres hierzu im 2. Kap.].

Sagen wir z.B.: *"Es ist zwar richtig, daß ..."*, so schließt dies ein, daß wir hinsichtlich der zugestandenen Richtigkeit eine Einschränkung machen wollen; *zwar* verweist auf etwas, was im Satz selbst nicht anzutreffen ist, was aber vermutlich etwas später genannt werden wird. Oder, im Zusammenhang mit dem Verweis auf einen außersprachlichen Kontext ein Beispiel, das ich immer wieder anführe:

Man kann im Deutschen durchaus fragen: *"Wie spät ist es?"* Achtet man aber einmal auf die tatsächlich geäußerten Fragen nach der Uhr-

---

9 [Zu den sog. *Abtönungspartikeln* vgl. insbesondere die einschlägigen Arbeiten von H. Weydt, eines Schülers des Verfassers.]

zeit, so wird man sehr häufig entweder *"Wie spät ist es **eigentlich**?"* oder *"Wie spät ist es **denn**?"* zu hören bekommen. Diese beiden Partikeln verweisen auf unterschiedliche außersprachliche Kontexte. Im ersten Fall bin ich selbst es, der aus irgend einem Grund auf die Idee gekommen ist, es könne spät, zu spät sein. Im zweiten Fall ist es eine Äußerung eines Gesprächspartners oder ein bestimmtes Ereignis, die mich auf einen solchen Gedanken bringen; z.B. die Tatsache, daß jetzt, am Ende dieser Vorlesungsstunde, die Tür schon mehrfach von außen geöffnet wurde. Ein solcher Vorfall veranlaßt mich dann zu der Frage: *"Wie spät ist es **denn**?"* In beiden Fällen weist jedoch die Partikel auf den Umstand hin, daß ich einen bestimmten Anlaß zu meiner Frage habe.

Die Partikeln funktionieren, wie man gewöhnlich sagt, als Satzadverbien. Man sollte lieber sagen, sie funktionieren als Klauseln innerhalb des Satzes [vgl. w.u., 1.3.]. Man könnte das schematisch etwa folgendermaßen darstellen:

Klausel, Klausel ‚   ... d.h. z.B.: ⌐Das sagt er⌐ ‚zwar‚ ...

In unserem Fall, d.h. bei den sog. Partikeln oder *"Abtönungspartikeln"* haben wir es mit einer kommentierten und einer kommentierenden Klausel zu tun. Die kommentierende Klausel ist die Partikel, die etwas über das im Satz bereits Gesagte aussagt, gleichzeitig jedoch über den Satz hinausverweist auf den "Redekontext" oder auf den "Außer-Rede-Kontext" [vgl. w.o. und 2. Kap.]:

Er hat zwar Goethe gelesen =   ⌐Er hat Goethe gelesen⌐ ‚zwar‚ ...

Zwar stellt hier einerseits einen einschränkenden Kommentar zum Satz *"Er hat Goethe gelesen"* dar, andererseits weist diese Partikel darauf hin, daß eine ausführlichere Formulierung der betreffenden Einschränkung noch folgen wird. Sätze wie *"Das sagt er zwar, das stimmt"* oder *"Zwar hat er Goethe gelesen, das ist richtig"* machen den Eindruck von unvollständigen Äußerungen, obwohl sie, als Sätze betrachtet, vollständig sind oder wenigstens sein können. Ohne den Zusatz würde dieser Eindruck der Unvollständigkeit nicht entstehen, er ergibt sich erst in Verbindung mit der kommentierenden Partikel. Es handelt sich hier um eine Unvollständigkeit des Textes, nicht des Satzes. Man darf überhaupt ganz allgemein sagen, daß sich die Konstatierung des Faktums der Vollständigkeit oder Unvollständigkeit einer Äußerung häufig nicht auf den Satz, sondern auf den Text bezieht. Ein Satz wie:

"Wenn ich (nur) wüßte!"   schematisch: ⌊ B ⌋

kann entweder eine vollständige oder eine unvollständige Äußerung sein, je nachdem, ob der Umstand, auf den die Partikel *nur* verweist, im Rede- oder Außer-Rede-Kontext schon gegeben ist oder nicht. Im letzteren Fall würde man einen Satz mit *ob* oder etwas Ähnliches erwarten. Im ersteren jedoch, d.h. wenn das Problem, das den Sprecher bewegt, in irgend einer Form bereits bekannt ist, kann die Äußerung als vollständig angesehen werden: *"Wenn ich nur wüßte!"* Über |B| muß nichts weiter ausgesagt werden.

Das Problem der Unvollständigkeit hinsichtlich des Textes führt uns zu einer allgemeineren Erscheinung, zur Auslassung, zur sog. *Ellipse*. Es ist klar, daß die Ellipse (sofern es sich um eine Ellipse im hier gemeinten Sinn, also um eine Auslassung von bereits genannten oder jederzeit zu ergänzenden Elementen handelt) eine Textkategorie ist, daß sie charakteristisch ist für Textfunktionen. Ellipsen können je nach Text bzw. Textfunktion verschiedene Formen annehmen. Eine besondere Form der Ellipse tritt z.B. gewöhnlich im Gespräch auf. Gespräche beziehen sich häufig auf eine vorgegebene Situation und auf die Gegenwart. So wird ein in einem geschlossenen Raum geäußerter Satz wie *"Es regnet"* gewöhnlich interpretiert im Sinne von "Es regnet jetzt draußen". Weder die Nennung von *jetzt* noch die von *draußen* ist für eine entsprechende Interpretation nötig. Könnte man im Fall von *jetzt* noch der Ansicht sein, dieses Element sei deshalb überflüssig, weil es bereits durch das Präsens vorgegeben sei (obwohl das Präsens nicht notwendigerweise in diesem Sinn interpretiert werden muß), so scheidet eine solche Interpretation im Fall von *draußen* ganz aus.

Bei *Frage* und *Antwort* liegen die Verhältnisse meist anders. Hier handelt es sich häufig um "Lücken", die an anderer Stelle im Text "ausgefüllt" werden bzw. bereits ausgefüllt worden sind:

A: Wann kommst du? B: Um fünf. (komme ich)
A: Ich komme besser zu dir. B: Wann? (kommst du zu mir)

[Die "syntaktisch vollständigen", aber gerade in bezug auf die entsprechenden Textfunktionen unüblichen Konstruktionen findet man häufig in älteren Sprachlehrbüchern].

Eine andere Art von Ellipse ist charakteristisch für eine bestimmte Textsorte, für das Telegramm: *Ankomme Freitag 14 Uhr.* Abgesehen von gewissen morphosyntaktischen Erscheinungen wie *ankomme* statt *komme ... an* im Hauptsatz, ist das Fehlen von *um* typisch für diese Textsorte. D.h. aber auch, daß keineswegs beliebige Elemente weggelassen werden können, sondern daß es hinsichtlich der möglichen Auslassungen bestimmte Normen gibt [vgl. 1.5.].

Auch in Sprichwörtern finden wir Ellipsen: *Viel Feind, viel Ehr!* Das ganze Konditionalsatzgefüge *wenn ..., so (bedeutet dies) ...* und dazu manches andere erscheint hier nicht; man versteht aber ohne weiteres, was gemeint ist, weil die Ellipse an sich schon auf das Sprichwörtliche der Äußerung und damit auf andersartige Bedingungen für das Verstehen verweist.

Ein weiteres Problem der Texte stellen gewisse "regelmäßige", d.h. virtuell mögliche, jedoch angeblich in der Sprache nicht existierende Konstruktionen dar. So ist vor einiger Zeit einmal im Zusammenhang mit gewissen Restriktionen bei Relativsätzen behauptet worden, Sätze vom Typ des folgenden seien im Deutschen unmöglich:

* Heinrich Heine ist ein deutscher Dichter, der ein Lyriker ist.

In Wirklichkeit ist ein solcher Satz im Deutschen ohne weiteres möglich – in bestimmten Textzusammenhängen. Am Anfang einer Heine-Biographie oder als schlichte Aussage über Heinrich Heine wäre ein solcher Satz tatsächlich nicht möglich. Sehr wohl jedoch in der Funktion der Widerlegung einer Behauptung, die man für falsch hält:

A: Es gibt keine deutschen Dichter, die Lyriker sind.
B: Doch, Heinrich Heine ist ein deutscher Dichter, der Lyriker ist.

In ähnlichem Zusammenhang (natürlich nicht in bezug auf dieses konkrete Beispiel) hat der amerikanische Linguist Dwight D. Bolinger dafür plädiert, man solle nicht kategorisch von "unmöglichen Sätzen" sprechen, sondern man solle besser spezifizieren, in welchen Textzusammenhängen die betreffenden Äußerungen tatsächlich unmöglich sind.[10] Apodiktische Behauptungen dieser Art werden nämlich oft gemacht und meist zu unrecht. So sollen z.B. im Deutschen Sätze wie *"Ich habe einen Vater und eine Mutter"* unüblich sein, weil es sich dabei um eine Selbstverständlichkeit handle; jeder hat einen Vater und eine Mutter (wenn man das Präsens nicht im Sinn von "Gegenwärtigkeit" interpretiert). Nun ist ein solcher Satz völlig normal und klingt überhaupt nicht "künstlich", wenn er in ganz bestimmten Textzusammenhängen auftritt, z.B. in der Aufzählung der Familienmitglieder in einem Schulbuch für jüngere Schüler oder als Hinweis darauf, daß man sich in einer bestimmten Situation gebunden fühlt, daß man gewisse Verpflichtungen hat: A: *Schmeiß doch alles hin und wandere aus nach Australien!* B: *Ich habe einen Vater und eine Mutter.*

Exkurs: Man kann sich spontan oft überhaupt nicht vorstellen, was in bestimmten Situationen alles möglich und sogar üblich ist. Ich habe vor kurzem eine ganz besondere textbedingte Erscheinung untersucht, die Identifizierung des Sprechenden mit bestimmten Dingen. Diese Identifizierungen sind über verschiedene Einzelsprachen hinweg, zumindest innerhalb größerer Kulturgemeinschaften, weitgehend analog, es gibt jedoch diesbezüglich auch charakteristische Unterschiede. Da sagt z.B. einer: "Vierter Stock!". Und der andere: "Das bin ich". Was soll das heißen? Sie werden es erraten haben, wir befinden uns in einem Fahrstuhl. Oder jemand meldet sich am Telefon im Hotel mit "Hier ist Zimmer 23", als ob er ein Zimmer wäre. Auch die folgende Sequenz, die, isoliert betrachtet, einen reichlich absurden Eindruck vermitteln würde, ist in einer entsprechenden Situation völlig üblich und natürlich: A: "Wo stehen Sie?" B: "Hinter der Kirche." A: "Oh je, da stehen Sie aber schlecht, da werden Sie abgeschleppt."

Eine Identifizierung dieser Art mit dem eigenen Auto ist in vielen Sprachgemeinschaften üblich. In Deutschland weniger üblich, wenn auch nicht völlig un-

---

[10] Vgl. Dwight D. Bolinger, "On the Passive in English", in: A. Makkai u. V.B. Becker Makkai (Hrsg.), *The first LACUS Forum 1974*, Columbia, South Carolina 1975, SS. 57-77.

denkbar, ist eine Art von Identifizierung, die Sie aus französischen Restaurants kennen, die Identifizierung mit dem, was man bestellt hat (diesmal vor allem aus der Perspektive des Kellners): "C'est vous, la tête de veau?" Gast: "Non, la tête de veau, c'est ma femme, moi je suis le porc" (Sehr wörtlich: "Sind Sie der Kalbskopf?" "Nein, der Kalbskopf ist meine Frau, ich bin das Schwein[efleisch]"). In der entsprechenden Situation haben Sätze dieser Art nichts Komisches oder Beleidigendes.

Aber zurück zu unserem eigentlichen Thema. Es gibt einzelsprachliche Verfahren für bestimmte Textfunktionen; so z.B. in den meisten uns bekannten Sprachen das Verfahren bzw. die Kategorie *"Interrogativsatz"* für die Textfunktion *"Frage"*. Auf den ersten Blick wird vielleicht nicht ganz deutlich, was diese Feststellung mit dem uns hier interessierenden Problem der transphrastischen Analyse zu tun haben soll. Wenn auch die einzelsprachliche Kategorie "Interrogativsatz" nicht mit der universellen Textfunktion "Frage" identisch ist, so wird letztere eben doch innerhalb eines Satzes, d.h. mit Hilfe eines abgeschlossenen Interrogativsatzes realisiert. Alles, was sich evtl. an eine solche Frage anschließen könnte – z.B. die Begründung der Frageabsicht – würde dann doch wohl in einem weiteren Satz erscheinen? Es gibt jedoch einzelsprachliche Verfahren – im Deutschen, im Italienischen, im Spanischen – für die wiederholte Frage, für die Frage, mit der man gleichzeitig anzeigt, daß man das Gleiche schon einmal gefragt hat, daß man aber nicht verstanden worden ist:

A: Wie ist das Wasser? B: Was?   A: Wie das **Wasser** ist!?

Es handelt sich bei diesem zweiten Satz, der die wiederholte Frage ausdrückt, nicht einfach um eine Ellipse für "(Ich habe dich soeben gefragt,) wie das Wasser ist?"; denn einerseits haben wir eine ganz spezifische Intonation und andererseits gibt es Vergleichbares auch in Sprachen, in denen Haupt- und Nebensatz gleich konstruiert werden. So z.B. im Italienischen:

HS. = Com'è l'acqua? NS. = Domando com'è l'acqua.

Also kein Unterschied in der Wortfolge. Die wiederholte Frage, mit der man anzeigt, daß man nicht verstanden worden ist, lautet demgegenüber folgendermaßen:

L'**acqua**, com'è?

Und man kann darüber hinaus feststellen, daß es auf dieser Ebene Oppositionen gibt: Fügt man z.B. die Konjunktion *e* hinzu:

E l'acqua, com'è?

so bedeutet dies etwas völlig anderes: Man hat bereits von einem Ferienort am Meer gesprochen und dabei die verschiedensten Aspekte behandelt; und nun meldet sich einer mit der kritischen Frage: *"E l'acqua, com'è?"*. Zu interpretieren bzw. explizit zu machen als: "Das ist ja alles schön und gut, was mich nun aber einmal interessieren würde, ist die Qualität des Wassers". Im Spanischen gibt es den italienischen genau analoge Konstruktionen: *"El agua, ¿cómo está?"*, und: *"Y el agua, ¿cómo está?* (bzw. *¿cómo es?"*). Daneben gibt es jedoch noch eine Konstruktion für die wiederholte Frage, die nur im Spanischen möglich ist: *"Que ¿cómo está el agua?"* *Que* ist hier Zeichen für die wiederholte Frage.

Im Gegensatz zur Frage gibt es in den uns bekannten Sprachen üblicherweise kein spezifisches Verfahren zum Ausdruck der Textfunktion "Antwort". Dennoch interpretieren wir die meisten Äußerungen, die als Realisierung dieser Textfunktion intendiert sind, spontan in diesem Sinn. Und zwar erkennen und unterscheiden wir in diesem Zusammenhang verschiedene Arten von Information:

1) Wir erkennen, ob etwas Antwort ist oder nicht, und zwar offenbar aufgrund von Relationen im Text. Im folgenden Dialog:

A: "Was liest er?"   B: "Ich weiß es nicht",

wird z.B. die Äußerung von B ohne weiteres als Antwort anerkannt, obwohl man gerade nicht erfährt, was der Betreffende liest. Hätte B geäußert:

B: "Um vier Uhr nachmittags!",

so wäre das vermutlich nicht als Antwort anerkannt worden, zumindest nicht innerhalb dieses kurzen Textsegments. Innerhalb eines längeren Textsegments bzw. im Zusammenhang mit einem besonderen Außer-Rede-Kontext könnte diese Äußerung jedoch evtl. durchaus als Antwort akzeptiert werden. Hierzu würde es z.B. genügen, daß man weiß, daß B vorher mit Entschiedenheit erklärt hat, er werde alle Fragen erst um vier Uhr nachmittags beantworten.

2) Wir unterscheiden verschiedene Typen von Antworten. Auch sog. Ja-Nein-Fragen können nämlich u.U. anders als mit *ja* oder *nein* beantwortet werden:

A: Lernt er?   B: Er liest.

D.h.: "Man kann nur feststellen, daß er liest, ob er dabei etwas lernt, ist ungewiß". Oder:

A: Lernt er?   B: **Lesen** tut er!
(Mit kontrastivem Akzent und Hochton)

"Kein Gedanke, er lernt nicht, sondern er liest." Eine weitere Möglichkeit:

A: Lernt er?   B: Lernen **tut** er.
(Mit aufsteigender Intonation bei *lernen* und Betonung auf *tut*)

"Ja, er lernt, aber etwas anderes, das man ebenfalls von ihm erwarten würde, tut er nicht".

Übrigens stehen "Antwort" wie auch "Ellipse" im Zusammenhang mit einer weit allgemeineren Erscheinung, mit dem Phänomen der *Ersetzung*. Schon die Idee selbst der Ersetzung ist eine textbedingte Idee. Seit der Antike sind die sog. *Pronomina* definiert als sprachliche Elemente, die für Nomina stehen können, die Nomina ersetzen. Eine solche Auffassung ist eigentlich nur vom Text her vertretbar. In vielen Texten können bestimmte Pronomina tatsächlich Nomina ersetzen, die Pronomina der 3. Person. Hat man von irgend jemandem bereits gesprochen, so kann man z.B. fortfahren: "*Er* war gerade angekommen". In diesem Fall ist *er* tatsächlich Ersetzung, Wiederaufnahme eines Substantivs oder eines Eigennamens. Ebenso in: "*Dieser* war gerade angekommen"; wiederum eine, wenn auch etwas andersartige, Wiederaufnahme eines bereits genannten Substantivs oder Nomens.

Betrachtet man jedoch das gesamte Paradigma der sog. Pronomina unter diesem Gesichtspunkt der Ersetzung, so wird man feststellen, daß die Verhältnisse in den Texten nicht in angemessener Form berücksichtigt worden sind. Es gibt nämlich andere "Pronomina", die gerade nicht ersetzen, sondern die ihrerseits in gewissen Texten ersetzt werden können, z.B. die Pronomina der 1. und 2. Person *ich* und *du*. Die Nomina, die u.U. im Syntagma an derselben Stelle wie *ich* und *du* erscheinen können, müssen als ersetzende, nicht als ersetzte Formen aufgefaßt werden. Wenn z.B. eine Mutter zu ihrem Kind sagt: "Was hat *Mutti* gesagt?", so fungiert *Mutti* als Ersetzung für *ich*, nicht umgekehrt. Und wenn ich in dieser Vorlesung eine meiner eigenen Arbeiten bespreche und mich dann frage: "Was sagt nun eigentlich Coseriu?", so werden Sie *Coseriu* als stilistisch gefärbt, als eine bestimmte Form der Ersetzung von *ich* interpretieren, nicht umgekehrt. Entsprechendes gilt für die 2. Person. In Sätzen wie *"Was hat mein Kind"*, *"Was hat denn mein Schatz"*, *"Qu'est-ce qu'il a mon petit coco"* sind *mein Kind, mein Schatz, mon coco* Ersetzungen von *du, tu* bzw. *toi*, nicht umgekehrt.

Nun betrifft die Ersetzung natürlich nicht nur die Pronomina, es handelt sich, wie gesagt, um eine sehr allgemeine Erscheinung. In einer anderen Vorlesung[11] habe ich mich bemüht zu zeigen, daß es in jeder Sprache eine besondere Sektion für die ersetzte Rede, für die Vorwegnahme und für die Wiederaufnahme von noch zu Sagendem oder bereits Gesagtem gibt und daß innerhalb dieser Sektion besondere Grammatikregeln gelten. Sehen wir uns hierzu einige Beispiele an :

    A: Das solltest du unbedingt tun!   B: Habe ich schon!
    [möglich ebenfalls: B: Schon getan, schon gemacht, schon geschehen]

Die Wiederaufnahme mit dem Hilfsverb ist z.B. ebenfalls im Portugiesischen möglich:

    A: Tens visto? (Hast du gesehen?)   B: Tenho! (Hab ich)

Ähnlich verhält es sich im Kroatischen: Auf die Frage: *čitat-ćeš?* (Wirst du lesen?) wird nicht geantwortet *čitat-ću* "ich werde lesen",

---

11 *Einführung in die funktionelle Syntax der romanischen Sprachen*, gehalten im WS 1964/65 und im SS 1975, bisher nicht veröffentlicht. In diesem Zusammenhang hat der Verf. darauf hingewiesen, daß die Ersetzung nur von wenigen als grundlegendes Problem der Grammatik erkannt worden ist. Zu diesen wenigen gehört Bloomfield mit dem Kapitel "Substitution" (15. Kap.) in *Language*. [Vgl. w.u. 3.3.1. und vom Verf. "Grundzüge der funktionellen Syntax", in: id.: *Formen und Funktionen. Studien zur Grammatik*, herausgegeben von U. Petersen, Tübingen 1987, SS. 133-176, hier SS. 168-173 ("Antitaxe"= Ersetzung, Substitution).]

sondern: *Hoću* "ich werde" [wörtlich: "ich will"], also mit der Voll-
form des Hilfsverbs, die in Verbindung mit dem Hauptverb nicht
existiert; dort erscheint das Hilfsverb nur als gebundenes Morphem
-ću.

Im Italienischen oder im Rumänischen ist eine Wiederaufnahme
dieser Art mit dem Hilfsverb gerade nicht möglich, in beiden Sprachen
erfolgt die Wiederaufnahme durch das Partizip des Hauptverbs:

A: Dovresti fare questo e quello. (Du solltest dieses und jenes tun.)
B: Già fatto. (Schon getan, bzw. Habe ich schon.)

Entsprechend verhält es sich im Rumänischen.

Ein besonderes Faktum auf dem Gebiet der Ersetzung stellen die
Elemente vom Typ *ja*, *nein*, *doch* dar, die einerseits komplette Sätze
wiederaufnehmen:

A: Hast du das getan?   B: Ja! (statt: Ich habe das getan),

andererseits jedoch noch zusätzlich eine Stellungnahme zum Wieder-
aufgenommenen beinhalten. Wie Sie wissen, ist das Paradigma dieser
sog. *"Satzadverbien"* [vgl. hierzu das 3. Kap.] im Deutschen und im
Französischen anders als in anderen romanischen Sprachen:

ja	si	oui
nein		non
	no	
doch		si

Wir haben also im Französischen eine ziemlich ähnliche (wenn auch
nicht genau dieselbe) Aufteilung wie im Deutschen, während im Italienischen (hier stellvertretend für die südromanischen Sprachen) eine
Zweiteilung des Paradigmas vorhanden ist. Die slawischen Sprachen
kennen normalerweise ebenfalls nur eine Zweiteilung.

Schließlich wären noch die Aufzählungen zu nennen, die einerseits
evtl. gewissen einzelsprachlichen Regeln folgen können, andererseits
naturgemäß nicht innerhalb eines Satzes, sondern innerhalb eines
Textes angewendet werden. Besonders klar ausgeprägt sind diese Regeln im Lateinischen:

primum, secundum, tertium ... etc., bzw. primo, secundo, tertio etc.
deinde, demum, (tum), postremo (ad postremum, ad extremum)

D.h. am Ende einer Aufzählung, die sich über viele Seiten erstrecken kann, steht *deinde* als (von der ursprünglichen Intention her gesehen) vorletztes Element und *demum* bildet den Schluß, dem dann in gewissen Fällen, sozusagen als Postscriptum, *postremo* hinzugefügt werden kann. Hier nur ein Beispiel aus einem Brief Ciceros an den Proquästor C. Cassius (*Ad familiares*, XV, 14):

> ... tu multis de causis vellem me convenire potuisses, *primum* ut te, quem iam diu plurimi facio, tanto intervallo viderem, *deinde* ut tibi, quod feci per litteras, possem praesens gratulari, *tum* ut, quibus de rebus vellemus, tu tuis, ego meis, inter nos communicaremus, *postremo* ut amicitia nostra ... confirmaretur vehementius [Hervorhebungen vom Herausgeber]

Alle diese Fakten, die ich hier nur kurz vorgestellt habe, gehen in irgendeiner Weise über die Grenzen des Satzes hinaus und lassen sich offensichtlich nicht, oder nur unvollkommen, im Rahmen einer Satzgrammatik beschreiben. Was ich hier ausgeführt habe, ist natürlich nur eine ziemlich ungeordnete Aufzählung von Erscheinungen, die Anlaß zur Konstituierung einer modernen Form der Textlinguistik gegeben haben; die Fakten selbst sind damit noch nicht behandelt worden. Immerhin lassen sich unter diesen Fakten schon jetzt drei Typen unterscheiden:

1) Fakten, die sich über mehrere Sätze erstrecken können (direkte und indirekte Rede, Aufzählungen und anderes),

2) Fakten, die für eine bestimmte Textsorte charakteristisch sind (z.B. die sog. Ellipse im Telegrammstil),

3) Fakten, die zwar innerhalb des Satzes auftreten, die aber zugleich über den Satz hinausweisen (Partikeln, Topikalisierung, Ersetzung).

Alle drei Typen von Fakten haben wiederum zwei allgemeine Eigenschaften:

1) Sie betreffen – wie bereits gesagt – Texte, nicht Sätze, und zwar indem sie entweder über den Satz hinausweisen oder aber rein mate-

riell innerhalb eines einzelnen Satzes gar nicht feststellbar sind (Aufzählungen);

2) Sie gehören einer bestimmten Sprache an, sie sind von Sprache zu Sprache verschieden.

Zu diesem letzteren Punkt noch einige erläuternde Bemerkungen: Es handelt sich zwar um ähnliche Funktionen, diese Funktionen werden jedoch in verschiedenen Einzelsprachen einerseits durch materiell unterschiedliche Verfahren ausgedrückt, andererseits können sie jedoch auch inhaltlich verschieden sein. Die Funktionen als solche können nur in einer Einzelsprache festgestellt werden; erst nachträglich kann man Ähnlichkeiten feststellen und unterschiedliche einzelsprachliche Funktionen einem einheitlichen übereinzelsprachlichen Funktionstyp zuordnen, wie z.B. im Falle der beiden dreigegliederten Paradigmen *ja-nein-doch* im Deutschen und *oui-non-si* im Französischen. Dabei gelten die festgestellten Fakten (z.B. die Aufzählung vom Typ *primum, secundum ... deinde, demum*) oft nicht einmal für eine historische Sprache mit allen ihren Varianten in Zeit, Raum, Gesellschaft, Stil usw. Unsere Form der Aufzählung gilt z.B. nur für das Latein einer bestimmten Zeit, möglicherweise sogar nur für eine bestimmte Form des Lateins innerhalb dieses Zeitabschnitts.

In welcher Hinsicht geht es nun bei den Erscheinungen, mit denen wir uns hier beschäftigt haben, um Texte? Es geht, wie ich meine, nicht um Texte auf der allgemeinen Ebene des Sprechens, sondern es handelt sich um grammatische Regeln einer bestimmten Sprache zum Zweck der Textkonstitution. Unter "Text" in diesem Sinn haben wir also keine übereinzelsprachlichen Kategorien zu verstehen wie z.B. "Roman", "politische Rede" usw., sondern es geht um etwas Neutrales, um eine Kategorie wie "Satz in der Sprache n"; nur geht es eben um eine Ebene, die höher als diejenige des Satzes ist. Mit anderen Worten: Es geht hier um den Text als eine Ebene der einzelsprachlichen grammatischen Strukturierung.

1.3. Die Ebenen der einzelsprachlichen Strukturierung

Folgende Ebenen der einzelsprachlichen Strukturierung können in den Sprachen erscheinen:

Text
Satz
"Klausel"
Wortgruppe
Wort
Minimale Elemente (bedeutungstragende)

Von diesen Schichten sind, wie wir gleich noch sehen werden, nur die im oben stehenden Schema besonders hervorgehobenen notwendigerweise in allen Sprachen vorhanden. Das Gesamtschema ist Resultat einer empirischen Verallgemeinerung, d.h. die übrigen Schichten der Strukturierung können in einer gegebenen Sprache vorhanden sein, müssen es aber nicht notwendigerweise. Nur durch die Untersuchung der jeweiligen Sprache selbst kann festgestellt werden, ob eine der übrigen Schichten dort vorhanden ist oder nicht. Eine solche Schicht existiert nämlich dann, wenn es spezifische Funktionen oder Regeln gibt, die für die betreffende Ebene gelten.

Vergleichen wir in diesem Zusammenhang zunächst einmal den Status der *Ebene des Wortes* im Lateinischen und in den romanischen Sprachen:

Span. *casa-* "Haus, Wohnung" + *-s* = *casas* "Häuser"
Lat. *casa-* "Hütte, Häuschen" + *-s* = *casas* "die Hütten" (Akk. Plur.)

In beiden Fällen werden minimale Elemente miteinander kombiniert. Während jedoch im Spanischen durch die Kombination von *casa* und dem pluralisierenden Morphem *s* der Plural *casas* entsteht, liegt bei der gleich geschriebenen lateinischen Form ein Akkusativ Plural vor, d.h. es wird bereits eine Funktion im Satz ausgedrückt, z.B. "Objekt" oder "Richtungsangabe". Dies ist übrigens schon bei der Ausgangsform *casa* der Fall, die als Nominativ Singular ebenfalls schon eine bestimmte Funktion im Satz beinhaltet, z.B. "Subjekt". Das Wort [abgesehen von den Partikeln und einigen, keineswegs allen Adverbien] kommt also in lateinischen Texten eigentlich nicht in "reiner Form" vor, alle Formen eines Paradigmas beinhalten immer schon zusätzliche grammatische Bestimmungen. Es ist also fraglich, ob das Wort als Ebene der einzelsprachlichen Strukturierung im Lateinischen existiert; allerdings sollte man nicht so weit gehen wie Antoine Meillet und behaupten, es gäbe das Wort im Lateinischen überhaupt nicht; als lexikalische Einheit betrachtet war das Wort natürlich vorhanden.

Bei der *Wortgruppe* ergibt sich ein ähnliches Bild. Wiederum existiert in den romanischen Sprachen die Wortgruppe als autonome Ebene der einzelsprachlichen Strukturierung:

it.	centodue	"hundertzwei"
	duecento	"zweihundert"
frz.	l'homme pauvre	"der arme Mann"
	le pauvre homme	"der arme Mann!" (d.h. der bedauernswerte Mann)

Die Funktionen werden innerhalb der Wortgruppe ausgedrückt, unabhängig von der Funktion dieser Wortgruppe im Satz (es könnte z.B. jeweils die gesamte Gruppe "Subjekt" oder "Objekt" sein). Man braucht daher auch keinen weiteren Kontext, um die Funktionsunterschiede festzustellen. Wiederum stellt man fest, daß die entsprechende Ebene im Lateinischen nicht existiert.

Über die *Klausel* haben wir bereits im Zusammenhang mit den Partikeln gesprochen. Die Klausel existiert als autonome Ebene der einzelsprachlichen Strukturierung, wenn Kombinationen innerhalb eines Satzes möglich sind, bei denen ein Teil des Satzes den anderen kommentiert, wenn z.B. ein Element da ist, das die Gültigkeit der durch den Satz selbst ausgedrückten Aussage einschränkt oder wenigstens eine solche Einschränkung ankündigt. So heißt z.B. *"Natürlich hat er das getan"* nicht, daß jemand etwas auf natürliche Art und Weise getan hat, sondern es bedeutet, daß der Sprecher das ausgesagte Faktum für natürlich hält: "Er hat das getan. Ich halte das für natürlich, ich hätte gar nichts anderes erwartet." [Ob die Klausel in den romanischen Sprachen als autonome Ebene vorhanden ist, sei dahingestellt, sie ist jedoch sicherlich im Lateinischen vorhanden, wie das folgende Beispiel zeigen mag:

certo scio   "ich weiß es gewiß"
certe scio   "gewiß, ich weiß es"][12]

Wie Sie sehen, habe ich bisher von zwei Ebenen überhaupt nicht gesprochen, von derjenigen der *minimalen Elemente* und derjenigen des *Satzes*. Ich habe es deshalb nicht getan, weil die beiden Ebenen, wie bereits angedeutet, notwenigerweise universell, rationaliter universell sind; ihre Existenz geht schon aus der Definition der Ebenen der einzelsprachlichen Strukturierung selbst hervor: Es muß etwas geben, das kombiniert werden kann, und es muß ein Resultat dieser Operation da sein, etwas Kombiniertes als minimale Einheit der Rede, und diese Einheit ist eben das, was man "Satz" nennt.

Der Text gehört also zu den Ebenen der einzelsprachlichen Strukturierung, die vorhanden sein können, aber nicht notwendigerweise vorhanden sein müssen. Es ist durchaus denkbar, daß eine Sprache keine spezifischen Regeln für die Kombination von Sätzen kennt; Aufzählungen würden dann z.B. in einer solchen Sprache rein additiv, d.h. nach den allgemeinen Regeln des Sprechens, nicht nach den Regeln einer bestimmten Sprache erfolgen. Allerdings kennen wir bisher keine Sprachen, in denen die Ebene des Textes als Ebene der einzelsprachlichen Strukturierung überhaupt nicht existieren würde. In den Sprachen, die wir kennen, lassen sich immer zumindest einige Regeln feststellen, die die Ebene der Texte betreffen.

---

[12] Vom Bearbeiter ergänzt; die entsprechenden Ausführungen stammen aus der oben genannten Syntaxvorlesung.

1.4. Die verschiedenen Arten von Textlinguistik

Es ist immer wieder gefordert worden, diese Regeln, die die Ebene des Textes in verschiedenen Einzelsprachen betreffen, genauer zu untersuchen. Es wird Ihnen bei der Vorführung und Besprechung der diesbezüglichen Beispiele nicht entgangen sein, daß die meisten Regeln dieser Art "Verbindungsregeln" sind, die beim Anknüpfen, beim Übergang von einem Satz zum anderen, befolgt werden. Vor diesem Hindergrund muß die innerhalb der älteren Linguistik herrschende Ansicht gesehen werden, die Grammatik als solche, die Grammatik einer Einzelsprache könne mit der Ebene des Satzes aufhören, der Satz sei die letzte Einheit, die im ganzen noch durch einzelsprachliche Regeln bestimmt werde; darüber hinaus gebe es nur noch einige Anknüpfungsregeln, Regeln, die in gewissen Fällen beim Übergang von Satz zu Satz beachtet werden müssen, jedoch keine Regel, die den Text als Ganzes betreffen würde.[13] Jenseits des Satzes, so wurde es einmal formuliert, gibt es nur noch so eine Art von Zoll, der beim Grenzübertritt zum nächsten Satz entrichtet werden muß, weiter nichts.

Die Bemühungen der neueren Textlinguistik wurden in erster Linie unternommen, um zu zeigen, daß es nicht so ist, daß es Regeln gibt, die über mehrere, ja evtl. sogar über viele Sätze hinweg gelten; Regeln, die befolgt werden müssen, wenn aus einer großen Reihe von Sätzen ein Text werden soll. Da es eine solche Ebene der einzelsprachlichen Strukturierung wirklich gibt, so ist natürlich auch die entsprechende Disziplin, die gerade diese Ebene untersucht, völlig gerechtfertigt. Nun handelt es sich jedoch dabei nicht – und das wird von den Linguisten, die de facto eine "Textlinguistik" dieser Art betreiben, nicht immer deutlich gesehen – um eine Untersuchung dessen, was für Texte als solche charakteristisch ist. Es handelt sich bei dieser Art von Textlinguistik einfach um einen Teil der Grammatik einer Sprache, um einen Teil der Sprachbeschreibung, d.h. eigentlich um ein heuristisches Verfahren, mit dessen Hilfe versucht wird her-

---

[13] [Vgl. z.B. den Anfang des 11. Kapitels in Bloomfields *Language*.]

auszufinden, welche Fakten zu diesem Teil der einzelsprachlichen Beschreibung gehören, wie sie gestaltet sind, wie sie funktionieren und wie man sie am besten beschreibt.

Mit anderen Worten: Es geht um die Konstituierung von Texten *in bestimmten Sprachen*, soweit es diesbezügliche sprachspezifische Regeln gibt. Es geht jedoch nicht um die Frage, wie man Sonette, Tragödien oder Komödien schreibt, es geht nicht um die Normen und Textsorten auf einer Ebene der Sprache überhaupt, ganz unabhängig von der empirischen Frage, ob es die betreffende Textsorte in einer bestimmten Sprache überhaupt gibt. Das Sonett z.B. ist immer eine universelle Möglichkeit gewesen, einen Text zu bilden, auch zu der Zeit, als es nur italienisch geschriebene Sonette gab. Umgekehrt betraf das Sonett in keiner Weise die spezifischen Regeln der italienischen Sprache, man mußte nicht Sonette schreiben können, um behaupten zu dürfen, man könne Italienisch. Und in der Tat sind später Sonette in den verschiedensten Sprachen verfaßt worden.

Wir können also vorerst – und ich hoffe, daß dies deutlich genug geworden ist – zwei Arten der Textlinguistik unterscheiden. Der Gegenstand der ersten Textlinguistik sind die Texte auf einer autonomen Ebene des Sprachlichen vor jeder Unterscheidung bestimmter Sprachen. Ich halte diese Art von Textlinguistik, wie ich bereits in der Einleitung ausgeführt habe, für die "eigentliche" Textlinguistik und werde sie daher im folgenden auch besonders ausführlich behandeln. Die zweite Form der Textlinguistik, mit der wir uns soeben beschäftigt haben, findet ihren Gegenstand im Text als Ebene der einzelsprachlichen Strukturierung. Ich möchte sie daher, schon aus Gründen der terminologischen Klarheit, "Textgrammatik" oder "transphrastische Grammatik" nennen – auch von "transphrastischer Analyse" ist in diesem Zusammenhang gelegentlich gesprochen worden. Da eine einführende Vorlesung nun einmal Schwerpunkte setzen muß, werde ich diese Form der Textlinguistik, auf die ich hier im einführenden Teil etwas ausführlicher eingegangen bin, im darstellenden und kritischen Teil der Vorlesung sehr viel knapper behandeln.

Neben diesen beiden Formen der Textlinguistik, die ich – ich betone dies nochmals – für voll gerechtfertigt halte, tritt noch eine weitere Richtung mit dem Anspruch auf, Textlinguistik zu sein. Auch auf diesen Punkt bin ich in der Einleitung schon kurz eingegangen; hier möchte ich nun die Fragestellung und die Methodik dieser dritten Variante der Disziplin genauer untersuchen.

Einen autonomen Untersuchungsgegenstand wird man dieser dritten Art von Textlinguistik schwerlich zuordnen können, denn welchen weiteren Gegenstand "Text" neben den beiden bereits dargestellten sollte es sonst noch geben? Es gibt keinen; aber es gibt eine besondere Fragestellung, die diese Form der Textlinguistik charakterisiert. Sie lautet folgendermaßen: Müßte man nicht die ganze Linguistik überhaupt vom Text aus betreiben, da doch alle sprachlichen Erscheinungen letztlich nur im konkreten Text (im weitesten Sinn) tatsächlich zu beobachten sind?

Diese dritte Form der Textlinguistik leitet aus ihrer besonderen Art der Fragestellung ein entsprechendes methodisches Vorgehen ab: die ganze Sprachwissenschaft müsse grundsätzlich vom Text her betrieben werden. Welcher der beiden hier diskutierten Textbegriffe dabei zugrundegelegt werden soll, wird nicht deutlich gesagt; es ist jedoch meistens der Text im allgemeinen, der Text als eine universelle Möglichkeit der Sprache gemeint. Bei diesem Ansatz wird also gewissermaßen die Textlinguistik mit der Linguistik schlechthin identifiziert, die Sprache – und das heißt natürlich auch die historische Einzelsprache – soll mit allen ihren Kategorien vom Text her beschrieben werden, bei der Untersuchung jeder einzelsprachlichen Kategorie soll von der Funktion des sie vertretenden Elementes im Text ausgegangen werden.

Exkurs: Textlinguistik als "Linguistik vom Text her". Zurückweisung
eines verfehlten Ansatzes

Der Ausgangspunkt unserer dritten Form von Textlinguistik sind also die Texte. Es wird z.B. festgestellt, daß es Textsorten gibt, in denen gewisse Verbaltempora mit einer bestimmten Funktion auftreten: Erzählung und Besprechung. Daraus wird nun geschlossen, daß es zwei sehr allgemeine Typen von Texten geben muß, erzählende und besprechende Texte, und daß für diese beiden Texttypen bestimmte Verbaltempora in verschiedenen Sprachen vorgesehen seien. Und die Beschreibung einer bestimmten Sprache hat dann auf dem entsprechenden Sektor unter Berücksichtigung dieser Erkenntnis zu erfolgen. Dieses Vorgehen wird dann generalisiert und schlägt sich in Behauptungen und Maximen nieder wie: "Linguistik ist mit Notwendigkeit Textlinguistik" oder "Linguistik kann nur als Textlinguistik ihre Erkenntnisse voll entfalten" oder "Domäne der Grammatik muß der Text sein, nicht der Satz, wenn die Grammatik Modelle zur Erklärung der Sprachkompetenz liefern will". [Die Wiedergabe in Anführungszeichen ist nicht im Sinne wörtlichen Zitierens zu verstehen; der wissensdurstige Leser, der den in dieser erweiterten Ausgabe hinzugefügten Literaturangaben gewissenhaft nachgeht, wird dort auf fast wörtliche Entsprechungen zu den hier angeführten fiktiven Zitaten stoßen.]

Einzelsprachliche Funktionen werden in dieser Art von Linguistik von den Textfunktionen her definiert. Es wird z.B. der Gebrauch des Artikels in einem bestimmten Text untersucht und aus dieser Untersuchung die Folgerung gezogen, es handele sich beim bestimmten und unbestimmten Artikel um zwei verschiedene Typen von Anweisungen oder Signalen, die dem Leser gewissermaßen als Wegweiser bei der Dekodierung eines Textes dienen. Aus der Tatsache, daß sich der bestimmte Artikel in vielen Texten auf bereits Gesagtes, auf bereits im Text gelieferte Information bezieht, der sog. unbestimmte Artikel dagegen auf noch zu Sagendes, wird gefolgert, daß dies die Funktion der beiden Artikel im Französischen oder im Deutschen sei, oder, mehr noch, daß dies die Funktion des Artikels überhaupt sei: Der bestimmte Artikel sei ein Signal, das den Hörer dazu auffordert, das durch den

Artikel eingeführte Nomen oder nominale Syntagma mit der bereits gelieferten Vorinformation in Verbindung zu bringen und das dem Hörer gleichzeitig sagt, daß diese Information weiterhin Gültigkeit besitzt. Der unbestimmte Artikel signalisiere dagegen dem Hörer, daß nun etwas Neues eingeführt werde, daß er sich nicht mehr auf die bereits gegebene Information verlassen könne, sondern daß er auf die Nachinformation zu achten habe.

Ganz entsprechend verhält es sich mit den Verbaltempora. Ich diskutiere diese beiden Punkte hier etwas ausführlicher, da sie im Rahmen der Textlinguistik, für die wir uns hier interessieren, besonders gründlich behandelt worden sind. Ausgehend von einem Korpus von Texten einer Sprache stellt man fest, daß dort das Perfekt als Tempus der Besprechung, das Präteritum als Tempus der Erzählung auftritt. Daraus schließt man dann, daß dies die Funktionen der beiden Tempora überhaupt seien, und zwar nicht nur in der Sprache, deren Texte man untersucht hat, sondern in allen Sprachen. Was nun die Sprachen betrifft, in denen beim Verb primär überhaupt nicht Tempora, sondern Aspekte unterschieden werden, wie z.B. in den semitischen oder auch in den slawischen Sprachen, heißt es umdenken: Diese sog. Aspekte stellen nur einen Irrtum der Grammatiker dar, das wirklich Universelle ist die Dichotomie *Erzählung* vs. *Besprechung*; mit ihrer Hilfe kann man alle Verbalformen in allen Sprachen interpretieren.

Was ist nun richtig und was unrichtig an dieser Auffassung? Richtig ist zunächst einmal, daß 'sich sprachlich äußern' gleichbedeutend ist mit 'Texte hervorbringen'. Alles, was man sagt, ist ein Text oder Fragment eines Textes; auch ein einziger Satz kann einen vollständigen Text darstellen.

Dies hängt übrigens mit einer allgemeinen Eigenschaft der bereits dargestellten Ebenen der einzelsprachlichen Strukturierung zusammen, auf die wir später noch zurückkommen werden, mit der Tatsache nämlich, daß ein Element einer bestimmten Schicht auf der nächsthöheren Ebene mit Null kombiniert werden kann. Ein minimales Element kann daher gleichzeitig als Wort, ein Wort als Wortgruppe, eine Wortgruppe als Klausel fungieren usw. – bis hin zum Text. Ich erinnere in diesem Zusammenhang an die bekannte Anekdote von den beiden römischen Freunden, die eine Wette darüber abgeschlossen hatten, wer den kürzesten Brief verfassen könne. Der eine schrieb *eo rus* (ich gehe aufs Land), der andere antwortete *i* (geh!) und hatte damit die Wette gewonnen. Das minimale Element *i* im Lateinischen kann nämlich als 2. Pers. Singular des Imperativs Präsens des Verbs *eo* (*ire*) alle höheren Ebenen bis hin zum Text vertreten.

Es ist also richtig, daß man Texte produziert, wenn man spricht. Es ist ebenfalls richtig, daß man über eine besondere Fähigkeit verfügt, über eine "Kompetenz" zur Abfassung von Texten. Weiterhin ist richtig, daß der Sprachlehrer nicht nur eine bestimmte Einzelsprache unterrichtet, sondern daß sein Unterricht ebenfalls der Verbesserung der Fähigkeit dient, Texte zu produzieren.

Es ist jedoch falsch anzunehmen, daß die Kompetenz, die man zur Verfertigung von Texten benötigt, mit der Grammatik einer bestimmten Sprache zusammenfallen kann, daß die Beschreibung dieser Kompetenz gleichzeitig Beschreibung der Struktur einer bestimmten Sprache sein kann. Der Irrtum liegt offenbar darin, daß man annimmt, es handele sich bei der Fähigkeit, Texte zu produzieren, und bei dem, was man gemeinhin "Kenntnis einer Sprache" nennt, um eine einheitliche Kompetenz. Diese Annahme ist falsch. Es gibt neben der historisch determinierten Kompetenz, Deutsch, Englisch, Französisch usw. zu sprechen auch eine universelle Kompetenz, die unserer allgemeinen Ebene entspricht: z.B. die Fähigkeit, klar zu sprechen, kohärent zu sprechen usw., die nichts mit der Kenntnis einer bestimmten Sprache zu tun hat. Und weiterhin gibt es – auf der individuellen Ebene – eine Fähigkeit, ganz bestimmte Texte zu verfertigen, die ebenfalls nichts mit Sprachkenntnissen im herkömmlichen Sinn zu tun hat. Textsorten wie z.B. "Liebesbrief" oder "wissenschaftliche Abhandlung" haben ihre eigene Tradition, die nicht mit einer bestimmten historischen Tradition des Sprechens zusammenfällt. Es ist daher möglich und kommt auch tatsächlich häufig vor, daß jemand bei mangelhafter historischer Kompetenz doch über eine höhere Kompetenz auf der universellen Ebene verfügt als ein anderer, daß er zwar schlecht deutsch spricht, sich dafür aber besonders klar und kohärent ausdrückt. Ebenso ist es natürlich möglich, daß jemand bei unvollkommener historischer Kompetenz eine ganz besondere Fähigkeit besitzt, bestimmte Texte zu verfassen, daß er z.B. in fehlerhaftem Deutsch schönere Liebesbriefe schreiben kann als die meisten Sprecher des Deutschen.

Es ist aber nicht richtig und beruht auf einer Verwechslung der verschiedenen Kompetenzen, wenn man annimmt, daß die Kompetenz, die zur Verfertigung von Texten verwendet wird, im ganzen in der Grammatik einer bestimmten Sprache erscheinen muß, zur Grammatik einer bestimmten Sprache gehört.

Richtig dagegen ist, daß man auch dann von Texten ausgehen muß, wenn man die grammatische Beschreibung einer bestimmten Sprache liefern möchte. Man geht tatsächlich immer von Texten aus, auch wenn man den Eindruck hat, man befrage mittels Introspektion die eigene Kompetenz, d.h. die nicht aktualisierte Fähigkeit, Äußerungen nach den Regeln einer bestimmten Sprache hervorzubringen. Auch wenn man den Eindruck hat, man tue bei der Beschreibung nichts anderes, als das eigene Wissen explizit zu machen, geht man doch von Texten aus, die das Produkt einer Art von "innerem Sprechen" sind, man analysiert Texte, die im Vollzug dieses "inneren Sprechens" bereits nach den Regeln hervorgebracht worden sind, die man beschreiben möchte.

Nur so lassen sich übrigens Fälle von der Art erklären, die ich bereits erwähnt habe, als ich von falschen Behauptungen hinsichtlich der Existenz oder Nicht-Existenz gewisser Konstruktionen sprach. Würde man nicht zuerst konkret sprechen, wenn auch mittels eines inneren Sprechens, so würde man auch nicht zu vorschnellen und unzulässigen Verallgemeinerungen gelangen wie z.B. zu der Behauptung, der Satz "Heinrich Heine ist ein deutscher Dichter, der ein Lyriker ist", sei im Deutschen nicht möglich. Zu einer solchen Behauptung gelangt man dadurch– und niemand ist vor Irrtümern dieser Art sicher –, daß man einen Text produziert und aufgrund dieses Textes auf die Nichtwohlgeformtheit eines seiner Teile schließt, ohne dabei an andere Texte zu denken, in die sich das betreffende Fragment ohne weiteres integrieren ließe.

Es ist also vollkommen richtig, daß man auch bei der grammatischen Beschreibung einer bestimmten Sprache von Texten, von Redeakten ausgehen muß, weil man nämlich zunächst von gar nichts anderem ausgehen kann. Dies bedeutet jedoch nicht, daß man die festgestellte Textfunktion einfach mit der erst festzustellenden einzelsprachlichen Funktion identifizieren darf. Wenn man dies tut, so gelangt man zu falschen Schlußfolgerungen. Man hat vielmehr bei der einzelsprachlichen Beschreibung von Funktionen auszugehen, die nicht nur für einen gegebenen Text, sondern für alle Texte der betreffenden Sprache gelten. Sehen wir uns hierzu wiederum ein Beispiel an:

In einer Erzählung von Kafka kommt ein Tier vor, das sich Gedanken macht über alle möglichen Feinde, die es angreifen könnten. Dieses Tier hat, um seine potentiellen Gegner zu täuschen, ein weitverzweigtes System von Gängen, einen Burgplatz und viele Haupt-, Neben- und Reservevorratsplätze angelegt; und natürlich auch falsche Eingänge, die nirgendwo hinführen. Nun erhebt sich die Frage, ob dies wirklich alles richtig und zweckmäßig ist, ob sich eine ganz besonders raffinierte Vorsichtsmaßnahme in einer bestimmten Situation nicht gerade als Falle erweisen könnte, ob z.B. die zentrale oder die dezentralisierte Vorratshaltung letztlich vorzuziehen ist. Man sieht schon, hier gibt es vieles zu bedenken, manches *wenn* und *aber* in Betracht zu ziehen. Und das denkende Tier gebraucht bei der Entwicklung seiner außerordentlich umsichtigen Überlegungen eine Menge von Partikeln. "*Gewiß, zwar* scheint es so – und man könnte *schon* annehmen, daß es sich *eben wohl doch* so und nur so verhalten muß. *Freilich* läßt sich leider nicht ausschließen, daß sich die Dinge *vielleicht doch eigentlich* anders darstellen. Nun, wer dürfte *auch überhaupt* an vollkommene Sicherheit denken?" So verläuft – hier freilich in etwas komprimierter Form dargestellt – die Argumentation des alle Eventualitäten in Betracht ziehenden Tieres, das z.B. eine gerade noch als optimal empfundene Lösung eines Teilproblems kommentiert mit dem Satz: "Aber vielleicht doch nicht gar so sehr".

Welche Funktion haben nun die Partikeln in diesem besonderen Text? Sie drücken die Unsicherheit des Tiers aus. Natürlich wird niemand so weit gehen zu behaupten, die Funktion der deutschen Partikeln sei es, die Unsicherheit eines meisterhaft grabenden und von seltsamen Geräuschen beunruhigten Tieres auszudrücken. Aber es könnte jemand auf den Gedanken kommen, aus der Analyse unseres Textes einen allgemeineren Schluß zu ziehen wie: Die Funktion der deutschen Partikeln besteht darin, Unsicherheit in der Argumentation auszudrücken. Auch dies wäre noch eine Textfunktion, keine Funktion der deutschen Sprache. Die Textfunktion kann etwa folgendermaßen expliziert werden: "Zu viele Einschränkungen, zu viele Präzisierungen; wer ständig einschränkt und präzisiert, ist seiner Sache nicht sicher." Von "Präzisierung" und "Einschränkung" hätten wir auszugehen, wenn wir die Funktion der Partikeln im Deutschen bestimmen wollten. Diese Funktion der Partikeln im Deutschen (wir müssen auf eine genauere Untersuchung verzichten und wollen deshalb davon ausgehen, daß wir sie bereits bestimmt haben), die Präzisierung und Einschränkung des Gesagten, wird dann ihrerseits zu einer bestimmten Funktion im Text gemacht, bzw., genauer ausgedrückt, sie wird zum Zeichen für die Textfunktion "Unsicherheit" auf einer bestimmten Ebene des Inhalts, die ich "Sinn" nenne. Ich komme auf diesen Punkt bei der ausführlichen Betrachtung der ersten, der "eigentlichen" Textlinguistik zurück. Schematisch lassen sich die bisherigen Ausführungen zunächst folgendermaßen zusammenfassen:

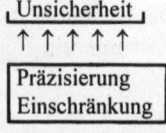

Unsicherheit   "Sinn" (im Text)
↑ ↑ ↑ ↑ ↑

Präzisierung
Einschränkung   Funktion im Gesagten selbst

Der Hauptvorwurf, der dieser dritten Art von Textlinguistik zu machen wäre, besteht also darin, daß sie ungerechtfertigterweise Textfunktionen mit Sprachfunktionen gleichsetzt. Allerdings ist es durchaus möglich, daß gewisse Ergebnisse dieser Forschungsrichtung für bestimmte Sprachen annehmbar sind, wenn auch keineswegs für alle. So ist es z.B. möglich, daß es in bestimmten Sprachen Tempussysteme gibt, die auf der grundlegenden Unterscheidung von "Erzählung" und "Besprechung" aufgebaut sind. Möglicherweise ist sogar das Deutsche eine solche Sprache.

Ich habe diese Problematik nicht selbst untersucht, jedoch weisen Auskünfte, die ich von dem französischen Germanisten Jean Fourquet erhalten habe, in diese Richtung. Herr Fourquet hatte das Problem, das uns hier interessiert, einer Schülerin als Doktorarbeit gestellt. Der Arbeitstitel der geplanten Dissertation lautete: "Die funktionelle Interpretation der Tempora im Deutschen". Bei den Vorarbeiten stellte sich offenbar heraus, daß es kaum Texte oder möglicherweise überhaupt keine Texte gibt, in denen das Perfekt (*ich habe geschrieben*) und das Präteritum (*ich schrieb*) in ähnlichen Situationen und in ähnlichen Kontexten alternativ gebraucht werden. Und dies keineswegs etwa nur in Texten, die in den regionalen Ausprägungen des Deutschen verfaßt sind, in denen das Präteritum gar nicht existiert. Angesichts dieser Lage der Dinge mußte Fourquets Schülerin auf die Durchführung der geplanten Arbeit verzichten, sie hätte allenfalls funktionelle Beschreibungen der deutschen Tempora innerhalb verschiedener Textsorten liefern können.[14]

Nehmen wir ruhig einmal an, daß Fourquets Schülerin gründlich gearbeitet und die Fakten richtig interpretiert hat und daß es somit im deutschen Tempussystem eine Unterscheidung von "Erzählung" und "Besprechung" gibt. Wenn dem so ist, dann handelt es sich hier jedoch um eine einzelsprachliche Erscheinung, um eine Unterscheidung des Deutschen, die nicht für alle übrigen Sprachen gilt. Besonders wichtig ist aber darüber hinaus die Feststellung, daß es gewisse Sprachen gibt, die funktionelle Unterschiede kennen, die für verschiedene Textsorten

---

14 [Gegen diesen vorläufigen Befund ließe sich sicherlich manches einwenden. Der interessierte Leser sei hier nur auf ein berühmtes, häufig kommentiertes Beispiel hingewiesen, bei dem der Wechsel der Vergangenheitstempora im Deutschen zumindest eine Funktion im Text hat. Am Ende von Goethes *Werther* heißt es: "Um zwölfe mittags starb er. Die Gegenwart des Amtmanns und seine Anstalten tuschten einen Auflauf. Nachts gegen Eilfe ließ er ihn an der Stätte begraben, die er sich erwählt hatte. Der Alte folgte der Leiche und die Söhne, Albert vermocht's nicht. Man fürchtete für Lottens Leben. Handwerker trugen ihn. Kein Geistlicher hat ihn begleitet."]

bestimmt sind. In allen uns bekannten Sprachen findet man Erscheinungen, die an bestimmte Arten von Texten gebunden sind, sogar im Wortschatz.

So dient z.B. das deutsche Verb *meckern* [in metaphorischer Verwendung] grundsätzlich zur Bezeichnung der Kritik, die nicht vom Sprecher selbst, sondern von einem anderen geübt wird. *Meckern* erscheint darüber hinaus immer mit der Funktion, die Kritik eines anderen nicht nur zu bezeichnen, sondern sie gleichzeitig als unbegründet oder zumindest unpassend auszuweisen. Man sagt: "Was hast du schon wieder zu meckern"; "der meckert aber dauernd" usw. – ich selbst meckere nie, ich kritisiere, ich übe Kritik, ich möchte bezweifeln oder erlaube mir darauf hinzuweisen, daß ... Man kann natürlich *meckern* auch von sich selbst sagen, z.B. in der Funktion einer spielerischen Selbstkritik oder in der Aufnahme einer Äußerung eines Gesprächspartners, der bereits gefragt hat, was man schon wieder zu meckern habe. "Ich meckere deshalb, weil ...", könnte ich darauf antworten und würde damit gleichzeitig implizit zum Ausdruck bringen, daß ich das bereits gebrauchte Verb zwar aufgreife, daß ich aber keineswegs mit der Tatsache seiner Verwendung einverstanden bin. In anderen Sprachen gibt es übrigens ganz ähnliche Ausdrücke, so z.B. *trouver à redire* im Französischen und *aver da ridire* im Italienischen.

Nun darf uns aber die Tatsache, daß es in den Sprachen Formen gibt, die für bestimmte Textfunktionen vorgesehen sind, nicht dazu verleiten, grundsätzlich Textfunktion und Sprachfunktion einander gleichzusetzen. Wir können nämlich die Formen, die für bestimmte Textfunktionen vorgesehen sind, nur deshalb als solche erkennen, weil andere Formen nicht für bestimmte Texte, sondern für alle Texte, für die Texte überhaupt da sind. Deshalb sind auch die Bestimmungen von Sprachfunktionen, die auf dem Wege der Verallgemeinerung aus isolierten Textfunktionen entstanden sind, meist unzulänglich oder einfach falsch. So auch im Falle der beiden *Artikel*. Das schlichte Schema Vorinformation vs. Nachinformation,

<-------------- der   ein ---------------->
(Vorinformation)   (Nachinformation)

paßt natürlich für viele Texte: "Dort stand auch ein Mann mit einer Zigarre. Der Mann mit der Zigarre war ..." usw. Es ist aber schon fraglich, ob dieses Verweissystem dazu da ist, den Text verständlicher zu machen. Kann man nicht Texte auch ohne diese Art von Verweisen ohne weiteres verstehen, z.B. Texte, die in artikellosen Sprachen verfaßt sind?[15] Es kommt aber noch hinzu, daß man an alle Funktionen denken muß, wenn man die Grammatik einer Sprache schreiben will, nicht nur an eine mögliche Funktion in bestimmten Texten. Vielleicht hat ein Linguist einmal einen Aufsatz geschrieben oder wird ihn schreiben mit einem Titel wie: "Die Textfunktion des französischen Artikels". Wäre es in diesem Fall wirklich vernünftig anzunehmen, daß sich der bestimmte Artikel am Anfang des Titels auf bereits gegebene Information bezieht und daß der Aufsatz mit "Eine Textfunktion des französischen Artikels" überschrieben worden wäre, wenn der Autor die Absicht gehabt hätte, im Aufsatz selbst Informationen über den Artikel zu liefern?

Man kann also feststellen, daß diese Art von Linguistik, die den Text als im voraus angenommene Grundlage verabsolutiert, keine Textlinguistik, keine Linguistik der Texte ist, sondern eine Linguistik, die Probleme mit der Identifizierung ihres eigentlichen Gegenstandes hat. Vergegenwärtigen wir uns dies nochmals anhand eines Beispiels:

Untersucht man die Tempora des Verbs anhand einer genügend großen Anzahl von Texten, so wird man natürlich sofort feststellen daß die Kategorie *Tempus* nicht unmittelbar etwas mit der Kalenderzeit zu tun hat, sondern daß sie sich auf den Zeitpunkt der Erzählung selbst bezieht. Da in vielen "praktischen" Sprechsituationen das "jetzt" der Erzählung mit der tatsächlichen Gegenwart übereinstimmt, könnte evtl. der Eindruck entstehen, als bezeichne das Präsens die "Gegenwart" im absoluten Sinne, das Präteritum die "Vergangenheit" usw. Dies ist natürlich nicht der Fall, dennoch ist es sinnvoll, im Text die Tempora mit der "Zeit" in Verbindung zu bringen. Man kann nämlich mit den Tempora der Vergangenheit nur Vergangenes erzählen, mit dem Präsens nur Empfindungen in bezug auf die Gegenwart äußern und mit dem Futur Erwartungen und Hoffnungen in bezug auf die Zukunft ausdrücken. Auch in einer utopischen Erzählung, in der aus der Perspektive des Jahres 2100 n.Chr. Ereignisse des Jahres 2010 geschildert werden, stehen natürlich die sog. "erzählenden" Tempora und nicht etwa das Futur, obschon das Jahr 2010 zum Zeitpunkt der Abfassung der Erzählung noch in der Zukunft liegt. Bei einer textimmanenten Interpretation, wie man sie von einer "Textlinguistik" zunächst einmal erwarten würde, ist es also durchaus angemessen, "Tempus" und "Zeit" miteinander in Zusammenhang zu bringen, denn die Unterscheidung zwischen "erzählter Zeit" und "absoluter" bzw. "Kalenderzeit" transzendiert bereits den Text.

---

[15] [Die Verhältnisse in eben einer solchen Sprache werden untersucht in: W. Birkenmaier: *Artikelfunktionen in einer artikellosen Sprache. Studien zur nominalen Determination im Russischen*, München 1979.]

Was nun den besonderen Fall betrifft, auf den ich hier anspiele, so bliebe noch anzumerken, daß die angeblich grundlegende kategoriale Unterscheidung von "Erzählung" und "Besprechung" auf manche Sprachen einfach nicht anwendbar ist, z.B. nicht auf das Portugiesische; denn im Portugiesischen wird auch dann ein angeblich "erzählendes" Tempus, das historische Perfekt (*pretérito perfeito simples*, das dem frz. *passé défini* bzw. *passé simple* entspricht) verwendet, wenn es um die "Besprechung" geht, d.h. in den Fällen, in denen die übrigen romanischen Sprachen das mit Hilfsverben gebildete "zusammengesetzte" Perfekt haben.

Unsere dritte Form der Textlinguistik möchte offenbar "Textlinguistik" sein, ist aber de facto doch nichts anderes als Linguistik der Sprachen [und zwar nicht im eingeschränkten Sinn der transphrastischen Grammatik!]; sie muß daher als ein Irrweg der Textlinguistik betrachtet werden. Als Linguistik der Sprachen kann sie interessant sein im Hinblick auf die Fakten, die sie bisher untersucht hat, also vor allem hinsichtlich der Tempora des Verbs und hinsichtlich des Artikels. Gerade bei diesen Fakten ist sie allerdings, will man sie einmal gegen ihre eigentliche Intention als Linguistik der Sprachen auffassen, als gescheitert anzusehen. Es ist ihr nicht gelungen, plausible Erklärungen für die untersuchten sprachlichen Fakten zu liefern. Diese Form der Textlinguistik wird uns also hier nicht weiter beschäftigen; allenfalls am Rande, d.h. nur in dem Maße, in dem sie etwas zu den beiden zuerst behandelten, berechtigten Formen der Textlinguistik beitragen kann. *Ende des Exkurses.*

Wir werden also im folgenden unsere Aufmerksamkeit nur den beiden zuerst genannten Formen der Textlinguistik widmen, der Linguistik des Textes als einer Ebene der Sprache überhaupt und der Linguistik des Textes als einer der Ebenen der einzelsprachlichen Strukturierung. Die Rechtfertigung der zuletzt genannten Textlinguistik habe ich bereits geliefert, eine Rechtfertigung der zuerst genannten wurde bisher nur in sehr allgemeiner Form gegeben und soll daher, in ausführlicherer Form, den einführenden Teil dieser Vorlesung abschließen. Zunächst wären jedoch noch einige Bemerkungen zum gegenseitigen Verhältnis der beiden Formen der Textlinguistik zu machen, die uns hier beschäftigen werden. Zu diesem Zweck wollen wir die beiden Schemata konfrontieren, in denen der "Text" jeweils als eine Ebene erscheint, wenn auch in einem ganz andersartigen Argumentationszusammenhang:

1. Schema (vgl. 1.1.)	Fortschreitende Determinierung	*2. Schema* (vgl. 1.3.)	Stufen der Kombinatorik
– Sprechen (bzw. "Sprache") im allgemeinen		Text	
		Satz	
		"Klausel"	
– Einzelsprache, historische Tradition des Sprechens		Wortgruppe	
		Wort	
		Minimale Elemente	
– Text			

Auf den ersten Blick scheint es sich also bei der ersten Textlinguistik um etwas völlig anderes zu handeln als bei der zweiten, der zugrundeliegende Textbegriff scheint ein völlig anderer zu sein. Dem ist natürlich nicht so. Die jeweilige Ebene des Textes ist *in concreto* dieselbe, sie wird nur in beiden Schemata in verschiedener Weise aufgefaßt. Im ersten Schema erscheint der Text als Produkt einer zweifachen Determinierung innerhalb des Bereichs des Sprechens als einer allgemein menschlichen Tätigkeit; im zweiten Schema fungiert der Text als eine nach den Regeln einer Einzelsprache konstruierbare Ebene, d.h. die Ebene des Textes wird in ihrer Konstitution betrachtet. Eine Kombination der beiden Schemata läßt die Ebene des Textes in ihrer ganzen Komplexität erscheinen und entspricht damit der Wirklichkeit etwas besser (vgl. das Schema auf der folgenden Seite).

Dies alles wird im weiteren Verlauf der Vorlesung noch genauer auszuführen sein; es genügt, wenn einstweilen klar geworden ist, daß der Text eine außerordentlich komplexe Erscheinung darstellt. Der Text ist die komplexeste Ebene des Sprachlichen überhaupt.

- Sprechen im allgemeinen
- Einzelsprache (mit
ihren verschiedenen
Ebenen) .... —— minimale Elemente,

—— ....

—— ....

—— *Satz* .... —— α

↓—— Text .... —— β

—— γ

α) Sprechen können, über elokutionelles Wissen verfügen.

β) Einen Text aufgrund des idiomatischen Wissens, d.h. nach den Regeln einer historischen Sprache konstruieren können.

γ) Einen Text aufgrund der Kenntnis einer besonderen Texttradition ("Sonett", "Roman") und aufgrund einer einmaligen Intuition als Gefüge von individuellen Redeakten produzieren.[16]

1.5. Einige Fakten, die die Annahme der Autonomie der Ebene des Textes rechtfertigen. Gleichzeitig eine Rechtfertigung der ersten, der "eigentlichen" Textlinguistik

Die Frage, von der wir auszugehen haben, lautet: "Welche Erscheinungen rechtfertigen die Annahme, daß der Text eine vielschichtige Ebene ist, die nicht nur Einzelsprachliches enthält, und wozu brauchen wir eine Linguistik, die den Text gerade im Hinblick auf diese Komplexität untersucht?" Eine Linguistik übrigens, die für mich mit der richtig verstandenen Philologie und auch mit der Hermeneutik zusammenfällt; die Textlinguistik in dem Verständnis, das ich Ihnen hier nahebringen möchte, ist nämlich nichts anderes als Hermeneutik, und die Theorie dieser Textlinguistik ist nichts anderes als die Theorie der Hermeneutik, der Interpretation.

---

[16] Vgl. vom Verf. "Die Ebenen des sprachlichen Wissens", art. cit.

Die Begründung der Textlinguistik im hier intendierten Sinn hat von der Tatsache auszugehen, daß es sich beim Text um eine autonome Ebene des Sprachlichen handelt, die weder allein von der Ebene des Sprechens im allgemeinen noch von der Ebene der Einzelsprachen her erklärt werden kann, auch nicht hinsichtlich der entsprechenden "Fakten". Dies setzt natürlich voraus, daß die beiden anderen Ebenen des Sprachlichen ebenfalls als autonom anzusehen sind.

A) Zur Ebene des Sprechens im allgemeinen: Die erste These zur Begründung der Textlinguistik (zugleich die erste These zur Begründung meiner Sprachauffassung überhaupt) betrifft daher die Autonomie jener ersten Ebene des Sprachlichen, die ich "Ebene der Sprache bzw. des Sprechens im allgemeinen" nenne. Es handelt sich hier um die Ebene derjenigen Erscheinungen, die allem Sprechen und allen Sprachen gemeinsam sind. Diese Gemeinsamkeit läßt sich nun wiederum auf zwei sehr allgemeine Fakten reduzieren:

1) Der Bezug auf das Außersprachliche, die Zeichenhaftigkeit der Sprache, d.h. die Tatsache, daß die Sprache sich auf etwas bezieht, was sie selbst nicht ist. Daß dies so ist, zeigt z.B. auch jeder theoretische oder angewandte Sprachvergleich, der gerade mit diesem allen Sprachen gemeinsamen Bezug auf das Außersprachliche rechnen muß; man vergleicht die Sprachen und stellt dabei fest, daß sie verschieden sind, aber verschieden im Hinblick auf etwas Gemeinsames, verschieden als unterschiedliche Gestaltungen des Außersprachlichen. Und gewisse sprachbezogene Tätigkeiten wie z.B. das Übersetzen sind überhaupt nur deshalb möglich, weil man von der stillschweigenden Annahme ausgeht, daß man sich in verschiedenen Sprachen auf ein gleiches Außersprachliches beziehen kann. Hierin liegt die Möglichkeit der Übersetzung, d.h. die Möglichkeit, etwas Gesagtes anders zu sagen im Hinblick auf die sog. "außersprachliche Wirklichkeit", die sowohl durch die Sprache$_1$ als auch durch die Sprache$_2$ bezeichnet, benannt werden kann.

2) Die Tatsache, daß wir als Sprecher über ein allgemeines, nicht historisch bedingtes Sprechenkönnen verfügen, d.h. daß unser Sprechenkönnen nicht nur ein Deutsch Können, Französisch Können usw.

ist, sondern darüber hinaus ein Können, das für a l l e Sprachen, für j e d e s Sprechen gilt. Innerhalb dieses Sprechenkönnens in diesem allgemeinen Sinn lassen sich wiederum zwei umfassende Klassen von Erscheinungen unterscheiden:

a) Die "allgemeinen Denkprinzipien", die für das Sprachliche insgesamt gelten, wie z.B. das Prinzip der Identität oder des Nicht-Widerspruchs. Diese Prinzipien sind natürlich intuitiv gegeben. Es ist nicht etwa so, daß jeder Sprecher diese Prinzipien formulieren oder gar erklären könnte, jedoch sind diese Prinzipien schon bei jedem Sprechen vorhanden. Voraussetzung dafür, daß man sich auf ein schon Genanntes wieder beziehen kann, etwa mit Hilfe von Pronomina, ist z.B. die Annahme der Identität des einmal Benannten über alle Fälle des Vorkommens seiner Benennung hinweg.

b) Die "Kenntnis der Sachen", d.h. die Tatsache, daß man nicht nur mit der Sprache, sondern mit einer gewissen Kenntnis der Sachen spricht. Dies geschieht wiederum in einem zweifachen Sinn:

α) Einerseits spricht man insofern mit Sachkenntnis, als man eine bestimmte Kenntnis der Sachen beim anderen voraussetzt, auf die man sich automatisch bezieht:

Wir sagen z.B. "Ja, draußen auf der Straße ..." – um auf ein bereits bemühtes Beispiel zurückzukommen –, indem wir aufgrund einer gewissen Kenntnis der Sachen und einer gewissen Erwartung hinsichtlich "normaler" Sachverhalte annehmen, daß es im Augenblick unseres Sprechens noch eine Straße gibt, daß wir nicht etwa inzwischen schon irgendwo im galaktischen System herumfliegen und die Stadt Tübingen längst verlassen haben. Wir nehmen an, daß es so ist, obwohl wir es nicht sicher wissen, weil wir so "selbstverständliche" Sachverhalte nicht ständig von neuem überprüfen können; jedoch pflegen sich Annahmen dieser Art immer wieder als berechtigt zu erweisen: Sie werden nach der Vorlesung feststellen, daß es Tübingen noch gibt und daß auch Straßen noch da sind. Hoffentlich!

Man verfügt also zunächst einmal über diese Kenntnis der Sachen und über Erwartungen hinsichtlich der "Normalität" von Sachverhalten, auf die man sich beim Sprechen ständig bezieht.

β) Man bezieht sich andererseits ständig auf die Kenntnis dessen, was wirklich allgemein menschlich ist, auf die Kenntnis von sich selbst als Menschen und auf die Kenntnis "unserer Welt". Wir wissen einiges über unseren Körper, z.B. daß wir zwei Füße und zwei Hände haben. Wir wissen auch einiges über diese unsere Welt, die unseren natürlichen Kontext darstellt; wir wissen, daß es in dieser Welt nur eine Sonne und nur einen Mond gibt, so daß wir ohne weiteres von "der" Sonne und "dem" Mond reden, ohne irgendwelche Präzisierungen vorzunehmen.

Gäbe es in unserer Welt drei Sonnen, so wäre ein Satz wie "Die zweite Sonne stand schon hoch am Himmel" genau so "natürlich" wie es der Satz: "Die Sonne stand schon hoch am Himmel" in unserer tatsächlichen Welt ist; und wenn wir eine größere Anzahl von Monden hätten, würden wir auch nicht in der Weise vom Mond reden, wie wir es gewohnt sind. In zwei Aufsätzen bin ich auf diese Fragen sehr ausführlich und mit vielen Beispielen eingegangen: Zum einen in dem bereits erwähnten Artikel "Determinierung und Umfeld" [vgl. 1.1.], zum anderen in meinem Aufsatz "Bedeutung und Bezeichnung im Lichte der strukturellen Semantik".[17]

So viel zur Autonomie der ersten Ebene, zur Autonomie der Ebene des Sprechens im allgemeinen.

B) Zur Ebene der Einzelsprachen: Die Autonomie der historischen Ebene, der Ebene der Einzelsprachen, muß nicht eigens gerechtfertigt werden. Daß die Einzelsprachen verschiedene Strukturen haben, verschiedene Grammatiken, einen jeweils verschieden strukturierten Wortschatz, verschieden gestaltete Wörter bzw., genauer gesagt, Wortinhalte, das alles wird im allgemeinen nicht bestritten. Kontrovers sind die Ansichten lediglich in der Frage, ob die Ebene der Einzelsprachen nicht teilweise mit der Ebene des Textes zusammenfällt. Damit wären wir bei der Rechtfertigung der Autonomie der Ebene des Textes angelangt.

C) Zur Ebene des Textes: Eine Reihe von Gründen sprechen d a g e - g e n , den Text einfach als eine Erscheinung einer historischen Einzelsprache anzusehen:

---

17 In: P. Hartmann / H. Vernay (Hrsg.): *Sprachwissenschaft und Übersetzen.* Commentationes Societatis Linguisticae Europaeae III, München 1970, SS. 1-18.

1) Ein Text ist zwar normalerweise in einer bestimmten Einzelsprache verfaßt, jedoch nicht notwendigerweise. Mehrsprachige Texte sind prinzipiell ohne weiteres möglich, und es gibt sie auch tatsächlich. Es kommt sogar vor – dabei handelt es sich dann allerdings um Grenzfälle –, daß verschiedene Einzelsprachen im Text sogar hinsichtlich des materiellen Ausdrucks und der Grammatik vermischt erscheinen, und dennoch sind diese hybriden Gebilde Texte. Man denke z.B. an den letzten Roman von James Joyce, an *Finnegans Wake*, der in verschiedenen Sprachen zugleich geschrieben ist; er enthält nicht nur englische Passagen, sondern auch italienische und französische – und zwar fast völlig amalgamiert, zu einer neuen Einheit verschmolzen.

2) Texte folgen nicht unbedingt in jedem Punkte den Regeln einer Sprache; Abweichungen von den Regeln einer Einzelsprache sind immer möglich. Und was noch wichtiger ist: Diese Abweichungen werden in der Regel nicht als solche interpretiert, sondern sie erscheinen als völlig annehmbar, wenn sie durch die Gestaltung des Textes oder durch eine Textfunktion motiviert sind. Es handelt sich dabei um eine sehr allgemeine Erscheinung, die man folgendermaßen formulieren könnte: Der Text kann Regeln der Einzelsprache aufheben, die dann in diesem besonderen Text nicht gelten, und zwar a) entweder schlicht wegen der traditionellen Gestaltung des betreffenden Textes oder b) aufgrund einer Motivation, die wir in dem betreffenden Text finden.

a) Zunächst ein Beispiel für den ersten Fall: Ein italienisches Kinderlied enthält folgende Formel:

> A mižú, mižú, mižú
> per la carne lo pe-í
> per esem-pin-tú
> a si fa mižú

Das ist kaum verständlich, und es kommt hier auch nicht darauf an, diesen Text zu verstehen. Wichtig ist vielmehr folgendes: In unserem Text erscheint etwas, von dem behauptet wird, daß es im Italienischen nicht existiere, nämlich das Phonem /ž/ [ʒ]. Alle Kinder, die diese Formel kennen, sagen ohne irgendwelche Schwierigkeiten *mižú*; wenn

Sie hingegen einen Italiener fragen, ob der Laut [ʒ] im Italienischen vorhanden sei, wird er dies sicherlich verneinen und er wird möglicherweise sogar Schwierigkeiten mit der Aussprache dieses Phonems haben. Das Phonem existiert aber gerade in diesem Text, es gehört zur Tradition dieses Textes, so wie auch andere Fakten, die in der Sprache üblicherweise nicht da sind, in bestimmten Texten erscheinen können. Man sagt z.B. ebenfalls – und sicherlich nicht zu Unrecht – daß der Laut ö ([ø] und [œ]) im Italienischen nicht vorkomme, und er existiert auch nicht als Phonem in italienischen Wörtern. Es gibt ihn jedoch in einem bestimmten Text, oder besser gesagt, er existiert a l s ein bestimmter italienischer Text; die Italiener gebrauchen ihn, um etwas als völlig unglaubwürdig oder unvernünftig zurückzuweisen: *öööh!* Das können alle Italiener – aber kaum ein Italiener kann ö in einem deutschen Wort aussprechen, wenn er es nicht zuvor lange geübt hat.

Und auch dort, wo es nicht um Fakten geht, die sonst nirgendwo existieren, gibt es für bestimmte Texte eine besondere Tradition, die die einzelsprachlichen Regeln teilweise aufhebt, auch auf dem Gebiet der Phonetik und Phonologie. So spricht man z.B. in der deutschen Standardsprache von *der Wurst,* sagt aber auch gleichzeitig (und zwar auch in nicht mundartlich gefärbter Aussprache)*das ist mir wurscht*; man realisiert also in diesem speziellen Fall den Nexus *st* in der Form*scht*, obwohl dies in der Hochsprache sonst nur am Morphemanfang üblich ist. Es entsteht dabei sogar so etwas wie ein minimales Paar: Vgl. *Es ist Wurst, was Sie haben wollen* und *Es ist wurscht, was Sie haben wollen.* Ebenso verhält es sich mit*Alles ist für die Katze* und *Alles ist für die Katz* "alles ist umsonst, vergebens"; auch in diesem Fall gibt es eine Tradition für einen besonderen Text, und eine geringfügige materielle Modifikation auf der Ausdrucksebene zieht eine vollständige Änderung des Sinnes nach sich.

Und nun zum zweiten Fall:

b) Abweichungen können, wie gesagt, motiviert sein, und zwar motiviert durch die Art von Text, durch die "Textsorte", für die sie bestimmt sind, innerhalb derer sie sogar als normal anzusehen sind. Ich habe in diesem Zusammenhang schon kurz auf die Auslassungen im sog. "Telegrammstil" hingewiesen. Diese Auslassungen werden nach den spezifischen Regeln vorgenommen, die für das Abfassen von Telegrammen gelten, und sie werden auch ohne weiteres akzeptiert. Man kann sogar feststellen – es gibt allerdings meines Wissens noch keine Untersuchung dazu –, welche Art von Auslassungen im Telegrammstil zulässig ist und welche nicht. Der rumänische

Schriftsteller I.L. Caragiale hat in einer berühmten Erzählung, die nur aus Telegrammen besteht, die Abweichungsmöglichkeiten des Telegrammstils dadurch besonders in den Brennpunkt der Aufmerksamkeit gerückt, daß er auch Abweichungen verwendet, die selbst im Telegrammstil nicht üblich oder auch nicht zulässig sind. Abweichungen etwa vom Typ: *"Wollten Staatsanwalt protestieren Stop Staatsanwalt abwesend Stop Nonnenkloster Sauferei"*, zu interpretieren als: "Wir wollten beim Staatsanwalt protestieren, dieser war jedoch nicht anwesend, er befand sich vielmehr in einem Nonnenkloster und betrank sich dort."

Auf eine andere Art der Motivation für Abweichungen in bestimmten Textsorten habe ich in anderen Vorlesungen wiederholt hingewiesen, auf die Art, wie man mit Ausländern, mit Fremdsprachigen spricht – z.B. nur mit Infinitiven und Partizipien. *Du gehen?; du schon gegessen?* Dies sind Abweichungen, die für diese Art von Texten als ohne weiteres zulässig empfunden werden. Es sind sogar besondere Regeln für diese Art von Texten entstanden, so daß man z.B. im Deutschen schon von einem besonderen Sprachstil für das Sprechen mit Ausländern reden kann. Hierzu gehören z.B. Funktionsverbfügungen mit Verbzusätzen, die aus reduplizierten Stämmen mit der Endung *-i* bestehen wie *blitzi-blitzi machen*. Man könnte nach demselben Muster auch *schreibi-schreibi* oder *lesi-lesi (machen)* bilden. Und schließlich kann eine Motivation für eine Abweichung auch für einen besonderen Text – nicht für eine Textsorte – gegeben sein. Es gibt im Deutschen kein Adjektiv *unter dem Strich*, aber man sagt, daß etwas *unter dem Strich* ist. Als wir einmal hier in Tübingen, in unserem Seminar, von Vorträgen sprachen, die *unter dem Strich* waren, versicherte jemand, er habe schon einmal einen Vortrag gehört, der noch *unter dem Stricher* gewesen sei. Diese Abweichung war durchaus zulässig in diesem besonderen Text, man hat ihre Motivation durch diesen besonderen Text ohne weiteres verstanden.

Fassen wir also die allgemeine Erscheinung, die wir am Anfang von Punkt 2 genannt hatten, nochmals mit anderen Worten zusammen – ich werde später noch auf die Zusammenhänge eingehen –: Eine erkennbare Finalität, ein erkennbares Ausdrucksziel des Textes kann einzelsprachliche Regeln aufheben.

3) Texte sind – ganz im Gegensatz zu den historischen Einzelsprachen – durch das *Universum der Rede* [vgl. 2.2.5.] bedingt. Es gibt keine besondere "Sprache" (im Sinne unserer 2. Ebene, also im Sinn von "historisch gewordener und überlieferter Technik des Sprechens") etwa für die Mythologie, für die Wissenschaft oder für die Literatur, aber das Universum der Rede ist jeweils ein völlig anderes, je nach-

dem, ob man eine Aussage innerhalb der Mythologie, der Wissenschaft oder der Geschichte macht. Bemerkungen über die Reise des Odysseus oder über diejenige des Christoph Kolumbus haben einen völlig unterschiedlichen Sinn, und der Wahrheitswert einer Aussage wie "Penelope war die Frau des Odysseus" kann nur innerhalb des Universums der Rede überprüft werden, zu dem sie gehört. Entsprechendes gilt für das Fiktionale in der Literatur. Von dieser Unterschiedlichkeit der Universen der Rede werden nun aber die Texte, nicht die "Sprachen" tangiert.

4) Texte sind – wieder im Gegensatz zu den Sprachen – situationell bedingt. Sie stehen jeweils in einem spezifischen extraverbalen Kontext und erhalten erst durch diesen ihren Sinn. Was z.B. unter "Zwei zu fünfzig und zwei zu zwei Mark" zu verstehen ist, hängt davon ab, ob die betreffende Äußerung am Postschalter, vor einem Ansichtskartenkiosk oder beim Eisverkäufer gefallen ist.

5) Schließlich – und das scheint mir besonders wichtig – haben Texte auch ganz besondere Traditionen, und zwar unabhängig von einer bestimmten Sprache. Von Texttraditionen kann man wiederum in zweifacher Hinsicht sprechen:

a) Bei Texten, die der Sprachtradition selbst einverleibt sind, geht es zunächst einmal nur um die Existenz oder Nicht-Existenz der betreffenden Texte. Unter Texten, die einer Sprachtradition selbst einverleibt sind, verstehe ich feste Formeln, z.B. für Anrede, Begrüßung und ähnliches. Gerade im Fall der Begrüßung läßt sich leicht feststellen, daß gewisse Texte innerhalb einer Tradition existieren, innerhalb einer anderen jedoch nicht. "Guten Morgen" ist eine solche Formel, die im Deutschen und im Englischen existiert, im Französischen, Italienischen und Spanischen jedoch nicht. "Nicht existieren" bedeutet in diesem Zusammenhang nicht etwa, daß man Entsprechendes mit den Mitteln der betreffenden Sprachen nicht sagen könnte, sondern es bedeutet, daß es nicht üblich ist, etwas Entsprechendes zu sagen.

b) Darüber hinaus geht es sowohl bei Texten, die der Sprachtradition selbst einverleibt sind, als auch – und in noch höherem Maße – bei übereinzelsprachlichen Texten, d.h. bei Texten, die der Tradition verschiedener historischer Sprachen angehören, nicht nur um Existenz oder Nicht-Existenz der betreffenden Texte, sondern darüber hinaus um die Art ihrer Gestaltung. Gerade bei übereinzelsprachlichen Texten – hierzu gehören z.B. die literarischen Gattungen – dürfte es unmittelbar einleuchten, daß es so etwas wie eine Tradition der Gestaltung solcher Texte gibt, die völlig unabhängig von der Tradition des Sprechens nach einem bestimmten historisch tradierten Muster ist, d.h. unabhängig von den historischen Einzelsprachen.

Dieses wären also die wichtigsten Gründe, die dagegen sprechen, den Text einfach als eine Erscheinung der Einzelsprache anzusehen und somit keine Unterscheidung zwischen der Ebene der Einzelsprache und derjenigen des Textes zu treffen. Bevor wir uns nun aber dieser Ebene des Textes und der ihr entsprechenden Linguistik des Textes zuwenden, muß noch einiges zur Charakterisierung und zur gegenseitigen Abgrenzung der drei Ebenen hinzugefügt werden.

1.5.1. Die drei Ebenen der Sprache als Stufen des sprachlichen Wissens[18, 19]

Ich habe mich bemüht, Ihnen einen Überblick über die Fakten zu geben, die die Annahme der Autonomie des Textes rechtfertigen. Ich werde nun versuchen zu zeigen, daß sich diese Fakten auf eine spezielle Form des Sprechenkönnens zurückführen lassen. Man kann jede Form des Sprechenkönnens als eine Technik bezeichnen. Analog zu den Unterscheidungen, die in 1.1. eingeführt worden sind, lassen sich

---

[18] [Der Bearbeiter hat an dieser Stelle einiges mit aufgenommen, was der Verf. in einer Vorlesung zur Soziolinguistik (Tübingen, WS 1973/74) ausführlicher dargestellt hat. Weit ausführlicher wird der gesamte Komplex in der bereits mehrfach genannten Teilveröffentlichung "Die Ebenen des sprachlichen Wissens", art. cit., dargestellt.]

[19] [Verf. unterscheidet in anderem Zusammenhang (cf. oben) in Übereinstimmung mit vielen anderen Linguisten auf einem abstrakteren Niveau zwischen der "biologischen" und der "kulturellen" Stufe des Sprechens. Es versteht sich von selbst, daß in diesem Zusammenhang nur die kulturelle Stufe von Belang ist. Die Unterscheidungen, um die es hier geht, werden also innerhalb der "kulturellen Stufe des Sprechens" getroffen.]

verschiedene Techniken des Sprechens unterscheiden: die Technik des Sprechens im allgemeinen; die historische Einzelsprache, die selbst eine Technik darstellt, und die Technik der Texte, d.h. das Wissen, wie bestimmte Texte oder Textsorten gestaltet werden. Diesen drei verschiedenen Techniken, in denen Sie die drei E b e n e n des Sprachlichen wiederfinden (cf. 1.1.), entsprechen drei verschiedene S t u f e n des sprachlichen Wissens, die ich an anderer Stelle auch "sprachliche Werte" oder "Stufen der Kompetenz" genannt habe und nennen werde. Und diesen drei Stufen entsprechen wiederum verschiedene Kriterien der B e w e r t u n g des Sprechens. M.a.W.: Das Gelingen des Redeaktes wird auf jeder der drei Stufen des sprachlichen Wissens unterschiedlich beurteilt:

Ebene	Stufe	Bewertung
allgemein	elokutionell	kongruent
historisch	idiomatisch	a) korrekt
		b) exemplarisch[20]
textbezogen	expressiv	angemessen

Diese Termini erscheinen auch in dieser auf deutsch gehaltenen Vorlesung zum größten Teil in einem lateinisch-romanischen Gewand, weil ich sie zum ersten Mal in einer romanischen Sprache geprägt habe und weil ich mir noch keine endgültigen Gedanken über eine

---

20 [Zur Unterscheidung von "korrekt" und "exemplarisch" hat sich der Verf. ausführlich in einer längeren Abhandlung mit dem Titel *El problema de la corrección idiomática* (Das Problem der sprachlichen Korrektheit) geäußert Auf die deutsche Übersetzung eines zentralen Teils dieser Arbeit wurde bereits mehrfach hingewiesen. "Korrekt" in diesem präzisen Sinn ist für den Verf. all das, was dem System einer Varietät einer historischen Sprache entspricht und einer bereits existierenden korrespondierenden Norm nicht widerspricht. "Exemplarisch" ist hingegen all das, was System und Norm einer besonders hoch bewerteten Varietät innerhalb einer historischen Sprache entspricht, also dem "Standard" bzw. der "hochsprachlichen" Ausprägung der betreffenden historischen Sprache. In metasprachlichen Urteilen wird gewöhnlich die Dimension des Exemplarischen auf die des Korrekten verengt (anerzogener Purismus); man spricht von "korrekt", meint jedoch "exemplarisch". Für den Fortgang der Argumentation im Rahmen dieser Vorlesung ist jedoch die betreffende Unterscheidung nicht unbedingt notwendig und wird daher vernachlässigt.]

mögliche Eindeutschung gemacht habe. Im übrigen handelt es sich wie bei allen Terminologien um konventionelle Bezeichnungen, die man gegebenenfalls modifizieren kann – wichtig ist nur, daß die Unterscheidungen, auf die sie sich beziehen, auch tatsächlich getroffen werden.

Ich nenne also das Wissen, das sich auf das Sprechen im allgemeinen bezieht, *elokutionelles* Wissen. Es geht dabei um ein allgemeines Wissen, darum, wie man spricht, um das Wissen z.B., daß man sich beim Sprechen auf die Sachen selbst und auf die Kontexte beziehen kann – wir haben uns mit diesen Dingen bereits ziemlich ausführlich beschäftigt. Das historische Wissen, das sich in der Beherrschung einer bestimmten Sprache dokumentiert, nenne ich *idiomatisches* (oder *einzelsprachliches)* Wissen und das Wissen, wie man bestimmte Texte gestaltet, *expressives* Wissen. Dieses expressive Wissen kann – darauf wurde ebenfalls bereits hingewiesen – u.U. auf ganz bestimmte Texte beschränkt sein und für andere Arten von Texten überhaupt nicht oder nur in geringem Umfang zur Verfügung stehen. Das normale Gelingen eines Redeaktes bzw. dessen positive Bewertung auf der jeweiligen Stufe des sprachlichen Wissens bezeichne ich mit den Termini, die in der rechten Spalte des Schemas erscheinen. Wenn das Sprechen den Erwartungen entspricht, die man hinsichtlich der ersten Stufe, hinsichtlich des elokutionellen Wissens hegen darf, so nenne ich dieses Sprechen *kongruent* (oder *kohärent*). Ein solches Sprechen wird klar, folgerichtig und zusammenhängend sein, vor allem was die allgemeinen Denkprinzipien angeht; es wird sich auf die als allgemein vorauszusetzende Kenntnis der Sachen in einer gegebenen Gemeinschaft zu einer gegebenen Zeit gründen. Der Terminus *kongruent* bezieht sich also auf all das, was nicht von der Kenntnis einer bestimmten Sprache und nicht von der Fähigkeit, bestimmte Texte zu konstruieren, abhängt. Auch hier gilt wiederum das allgemeine Prinzip, auf das in Verbindung mit den drei Ebenen des Sprachlichen zuerst hingewiesen worden ist, das Prinzip der potentiellen Aufhebbarkeit der allgemeineren Stufe durch die speziellere, weiter determinierte. So kann das Nicht-Kongruente u.U. eben doch annehmbar sein, nämlich dann, wenn es eine Sprachtradition gibt, die durch spezifische Regeln einen Verstoß gegen die Kongruenz gestattet oder sogar ausdrücklich verlangt. Vom Gesichtspunkt der Kongruenz aus würde man eine Äußerung wie "Ich habe es mit meinen eigenen Augen gesehen" möglicherweise zurückweisen mit dem Einwand, niemand könne irgendetwas auf andere Weise als mit seinen eigenen Augen sehen. Jedoch hält man im allgemeinen einen solchen Satz keineswegs für unsinnig und noch nicht einmal für redundant, und zwar deshalb nicht, weil er innerhalb einer Sprachtradition gerade in dieser Form fixiert ist. Hier wird also eine Regel des Sprechens im allgemeinen durch eine Regel der Sprache aufgehoben; ebenso können auch Regeln der Verfertigung von Texten einzelsprachliche Regeln aufheben oder, allgemeiner, Verstöße gegen das Gebot der Kongruenz nach sich ziehen. Im Theater von Ionesco liegt gerade eine solche Motivierung des Nicht-Kongruenten auf der Ebene des expressiven Wissens vor. M.a.W.: Die Nichtbeachtung der Kongruenz trägt ganz wesentlich zur Konstituierung des "Sinnes" der Stücke Ionescos bei.

Nun aber zunächst noch einmal zurück zur historischen Ebene, der das idiomatische Wissen entspricht. Auf dieser Ebene spricht man von sprachlicher Richtigkeit, von Korrektheit. Eine Äußerung ist *korrekt*, wenn sie den Regeln einer bestimmten Sprache entspricht [vgl. jedoch die letzte Fußnote].

Auf der Ebene des Textes, der das expressive Wissen entspricht, spreche ich von "Angemessenheit"; etwas kann *angemessen* oder auch *unangemessen* sein, ganz unabhängig davon, ob es korrekt oder inkorrekt ist. Auch hier gilt natürlich das Prinzip der fortschreitenden Determinierung: Die Angemessenheit kann die Korrektheit aufheben, das sprachlich Nicht-Korrekte kann für gewisse Texte gerade das Angemessene sein.[21]

---

21 [In der antiken Rhetorik wurde die Abweichung von "idiomatischen" Normen zur Verfolgung eines "expressiven" Ziels *licentia* genannt. Wenn die *ars loquendi* mit der *ars bene loquendi* in Konflikt gerät, so gilt unter bestimmten Umständen letztere als die übergeordnete Verpflichtung (vgl. u.a. H. Lausberg: *Elemente der literarischen Rhetorik*, München [10]1990, § 92ff.). Dieses Prinzip ist – gewissermaßen als "gesunkenes Kulturgut" – in Form des Ausdrucks "dichterische Freiheit" in unseren Alltagswortschatz eingegangen.]

Das Wort *aufheben* soll hier im übrigen so verstanden werden, wie es in der Philosophie verwendet wird. "Aufgehoben" heißt also nicht etwa "eliminiert"; das Nicht-Korrekte bleibt im Angemessenen durchaus als solches erkennbar, es wird nur sozusagen in diesem besonderen Fall "außer Kraft gesetzt". Dies rechtfertigt ein weiteres Mal die Annahme der Autonomie der Ebene des Textes. Es gibt ein besonderes Wissen für die Texte, und es gibt auch eine besondere Bewertung für sie, eine Bewertung, die die Angemessenheit im Hinblick auf den jeweiligen Text im Auge hat, unabhängig von der sprachlichen Korrektheit oder von der Kongruenz.

1.5.2. Die drei Ebenen der Sprache und die ihnen entsprechenden Werte des Inhalts

Vielleicht noch wichtiger ist die Feststellung, daß es für die drei verschiedenen Ebenen der Sprache jeweils spezifische Funktionen gibt und damit auch unterschiedliche allgemeine Werte des Inhalts, die diesen drei Ebenen zuzuordnen sind.

1) Weiter oben habe ich in anderem Zusammenhang darauf hingewiesen, daß die Sprache sich auf etwas bezieht, was sie selbst nicht ist, daß sie etwas Außersprachliches bezeichnet. (Dies gilt auch für den Fall, daß die Sprache sich auf sich selbst bezieht, daß man in einer Sprache über eben diese Sprache spricht; man nennt dies dann "metasprachlichen Gebrauch" bzw. einfach "Metasprache"). [Vgl. auch *Metasprache* etc. im Exkurs in 2.1.] Es gibt nun Funktionen, die gerade diesen Bezug betreffen, die *Bezeichnung* des Außersprachlichen.

So kann z.B. die außersprachliche Kategorie "Agens" in einer Sprache auf verschiedene Art und Weise ausgedrückt werden, als *Subjekt*, als *Agentivum*, d.h. als eine besondere Art von Ergänzung oder als *Genitiv* – das Bezeichnete ist dabei jeweils das gleiche:

	"Außersprachlich"	Lateinisch
Caesar Pompeum vicit		Subjekt
Pompeius *a Caesare* victus est	"Agens"	Agentivum
Victoria *Caesaris*		Genitiv

Was die außersprachliche Bezeichnung betrifft, so haben wir es jedesmal mit dem gleichen Verhältnis zwischen dem "Siegen" und "Caesar" zu tun. Was in der Linguistik der letzten Jahre "Tiefenkasus"[22] genannt worden ist, betrifft nichts anderes als diese Art von einheitlichen außersprachlichen Relationen, die in den Sprachen unterschiedlich ausgedrückt werden, wie eben "Agens", aber auch "Instrument" oder "Vielheit". Dies alles sind Funktionen des Sprechens im allgemeinen; wir identifizieren sie und führen sie auf einheitliche außersprachliche Kategorien zurück, ob sie nun in den Sprachen als *Instrumental* bzw. *Plural* oder durch etwas ganz anderes ausgedrückt werden bzw. einfach dem Kontext überlassen bleiben, was z.B. im Fall der "Vielheit" nicht selten vorkommt.

Kategorien wie "Agens", "Instrument", "Vielheit" usw. sind also Funktionen des Sprechens im allgemeinen.

2) Andere Funktionen wie z.B. *Subjekt, Instrumental, Plural*, die soeben genannten Funktionen des Sprechens im allgemeinen in einer Einzelsprache ausdrücken können, gehören zur historischen Ebene und damit nicht in den Bereich der Bezeichnung, sondern in denjenigen der *Bedeutung*. Es ist oft nicht leicht einzusehen, daß es sich bei einer Funktion dieser Art um eine einzelsprachliche und nicht etwa um eine allgemein "logische", d.h. außersprachliche handelt. So ist z.B. die Funktion *Subjekt* in den indoeuropäischen, aber auch in vielen ganz andersartigen Sprachen so allgemein verbreitet, daß man leicht den Eindruck gewinnen kann, es handle sich dabei um eine allgemeine Denkkategorie bzw. um eine Funktion des Sprechens im allgemeinen. Unter diesem Eindruck werden dann Sprachen, die die Funktion *Subjekt* im eigentlichen Sinn nicht kennen, falsch interpretiert.

---

22 [Vgl. vor allem: Charles J. Fillmore, "The Case for Case", in: E. Bach / R. Harms (Hrsg.), *Universals in Linguistic Theory*, New York 1968, SS. 1-88; dt. Übers.: "Plädoyer für Kasus", in: W. Abraham (Hrsg.): *Kasustheorie*, Frankfurt/M. 1971, SS. 1-118. Dasselbe gilt – mutatis mutandis – für die *thematischen Rollen* oder *Theta-Rollen* der neuesten Version der Generativen Grammatik, der Rektions- und Bindungstheorie. Vgl. u.a.: Gisbert Fanselow / Sascha W. Felix: *Sprachtheorie*. Bd. 2 *Die Rektions- und Bindungstheorie*, Tübingen ³1993, Kap. 2.2 und 2.3.]

"Subjektfreie" Sprachen können die allgemeine Funktion "Agens" z.B. durch eine sog. *Ergativkonstruktion* ausdrücken. In solchen Sprachen wird nicht gesagt: "X schläft, schlägt, läuft", sondern zunächst einmal nur: "Es ist ein Schlafen (Schlagen, Laufen) da"; d.h. die Verbalisierung ist grundsätzlich unpersönlich. Nun können dieser Verbalisierung verschiedene Bezüge hinzugefügt werden; der erste Bezug ist dann z.B. das Lebewesen, in/an dem sich die Handlung vollzieht. Dies wäre dann bei einem Verb wie *schlafen Hans* (als einer der *schläft*), bei einem Verb wie *schlagen* hingegen *Peter* (als einer, der – möglicherweise von Hans – *geschlagen wird*). Als erster Bezug erscheint also in Sprachen, die diese Konstruktion kennen, je nach Art des Verbs einmal das, was bei uns *Subjekt*, ein anderes Mal das, was bei uns *Objekt* wäre, aber dennoch handelt es sich um eine einheitliche einzelsprachliche Funktion. Bei transitiven Handlungen können dann noch weitere Bezüge erscheinen, z.B.: "Es ist ein Schlagen da" + 1. Bezug: "Bei wem?" "Bei Peter als dem Geschlagenen"; + 2. Bezug "Durch wen?" "Durch Hans als den Schlagenden". Das Agens wird also sehr wohl ausgedrückt, aber eben nicht durch die uns so vertraute einzelsprachliche Funktion *Subjekt*.

Bei *Subjekt*, *Instrumental*, *Plural*, *Agentivum* usw. handelt es sich also um Funktionen der Sprachen.

3) Es gibt aber noch eine große Anzahl von weiteren Funktionen, die weder zur Ebene der Sprachen noch zu der des Sprechens im allgemeinen gehören. Es handelt sich dabei um die Funktionen des Sprechens in einer bestimmten Situation, um Funktionen, die den jeweiligen Zweck des Sprechens betreffen. Man kann z.B. nicht sagen, daß mit einer *Frage* einfach etwas Außersprachliches bezeichnet wird. Das Bezeichnete ist bei der Frage "Schläft Hans?" genau das Gleiche wie bei der Behauptung "Hans schläft". Bei der Assertion "Hans schläft" wird der Sachverhalt, den sie bezeichnet, zusätzlich ausdrücklich behauptet; bei der entsprechenden Frage "Schläft Hans?" wird über den bezeichneten Sachverhalt hinaus Unsicherheit in bezug auf sein Vorliegen geäußert und eine Aufforderung an den Gesprächspartner abgegeben, diese Unsicherheit zu beseitigen. Es handelt sich also bei der Frage um eine Funktion des Sprechens in einer bestimmten Situation, des Sprechens zu einem bestimmten Zweck. Ähnliche Funktionen wären z.B.: *Aufforderung, Antwort, Zurückweisung, Erwiderung, Bitte, Feststellung, Einwand, Befehl, Beispiel, Unterstellung, Anspielung, Anrede, Gruß, Lüge, Meinung, Betrachtung, Annahme, Erklärung, Scherz, Ironie* usw. usf. – Funktionen des Sprechens in einer bestimmten Situation. Wir wollen sie

Textfunktionen nennen[23]. Als erstes Indiz dafür, daß es sich hierbei weder um Funktionen des Sprechens im allgemeinen noch um einzelsprachliche Funktionen handelt (obschon – und das kompliziert die Dinge – Einzelsprachen evtl. spezifische Funktionen zum Ausdruck eben dieser Textfunktionen haben können, z.B. *Interrogativsatz* für *Frage*), mag die Tatsache dienen, daß wir nicht selten Fragen in bezug auf die Identifizierung solcher Textfunktionen stellen. A: "War das eine Frage oder eine Behauptung?" B: "Nein, das war eine schlichte Feststellung." Oder: A: "Ist das eine Bitte?" B: "Nein, das ist ein Befehl!"

Es wäre eine interessante Aufgabe, einmal in einer Sprache oder vergleichend in mehreren Sprachen festzustellen, welches die Textfunktionen sind, die innerhalb einer Einzelsprache als bereits identifizierte Funktionen gegeben sind, Funktionen, für die die betreffende Sprache besondere Benennungen hat, wie z.B. *Frage, Antwort, Erwiderung, Bitte, Feststellung* im Deutschen. Bei einer vergleichenden Untersuchung hätte man dann weiterhin festzustellen, ob und inwiefern die Identifizierung und die Klassifizierung solcher Textfunktionen in verschiedenen Sprachen verschieden ist. Identifiziert z.B. das Französische dieselben Textfunktionen wie das Deutsche oder andere? Werden in den beiden Sprachen evtl. nicht nur unterschiedliche Textfunktionen identifiziert, sondern erscheinen darüber hinaus die jeweils identifizierten Funktionen in einer völlig verschiedenen Einteilung?

Für uns geht es hier zunächst nur darum festzustellen, daß solche Funktionen existieren und daß sie textspezifisch sind. Sie sind textspezifisch in der Hinsicht, daß sie nicht einfach auf Funktionen der übrigen Ebenen der Sprache reduziert werden können. Das heißt aber praktisch, daß es keine einfachen ("eindeutigen") Beziehungen zwischen den Funktionen der drei Ebenen gibt.

Im Fall des Verhältnisses zwischen der ersten und der zweiten Ebene hatten wir dies bereits gesehen: Die "allgemeinsprachliche" Funktion "Agens" entspricht zwar sehr häufig der einzelsprachlichen Funktion *Subjekt*, aber nicht notwendigerweise und auch empirisch

---

23 [Eine Affinität zu dem, was heute in der linguistischen Pragmatik "Sprechakte" genannt wird, ist unverkennbar. Gerade deshalb sei davor gewarnt, in den Ausführungen des Verf. zu den "Textfunktionen" eine Variante der von John L. Austin begründeten und John R. Searle weiterentwickelten Sprechakttheorie zu sehen.]

keineswegs in allen Fällen.[24] Es liegt in der Natur der Sache, daß viele dieser allgemeinsprachlichen Kategorien überhaupt keinen einzelsprachlichen Ausdruck finden, daß sie einfach Kontext und Situation überlassen werden.

Mit den Textfunktionen verhält es sich ganz genauso, das Verhältnis *Einzelsprache : Sprache im allgemeinen* entspricht dem von *Einzelsprache : Text*. So wie bestimmte historische Einzelsprachen über Funktionen für die Bezeichnung von außersprachlichen Sachverhalten verfügen (z.B. *Plural* für "Vielheit"), die nicht einfach mit der bezeichneten übereinzelsprachlichen Kategorie identifiziert werden dürfen, so gibt es auch einzelsprachliche Funktionen, die zwar auf den Text hin orientiert sind, die jedoch wiederum nicht einfach mit der Textfunktion identifiziert werden dürfen, die sie ausdrücken. Als Beispiel hierfür möge das Verhältnis zwischen der einzelsprachlichen Funktion *Interrogativsatz* und der Textfunktion *Frage* dienen. Mit einem Interrogativsatz wird in der Regel eine Frage ausgedrückt, aber nicht notwendigerweise. Nicht jeder Interrogativsatz ist als Frage zu interpretieren und nicht jede Frage muß unbedingt durch einen Interrogativsatz ausgedrückt werden. Ein Interrogativsatz wie "Ja, wer weiß?" ist keine Frage, sondern eher Ausdruck tiefsinnigen Zweifels an der Möglichkeit des Wissens schlechthin, und der Interrogativsatz "Wollen Sie die Tür schließen?" muß unter bestimmten Umständen als Aufforderung interpretiert werden. Bei den sog. "indirekten Interrogativsätzen" handelt es sich andererseits um einen Fall, in dem eine Frage anders als durch einen Interrogativsatz ausgedrückt wird; die sog. "indirekten" Interrogativsätze sind nämlich keine Interrogativsätze, sie verfügen nicht über die für solche Sätze spezifische einzelsprachliche Gestaltung. Ähnlich verhält es sich – um ein weiteres Beispiel zu nennen – mit der Beziehung zwischen der einzelsprachlichen Funktion *Imperativ* und der Textfunktion *Befehl* oder *Aufforderung*.

Schließlich werden bei weitem nicht alle Textfunktionen in jeder Sprache durch bestimmte einzelsprachliche Funktionen ausgedrückt,

---

[24] [Dies gilt auch in umgekehrter Hinsicht. In Sätzen wie *Das Haus brennt, der Schnee schmilzt, this book sells well* dient die einzelsprachliche Funktion *Subjekt* nicht zum Ausdruck der "allgemeinsprachlichen" Funktion "Agens".]

bestimmte Textfunktionen möglicherweise in keiner einzigen Sprache. So gibt es z.B. in den Sprachen, die wir kennen, keine einzelsprachliche Funktion für die Textfunktion *Antwort*. Ähnliches gilt für die *Erwiderung*, die *Feststellung* oder die *Anspielung*. Man erkennt natürlich, ob eine Äußerung als Antwort, Erwiderung, Feststellung oder Anspielung zu interpretieren ist, aber man tut dies nicht anhand eines klar identifizierbaren einzelsprachlichen Verfahrens, von dem man z.B. sagen könnte: "Die Antwort wird im Deutschen folgendermaßen gebildet." In dieser Hinsicht sind also die Textfunktionen doch autonome Funktionen. Sie können teilweise durch ein einzelsprachliches Verfahren ausgedrückt werden, jedoch geschieht dies keineswegs regelmäßig. Textfunktionen müssen also immer im Text selbst identifiziert werden, allein schon deshalb, weil es in zahlreichen Fällen überhaupt keinen einzelsprachlichen Ausdruck für sie gibt.

Fassen wir zusammen: Die Gesamtheit der Funktionen der Sprache überhaupt, des Sprechens im allgemeinen, d.h. die Gesamtheit der Funktionen, die die Bezeichnung von Gegenständen und Sachverhalten in der "Welt" betreffen, kann als eine Art des sprachlichen Inhalts angesehen werden. Ich nenne diese Art des Inhalts B e z e i c h - n u n g . Die Gesamtheit dessen, was eine bestimmte Sprache als solche ausdrückt, die Gesamtheit dessen, was allein durch die Sprache, durch eine bestimmte Sprache verstanden wird, kann wiederum als eine besondere Art des sprachlichen Inhalts angesehen werden. Es ist die Art des Inhalts, die ich B e d e u t u n g nenne. Und die Gesamtheit der Textfunktionen schließlich, die Gesamtheit dessen, was gerade durch den Text und nur durch den Text verstanden wird, die Gesamtheit der Inhalte, die nur als Textinhalte gegeben sind, wollen wir S i n n nennen.

Schematisch ließe sich das alles folgendermaßen darstellen:

"Welt"	Bezeichnungsfunktion	Bezeichnung
Einzelsprache $\hat{=}$	einzelsprachliche Funktion $\hat{=}$	Bedeutung
Text	Textfunktion	Sinn

1.6. Vom Sinn

Der Terminus *Sinn*, den ich hier schon mehrfach gebraucht habe, entspricht teilweise dem Begriff *sensus*, der seit der Antike vor allem in der Übersetzungstheorie in ähnlicher Weise verwendet wird.

In der Theorie der Übersetzung wird in Verbindung mit dem Problem des Gegensatzes zwischen der sog. "wörtlichen" und der sog. "freien" Übersetzung häufig letzterer der Vorzug gegeben, indem versichert wird, man dürfe beim Übersetzen nicht den "Wortlaut", sondern man müsse vielmehr den "Sinn" übertragen. [So schreibt z.B. der Bibelübersetzer Hieronymus in einem Brief an seinen Studienfreund Pammachius, in dem er die Art seines Vorgehens bei der Bibelübersetzung erläutert und rechtfertigt, daß er bei der Übersetzung nicht-biblischer Texte– denn in der Heiligen Schrift sei selbst die Wortstellung ein Mysterium – nicht Wort für Wort, sondern "sinngemäß" übersetze: "... libera voce profiteor, me in interpretatione Graecorum ... *non verbum e verbo, sed sensum exprimere de sensu*"]. Die Entsprechung ist allerdings wie gesagt nicht vollständig, da der Terminus *sensus, Sinn* usw. in der traditionellen Übersetzungstheorie meinen Termini *Bezeichnung* und *Sinn* zugleich entspricht; eine diesbezügliche Unterscheidung wird in dieser Theorie nicht gemacht.[25]

Bei der Interpretation des gehäuften Auftretens von Partikeln in einer Erzählung von Kafka habe ich schon darauf hingewiesen – wir werden das später noch ausführlicher sehen –, daß folgende Beziehung zwischen *Bezeichnung, Bedeutung* und *Sinn* besteht: Bezeichnung und Bedeutung, d.h. das, was die sprachlichen Zeichen benennen und das, was sie durch eine Einzelsprache allein bedeuten, bilden – zusammengenommen – im Text den Ausdruck für eine Inhaltseinheit höherer, komplexerer Art, eben für den Sinn. Analog zur Saussureschen Unterscheidung zwischen *signifiant* und *signifié*, die für das sprachliche

---

[25] [Vgl. hierzu vom Verf.: "Bedeutung und Bezeichnung im Lichte der strukturellen Semantik", art. cit., und: "Falsche und richtige Fragestellungen in der Übersetzungstheorie", in: L. Grähs / G. Korlén / B. Malmberg (Hrsg.), *Theory and Practice of Translation* (Nobel Symposium 39, Stockholm 1976), Bern-Frankfurt/M.-Las Vegas 1978, SS. 17-32 (jetzt auch in: *Energeia und Ergon*, op. cit., Bd. 1, SS. 295-309). Die Unterscheidung *Bezeichnung-Bedeutung-Sinn* wurde zum ersten Mal in dieser Form vom Verf. im Jahre 1967 getroffen; und zwar in seinem Beitrag "Das Phänomen der Sprache und das Daseinsverständnis des heutigen Menschen", in: *Das Selbstverständnis des modernen Menschen*, Frankf./M. 1967, S. 21f.]

Zeichen gilt, wollen wir beim T e x t z e i c h e n ebenfalls zwischen *signifiant* und *signifié* unterscheiden: Bedeutung und Bezeichnung konstituieren zusammen das *signifiant*, der Sinn hingegen das *signifié* der Textzeichen:

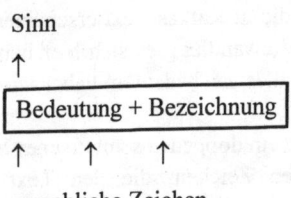

Sinn

↑

Bedeutung + Bezeichnung

↑   ↑   ↑

sprachliche Zeichen

Sprachliche Zeichen haben Bedeutungen, mittels derer sie etwas Außersprachliches bezeichnen. Dieser komplexe Sachverhalt stellt auf einer höheren semiotischen Ebene wieder den Ausdruck für eine Inhaltseinheit höherer Art dar, den Sinn.

Wir werden auf all dies noch zurückkommen und verschiedene Punkte ausführlich besprechen. Zunächst wollen wir jedoch folgendes festhalten: Was in einem Text, insb. in einem literarischen Text, bezeichnet wird, ist wiederum Ausdruck, Symbol für einen bestimmten Sinn. Alles, was in einem Text geschieht, was als Geschehendes geschildert wird, hat einen "Sinn", der in der Regel nicht unmittelbar mit dem Geschilderten selbst zusammenfällt, sondern den man erst herausfinden muß. Die sprachlichen Zeichen, aus denen die Erzählung *Die Verwandlung* von Kafka besteht, schildern mittels ihrer Bedeutungen einen bestimmten Sachverhalt, der seinerseits interpretationsbedürftig ist. Wir stellen nämlich angesichts eines solchen Textes Fragen wie: "Was 'bedeutet' die Verwandlung des Vertreters Gregor Samsa in ein ungeheures Ungeziefer in Kafkas Erzählung? Welches ist der 'Sinn' dieser Verwandlung?" Manchmal fragen wir uns auch einfach: "Welches ist die 'Bedeutung' dieser Verwandlung?" Dabei machen wir natürlich einen nicht-technischen Gebrauch von dem Wort *Bedeutung*, einen Gebrauch, der allerdings sehr symptomatisch ist, denn es zeigt sich hier, daß wir als Sprecher dieses doppelte Zeichenverhältnis eben doch schon erfassen. Wir haben etwas gelesen, wir haben etwas in seiner rein sprachlichen Bedeutung genau verstanden und fragen uns dennoch: "Was 'bedeutet' dies alles?" Wir betrachten also den gesamten Text in seinem rein sprachlichen Ausdruck und Inhalt als eine Art von Vehikel für eine "Bedeutung" auf einer anderen Ebene, für den "Sinn". Wir wissen schon, was eine Verwandlung ist, und wir wissen aufgrund der sprachlichen Zeichen, die in Kafkas Text erscheinen, ganz genau, um was für eine Art von Verwandlung es sich hier handelt, und dennoch fragen wir, was das alles zu 'bedeuten' habe, was für ein 'Sinn' darin liege.

Es ist also in den Texten ein doppeltes semiotisches Verhältnis festzustellen: Die sprachlichen Zeichen, die den Text konstituieren, bedeuten und bezeichnen zunächst etwas, was wir als Kenner eben dieser Zeichen und der Regeln für ihre Verwendung verstehen; das ist das e r s t e   s e m i o t i s c h e   V e r h ä l t n i s. Es ist theoretisch möglich, daß man auf der ersten semiotischen Ebene alles versteht, ohne das Geringste auf der   z w e i t e n   s e m i o t i s c h e n   E b e n e zu begreifen. Anders ausgedrückt: Es ist möglich, daß man die Verwandlung von Kafka ganz genau nacherzählen kann, daß man sie sogar auswendig kann, ohne daß man ein Wort darüber zu sagen vermöchte, was denn diese Verwandlung nun ihrerseits zu "sagen" hat, welches ihr "Sinn" ist. Alle Texte haben Sinn, natürlich auch die Texte, die im alltäglichen Leben verwendet werden. Denn auch dieses Sich-einfach-auf-eine-empirische-Wirklichkeit-Beziehen, dieses Keinen-darüber-hinausgehenden-fiktiven-Sinn-Haben, ist eine Art von Sinn. Auch diese Textzeichen werden auf ihren Sinn hin interpretiert, meist dahingehend, daß der Sinn in solchen Fällen einfach objektiv ist (dies gilt vor allem für die wissenschaftliche Sprache).

Auf diese ziemlich schwierige Frage werden wir noch zurückkommen müssen, auf das Problem nämlich, warum gewisse Texte so erscheinen, als ob sie keinen weiteren Sinn hätten als das, was sie bezeichnen und bedeuten. Ich deute hier die Lösung des Problems nur an, ohne eine ausführlichere Begründung der Lösung zu geben: Es gibt Sprachverwendungen, bei denen die Bedeutung mit der Bezeichnung zusammenfällt. Man nennt diese Art der Sprachverwendung gewöhnlich die *fachsprachliche* oder *terminologische*. Bei Terminologien oder in den fachsprachlichen Varietäten einer Einzelsprache fällt die Bedeutung mit der Bezeichnung zusammen, so daß die entsprechenden sprachlichen Zeichen in verschiedenen Sprachen oder sogar in allen Sprachen "dieselbe Bedeutung" haben können – wie man gewöhnlich sagt. In diesen Fällen, z.B. bei den chemischen Fachausdrücken, entspricht die einzelsprachliche Abgrenzung der Inhalte ganz einfach der objektiven Gestaltung des betreffenden Sachgebiets in der Wissenschaft. Einen solchen Sprachgebrauch gibt es auch auf der Ebene der Texte; es gibt Texte, bei denen der Sinn mit Bedeutung und Bezeichnung zusammenfällt. Wird der Produzent eines solchen Textes gefragt, was er denn damit meine, so darf er unbekümmert antworten: "Ich meine damit genau das, was ich sage". Es gibt hier kein Gemeintes in Form eines autonomen Sinns, für den das Gesagte selbst nur Zeichenträger, *signifiant* wäre.

Die eigentliche Begründung der Autonomie der Ebene des Textes und damit auch die Begründung der Textlinguistik ist natürlich eine funktionelle. Allein die Tatsache, daß es eine Art des Inhalts gibt, der gerade ein Inhalt der Texte, ein Inhalt für Texte ist, rechtfertigt die Annahme der Autonomie der Ebene des Textes. Deshalb ist auch die Textlinguistik bzw. das, was ich hier die erste oder die "eigentliche" Textlinguistik genannt habe, eine "Linguistik des Sinns". Mit dieser Linguistik wollen wir uns nun im ersten Hauptteil der Vorlesung, der zugleich der umfangreichste sein wird, eingehend beschäftigen.

2. Textlinguistik als "Linguistik des Sinns"

Das Grundproblem einer "Linguistik des Sinns" ist das folgende: "Wie entsteht 'Sinn' und wie versteht man ihn?". Denn so, wie ich den Sinn hier definiert und die Definition durch Beispiele zu verdeutlichen versucht habe, kann er nicht unmittelbar den sprachlichen Zeichen selbst anhaften; die sprachlichen Zeichen haben an sich noch keinen Sinn. Dennoch sind gerade sie es, die sprachlichen Zeichen, mit deren Hilfe man in den Texten Sinn konstruiert, und andererseits versteht man durch den Text nicht nur die Bedeutung und die Bezeichnung der sprachlichen Elemente, die ihn konstituieren, sondern gleichzeitig etwas darüber hinaus Weisendes, den Sinn des Textes.

Zunächst vielleicht noch etwas zur Rechtfertigung der Fragestellung, mit der wir uns hier unserem Gegenstand nähern wollen. Ist diese Fragestellung neu? Hat sich bisher noch niemand dafür interessiert, wie Sinn entsteht?

Die Fragestellung an sich ist keineswegs neu, jedoch wurde und wird unsere Frage gewöhnlich in bezug auf einen sehr viel begrenzteren Gegenstandsbereich gestellt, als es hier der Fall sein wird. Die Frage nach dem Sinn wird nämlich meist nur im Zusammenhang mit literarischen oder poetischen Texten gestellt, und die einzige verhältnismäßig systematische Methode, die bisher zur Behandlung der gesamten Problematik vorgeschlagen wurde, ist diejenige der sog. "Abweichungsstilistik". Dieser Art der Stilistik liegt die implizite Annahme zugrunde, daß der Sinn sich aus der Abweichung von einer Norm ergibt, daß er als Abweichung von etwas Usuellem entsteht. Diese Annahme muß aus verschiedenen Gründen zurückgewiesen werden, auf die ich im einzelnen noch zurückkommen werde [cf. 2.4.]; hier seien zunächst nur die folgenden genannt:

– Jeder Text hat Sinn, nicht nur dichterische und literarische Texte. Eine Fragestellung, die sich nur auf literarische Texte bezieht und die den Sinn gerade nur in diesen Texten, und zwar in Form einer wie auch immer gearteten "Abweichung" von "normalen" Texten ausfindig machen will, ist von Grund auf verkehrt.

– Es ist nicht richtig, daß die dichterische Sprache oder der dichterische Text notwendigerweise von der "normalen" Sprache, vom "normalen" Text abweicht. Nicht umsonst ist Michael Riffaterre bei seinen Untersuchungen auf dem Gebiet der literarischen Stilistik zu einer Kritik des Begriffs der Abweichung im allgemeinen gelangt.[1] Riffaterre möchte die methodische Vorstellung von der Abweichung im allgemeinen durch diejenige der Abweichung im jeweiligen Text ersetzt wissen. Und diese "Abweichung im jeweiligen Text", d.h. das, was in einem bestimmten Text unmittelbar auffällt, muß nicht unbedingt eine Abweichung gegenüber dem Usus sein – es kann sich dabei umgekehrt sogar um eine vollständige Konformität mit einer abstrakten Norm handeln. Wir werden dies bei der Analyse eines Textes von Aischylos sehen, bei der Besprechung des Liedes der Griechen vor der Schlacht bei Salamis in den *Persern*, das sich gerade durch seine Schlichtheit vom übrigen Text abhebt [s. 2.6.].

– "Abweichung" ist ein relationeller Begriff. Wer mit ihm operiert, muß auch seinen Anwendungsbereich angeben können, muß sagen können, wovon abgewichen wird. Wenn nun aber a l l e Texte Sinn haben, so kann die Tatsache der Abweichung von einer Norm allein offenbar nicht der Träger des Sinnes sein. In einem Aufsatz, auf den ich gleich noch ausführlich zu sprechen kommen werde, erwähnt Roman Jakobson den Fall eines Schauspielers, der den kurzen russischen Satz *Segodnja večerom* 'heute abend' auf vierzig verschiedene Arten vorzusprechen hat, so daß dieser Text (Jakobson spricht an dieser Stelle nicht von "Text", aber das, was er meint, entspricht dem, was hier unter "Text" verstanden werden soll) auf vierzig verschiedene

---

[1] Cf. M. Riffaterre, *Essais de stylistique structurale*, Paris 1971 (bzw. die dt. Übers. von W. Bolle, *Strukturale Stilistik*, München 1973), insb. 1. Teil, 4. Kap.

Arten verstanden werden kann.[2] Diese unterschiedlichen Realisierungen eines vorgegebenen Textes und die ihnen entsprechenden unterschiedlichen Arten, in denen er verstanden wird, lassen sich wohl schwerlich auf eine Abweichung von der "normalen" Realisierung dieser Phrase zurückführen. Offenbar ist nämlich das eigentlich Funktionelle in diesem Fall nicht die allgemeine Tatsache einer Abweichung vom Usuellen, sondern, wenn man so will, die jeweils ganz spezifische Art dieser "Abweichungen". Jede dieser "Abweichungen" hat ihre eigene Funktion, das Funktionelle kann also nicht in der Distanz liegen, die die verschiedenen Realisierungen des Satzes von der "üblichen" trennt. Was die Textfunktion betrifft (nicht die statistische Norm) ließe sich der Usus also genausogut als "Abweichung von der 'Abweichung'" auffassen wie umgekehrt.

Dies mag zur Rechtfertigung der eingangs genannten Fragestellung genügen; wir wollen uns nun mit den Problemen selbst beschäftigen, die sie aufwirft.

2.1. Karl Bühlers Organon-Modell. Die Grundrelationen des sprachlichen Zeichens innerhalb eines einfachen Kommunikationsmodells

Als Ausgangspunkt für die Diskussion des Problems soll uns ein Modell dienen, das innerhalb der neueren Sprachwissenschaft viel Aufmerksamkeit gefunden hat: das "Organon-Modell der Sprache" von Karl Bühler.[3] Nur als Ausgangspunkt für die Diskussion – es wird sich

---

2   "Linguistik und Poetik", in: J. Ihwe (Hrsg.), *Literaturwissenschaft und Linguistik*, Frankf./Main 1972, Bd. 1, SS. 99-135, hier S. 105. Es handelt sich um die überarbeitete Version einer dt. Übers., die erstmals ein Jahr früher in einer ausführlicheren Fassung desselben Sammelwerks erschienen ist. Das Original "Linguistics and poetics" steht in: T.A. Sebeok (Hrsg.), *Style in Language*, Cambridge, Mass. 1960, SS. 350-377.

3   [Der erste Entwurf des Organon-Modells findet sich im Aufsatz "Kritische Musterung der neueren Theorien des Satzes", *Indogerm. Jahrb.*, 6. Bd. (1918),

nämlich bald zeigen, daß wir nur auf dem Wege über verschiedene Modifikationen und Ergänzungen unserem Ziel, der Erklärung der Konstruktion des Sinns, näherkommen werden.

Für Bühler ist das sprachliche Zeichen zunächst einmal nur ein materielles Faktum [d.h. er betrachtet es qua *signifiant*] und steht in einem dreifachen Verhältnis zu seiner Umgebung, genauer gesagt, es funktioniert als Zeichen gerade durch dieses dreifache Verhältnis. Die drei Relata sind der Sprecher, der es äußert (der "Sender"), der Hörer, der es aufnimmt (der "Empfänger"), und die Gegenstände und Sachverhalte, die es bezeichnet, über die man spricht (vgl. Abbildung rechts).

Bühler möchte mit diesem Modell des Zeichens, das er in Anlehnung an eine nicht ganz eindeutige Stelle in Platos Dialog *Kratylos*[4] "Organon-Modell der Sprache" nennt, eine Bestimmung der Zeichenfunktionen in schematischer Form liefern. Das Wort steht zur Tätigkeit des Benennens im selben Verhältnis wie der Bohrer zum Bohren oder das Weberschiffchen zum Weben: Es ist ein O r g a n o n , ein W e r k z e u g , m i t d e m d e r e i n e d e m a n d e r e n e t w a s ü b e r d i e D i n g e s a g t .

SS. 1-20. Eine systematische Ausarbeitung (mit bereits geänderter Terminologie) erschien dann unter dem Titel "Die Axiomatik der Sprachwissenschaften" in den *Kant-Studien* 38 (1933), SS. 19-90. Hier wird zitiert aus der kommentierten Neuausgabe dieses Aufsatzes (Hrsg. E. Ströker), Frankfurt/M. 1969, ²1976 und aus Bühlers Hauptwerk, *Sprachtheorie. Die Darstellungsfunktion der Sprache*, Jena 1934, 2. Aufl. Stuttgart 1965, in das die "Axiomatik" in leicht modifizierter Form eingegangen ist. Inzwischen liegt ein leicht zugänglicher Neudruck dieses Werkes vor, Stuttgart 1982 (= UTB 1159).]

4 [Cf. *Kratylos*, 388a f. Die Literatur zu diesem Dialog ist nahezu unübersehbar, deshalb sei hier nur auf eine neuere zweisprachige, mit reichhaltiger Bibliographie versehene Ausgabe verwiesen: Platon, *Œuvres Complètes*, Tome V, 2ᵉ Partie, *Cratyle*, Texte établi et traduit par L. Méridier, Paris ²1969, hier S. 56f. Vgl. auch vom Verf. *Die Geschichte der Sprachphilosophie von der Antike bis zur Gegenwart*, Bd. 1, Tübingen ²1975, SS. 40-60 und neuerdings Jochem Hennigfeld: *Geschichte der Sprachphilosophie. Antike und Mittelalter*, Berlin - New York 1994, SS. 27-54.]

Gegenstände und Sachverhalte

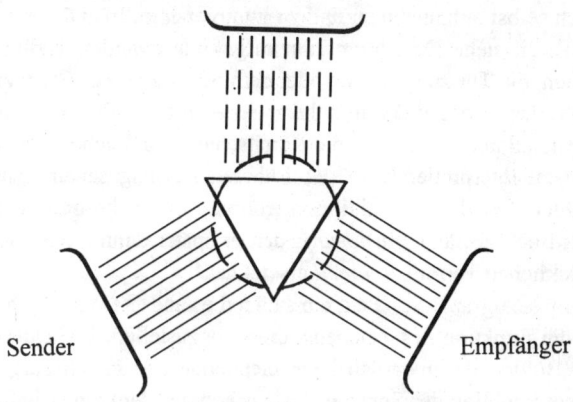

Sender   Empfänger

Schema aus Bühler, *Axiomatik*, op. cit., 116.

In diesem dreifachen Verhältnis, so Bühler, sei das Zeichen dann auch jeweils ein anderes, d.h. die jeweils andersartige Funktion mache "das konkrete Schallphänomen" zu einem Zeichen in dreifacher Hinsicht: "Drei variable Momente an ihm sind berufen, es dreimal verschieden zum Rang eines Zeichens zu erheben" [*Axiomatik*, op. cit., S. 116].

In bezug auf den S p r e c h e r sei es die Funktion des Zeichens, dessen psychischen Status (bzw. ganz allgemein den Status) "kundzutun" oder "auszudrücken". In der frühen Fassung seiner Theorie spricht Bühler in diesem Zusammenhang von *Kundgabe*, später, weniger glücklich, von *Ausdruck*. Das Zeichen sei also in dieser Hinsicht Kundgabe, Manifestation des Sprechers, es sage etwas über ihn aus, z.B. ob er ein Mann oder eine Frau, eine ältere Person oder ein Kind, ein Gebildeter oder Ungebildeter ist, ob er sich zum Zeitpunkt des Sprechens in ruhiger Stimmung oder in rasendem Zorn befindet und vieles andere mehr.

In bezug auf den H ö r e r sei es die Funktion des Zeichens, diesen aufzufordern, etwas zu tun – im Grenzfall weiter nichts, als das Zeichen selbst aufzunehmen und zu interpretieren. In anderen Fällen freilich weit mehr: Der Hörer kann aufgefordert werden, endlich Ruhe zu geben, die Tür zu schließen oder dem Sprecher einen Stuhl zu bringen. Gefordert werden kann nahezu jede erdenkliche Handlung – im Grenzfall aber zumindest die Bereitschaft, das Zeichen wahrzunehmen und zu interpretieren. In der früheren Fassung seiner Theorie hatte Bühler für diese Funktion wiederum einen besonders treffenden Ausdruck gewählt, *Auslösung*, den er später dann durch den weniger glücklichen Terminus *Appell* ersetzt hat.[5]

In bezug auf die G e g e n s t ä n d e und S a c h v e r h a l t e sei es die Funktion des Zeichens, diese darzustellen. Die *Darstellung* ist für Bühler die eigentlich kennzeichnende und gleichzeitig die wichtigste Funktion der Sprache – wie schon aus dem Untertitel zu seinem Hauptwerk hervorgeht: *Sprachtheorie. Die Darstellungsfunktion der Sprache*.

Das sprachliche Zeichen ist also für Bühler ein komplexes Zeichen; es ist Zeichen in dreierlei Hinsicht. Jeder Zeichenfunktion entspricht ein eigener Zeichentyp. Das Zeichen ist: "*Symbol* kraft seiner Zuordnung zu Gegenständen und Sachverhalten, *Symptom* (Anzeichen, Indicium) kraft seiner Abhängigkeit vom Sender, dessen Innerlichkeit es ausdrückt, und *Signal* kraft seines Appells an den Hörer, dessen äußeres oder inneres Verhalten es steuert ..." [*Sprachtheorie*, op. cit., S. 28].

In der älteren sprachwissenschaftlichen und semiotischen Literatur stand die Darstellungsfunktion des Zeichens so stark im Vordergrund, daß man eigentlich noch nicht von einer komplexen Auffassung des Zeichens sprechen kann. Bühlers Idee vom dreifachen Charakter des sprachlichen Zeichens stellt – zumindest was ihre ausführliche Ausarbeitung betrifft – eine Neuerung dar. Durch eine kritische Analyse seines Modells können wir, wie ich glaube, der Problematik des Sinns

---

5 [Zur Begründung der Änderung der Terminologie vgl. *Axiomatik*, op. cit., S. 102 Fn.]

und damit auch einem Verständnis der Aufgaben der Textlinguistik näherkommen.

Wenden wir uns zunächst noch einmal den drei Zeichenfunktionen zu. Sie liegen in der Regel – nicht in jedem Fall – beim sprachlichen Zeichen kombiniert vor. Nach Bühler gibt es jedoch andere Arten von Zeichen, die nur über jeweils eine einzige dieser drei Funktionen verfügen. So ist z.B. die Kleidung ausschließlich Anzeichen, Symptom, sie drückt gewisse Charakteristika ihres Trägers aus. Allein an der Kleidung kann man in gewissen historischen Gemeinschaften erkennen, ob eine Frau verheiratet ist oder nicht. Trägt ein Mann in Deutschland einen Janker mit grünen Aufschlägen, so stammt er vermutlich aus Bayern oder möchte zumindest diesen Eindruck erwecken usw., usf. Andererseits gibt es auch Zeichen, die nur Appellfunktion haben, die reine Signale sind; z.B. die Verkehrszeichen und die Ampeln an den Kreuzungen. Sie sind weder Symptom noch Symbol für irgendetwas, sie fordern uns lediglich auf, dieses zu tun und jenes zu unterlassen. Die mathematischen Symbole haben dagegen nach Bühler reine Darstellungsfunktion, es ist gleichgültig, ob sie in geschriebener oder gedruckter Form vorliegen und wer sie produziert hat, sie sind ausschließlich Symbole für Gegenstände oder Sachverhalte. Beim sprachlichen Zeichen kämen nun, so Bühler, in der Regel alle Funktionen zusammen vor, wenn auch eine von ihnen jeweils stark in den Vordergrund treten könne. Nur die Darstellungsfunktion dürfe nicht fehlen – von Grenzfällen abgesehen.

Dies mag als Darstellung des Bühlerschen Modells genügen. Bevor ich nun auf die Brauchbarkeit dieses Modells im Hinblick auf die Problematik des Sinns zu sprechen komme, möchte ich zunächst auf eine Erweiterung dieses Modells eingehen, die Roman Jakobson vorgeschlagen hat.

Exkurs: Roman Jakobsons Erweiterung des Bühlerschen Modells

In seinem bereits im Jahr 1960 erstmals veröffentlichten Aufsatz "Linguistics and poetics" [cf. S. 71, Fn. 2] entwirft Roman Jakobson ein erweitertes Organon-Modell der Sprache, in dem die Anzahl der Sprachfunktionen von drei auf sechs verdoppelt wird. Die Grundelemente, von denen Jakobson bei der Konstruktion seines Relationengefüges ausgeht, sind dieselben wie bei Bühler, nur die Terminologie ist verschieden. (Ich werde hier die deutschen Äquivalente der englischen Termini verwenden, die in der oben genannten Übersetzung von H. Blumensath, R. Kloepfer und J. Ihwe erscheinen). Neben den "klassischen" Elementen des Modells – bei Jakobson *Sender*, *Empfänger* und *Kontext* (und zwar "Kontext" nicht im üblichen Sinne, sondern im Sinn von "Bezugspunkt des Sprechens", "das, worüber man spricht", also "Gegenstände und Sachverhalte" in der Bühlerschen Terminologie) – erscheint bei Jakobson in der Mitte des Schemas – und dies ist bereits mehr als ein terminologischer Unterschied – die *Nachricht*, also das, was mitgeteilt wird, die Meldung bzw. der Text. Als weiteres Element erscheint in dem erweiterten Schema dann das Medium der Informationsübertragung, das *Kontaktmedium*, das es Sender und Empfänger überhaupt erst ermöglicht, miteinander in Verbindung zu treten. Dieses Kontaktmedium ist natürlich dann besonders wichtig, wenn keine direkte Verständigung stattfindet, wenn die Kommunikationspartner sich vielmehr indirekt über geschriebene Texte, Telefon oder ähnliches miteinander verständigen. Schließlich kommt dann noch das System, die "Sprache", d.h. der Schlüssel, hinzu, über den Sender und Empfänger gemeinsam – oder wenigstens weitgehend gemeinsam – verfügen, um die Nachricht zu ver- und zu entschlüsseln. Jakobson nennt dieses Element in Anlehnung an die Kommunikationstheorie den *Kode*.

In diesem erweiterten Schema gibt es nun nicht drei, sondern sechs Relationen, die nach Ansicht Jakobsons für den Redeakt konstitutiv sind, sechs spezifische und voneinander unabhängige Funktionen. Die schon von Bühler identifizierten Funktionen erscheinen wiederum lediglich in anderer Form; der Bühlerschen *Kundgabe* (*Ausdruck*) entspricht bei Jakobson die *emotive*, der Bühlerschen *Auslösung (Appell)* die *konative* Funktion, und was bei Bühler *Darstellung* heißt, tritt im Schema von Jakobson als *referentielle* Funktion auf. Aber auch den weiteren Faktoren, die im Bühlerschen Modell nicht vorkommen, entsprechen bei Jakobson spezifische Funktionen. In bezug auf das *Kontaktmedium* identifiziert er eine Funktion, die er mit einem Ausdruck des Anthropologen Malinowski die *phatische* nennt. Es geht dabei um die Funktion der bloßen Kontaktaufnahme, um die "Überprüfung des Kanals" mit dem Ziel festzustellen, ob die technisch-physischen Voraussetzungen oder die psychische Bereitschaft für die Kommunikation gegeben sind.

Wenn es wirklich um indirekte, technisch vermittelte Kommunikation geht, ist es durchaus legitim, von einer solchen Funktion zu sprechen. So gibt es z.B. in vielen Sprachgemeinschaften Formeln, die ausschließlich für die Überprüfung der Voraussetzungen für die Kontaktaufnahme da sind. Hierzu gehören Ausdrücke wie *ich höre*, *pronto*, *bueno* am Telefon oder der scheinbar unsinnige Satz *the quick brown fox jumps over the lazy dog*, mit dessen Hilfe im angelsächsischen Sprachraum das Funktionieren einer Fernschreibverbindung überprüft wird – in dem betreffenden Satz kommen nämlich alle Buchstaben des englischen Alphabets vor.

Man kann jedoch auch, in Analogie zu den technischen Informationsmedien und der Überprüfung ihres Funktionierens, im psychischen Bereich, von phatischer Funktion sprechen, dann nämlich, wenn es darum geht, die Bereitschaft zur Kommunikation bei den Kommunikationspartnern zu prüfen bzw. eine solche Bereitschaft, eine "psychische Brücke" überhaupt erst herzustellen. In manchen Stücken von Ionesco geht es den Protagonisten nur um diesen ständig erneuerten Versuch der Kontaktaufnahme; es wird überhaupt nichts mitgeteilt. Im "Anti-Stück" *Die kahle Sängerin* geschieht überhaupt nichts, es kommt noch nicht einmal ein wirkliches Gespräch zustande. Man denke nur an den Beginn der siebten Szene, wo die Ehepaare Smith und Martin sich durch Austausch ritualisierter Leerformeln in der schwierigen Kunst der Konversation üben. In einem Film von De Sica, *Miracolo a Milano*, kommt etwas Vergleichbares vor: Zwei Schulkameraden treffen sich nach vielen Jahren wieder und versuchen, miteinander ins Gespräch zu kommen. In der ganzen Szene gelangen sie jedoch über gegenseitige Beteuerungen des Zusammengehörigkeitsgefühls nicht hinaus, so daß der gesamte Dialog aus Stereotypen besteht wie "Ja, das waren Zeiten"; "Wie die Zeit vergeht".

Weiterhin macht Jakobson eine Funktion aus, die den Kode selbst betrifft: das Sprechen über den Kode. Er nennt sie in Übereinstimmung mit der üblichen linguistischen Terminologie die *metasprachliche* Funktion [cf. 1.5.2. und w.u.]. Und schließlich habe man mit einer letzten Funktion zu rechnen, die die Nachricht, die Gestaltung der

Nachricht betrifft. Ihretwegen hat Jakobson überhaupt die ganze Mühe mit der Erweiterung des Bühlerschen Modells auf sich genommen. Er nennt sie die *poetische* Funktion: "Die *Einstellung* auf die *Nachricht* als solche, die Zentrierung auf die Nachricht um ihrer selbst willen, ist die *poetische* Funktion der Sprache" ["Linguistik und Poetik", art. cit., S. 108].

Schematisch läßt sich das folgendermaßen darstellen:

KONTEXT
referentiell

SENDER   NACHRICHT   EMPFÄNGER
----
emotiv   poetisch   konativ

KONTAKTMEDIUM
phatisch

KODE
metasprachlich

[vgl. die beiden Schemata bei Ihwe 1972, op. cit., SS. 104 u. 109]

Wegen des großen Prestiges, das Roman Jakobson in der Fachwelt genießt, wurde dieser Versuch einer Erweiterung des Bühlerschen Schemas überhaupt nicht ernsthaft diskutiert. Er wurde auch nicht als Arbeitshypothese weiterer Untersuchungen zugrundegelegt. Man hat das Jakobsonsche Modell vielmehr als einen besonders originellen Beitrag zur Literatursemiotik nahezu uneingeschränkt akzeptiert, vielleicht in der Annahme, niemand sei berufen, sich mit dem einzigen "weißen Raben" anzulegen, mit dem einzigen Linguisten, der wirklich auch etwas von Literatur versteht.

Ich glaube allerdings, daß es unbedingt notwendig ist, das erweiterte Jakobsonsche Modell im ganzen zu diskutieren, und daß man bei diesem Unternehmen zu einer vollständigen Ablehnung der Konzeption Jakobsons gelangen wird. Sein Schema ist nämlich völlig unangemessen, es beruht auf einer Reihe von fraglichen Voraussetzungen.

Jakobson ging es in seiner Untersuchung – das müssen wir uns immer wieder vergegenwärtigen – um die Bestimmung der dichterischen Funktion der Sprache. Angesichts eines solchen Vorhabens sollte man sich zunächst einmal fragen, ob man so unbefangen mit einer "dichterischen Funktion" der Sprache rechnen darf, ob man eine solche "poetische" Funktion der Sprache einfach in eine Reihe mit einer Anzahl von weiteren Funktionen stellen darf. Ist die "poetische" oder "dichterische" Funktion wirklich eine unter anderen Funktionen, die in den Texten mit unterschiedlicher Gewichtung auftreten können, was uns dann gestatten würde, die Gesamtheit der Texte nach dem Kriterium der sechs Funktionen zu klassifizieren in "vorwiegend emotive", "vorwiegend phatische" usw. und schließlich "vorwiegend poetische"?

Weiterhin hat man sich zu fragen, ob die Funktion, die im Jakobsonschen Schema als die "poetische" erscheint, mit dem übereinstimmt, was man üblicherweise das Dichterische nennen würde, mit der allgemeinen vorwissenschaftlichen Intuition des Poetischen. Wenn man einmal davon absieht, daß in der gesamten Konzeption Jakobsons eine tiefere Einsicht steckt, auf die wir gleich noch zu sprechen kommen werden, so kann man dem, was er ausdrücklich sagt, nur entnehmen, daß das Poetische in einer besonderen Sorgfalt zu liegen scheint, die der Gestaltung der Nachricht, des Textes zugewendet wird. Ein poetischer Text liegt also offenbar dann vor, wenn nicht das *Was*, sondern das *Wie* der Mitteilung im Vordergrund steht, wenn der Text nach einem bestimmten Plan harmonisch gestaltet wurde.

Dies zeigt sich besonders an einem Beispiel, das Jakobson selbst zur Illustration dessen verwendet, was er unter der "poetischen Funktion" versteht. Jakobson analysiert zu diesem Zweck den Slogan *I like Ike*, der in der Präsidentschaftswahlkampagne von Dwight D. Eisenhower Mitte der fünfziger Jahre verwendet wurde. Dieser Satz gilt Jakobson als Musterbeispiel für eine besondere Konzentration auf die Gestaltung des Textes. Er analysiert ihn als progressive Konstruktion aus nach dem Baukastenprinzip erweiterten Elementen (*I* [ay] steckt in *Ike* [ayk], dieses wiederum in *like* [layk], innerhalb derer sich dann noch verschiedene Regularitäten wie Binnenreim und regelmäßige Alternanz von vokalischen und konsonantischen Phonemen feststellen lassen) [cf. art. cit., S. 108; auch was die unübliche Transkription betrifft].

Entspricht dieses besondere Raffinement im formalen Bereich nun eigentlich dem, was man üblicherweise unter einem "poetischen Text" versteht? Hat man die Intention des Textproduzenten im Auge, so darf man diese Frage in bezug auf das hier diskutierte Beispiel mit Entschiedenheit verneinen. Derjenige, der den betreffenden Slogan geprägt hat, wollte gewiß kein Gedicht schreiben, sondern er wollte wirksame Wahlpropaganda machen, er wollte mit diesem Text die Adressaten zu einer Stimmabgabe für seinen Auftraggeber motivieren. Er wollte also, in Jakobsons eigener Terminologie ausgedrückt, keinen "poetischen", sondern einen "konativen" Text verfassen. Hier ließe sich einwenden, daß der Typ des Textes nicht unmittelbar aus der ursprünglichen Intention des Textproduzenten abgeleitet werden dürfe. Es gibt in der Tat viele poetische Texte, die keineswegs einer vorgefaßten Absicht des Verfassers zu verdanken sind, Dichtung zu schaffen. Der eigentlich entscheidende Einwand kann also nicht die Intention betreffen, die der Abfassung eines Textes vorausgeht, sondern das angeblich "dichterische" Verfahren selbst, das – absichtlich oder unabsichtlich – beim Verfassen des Textes angewendet wurde. Dieses Verfahren hat mit dem eigentlich Poetischen fast überhaupt nichts zu tun. Im übrigen ist es wohl überhaupt nicht angemessen, im Zusammenhang mit Dichtung von einem Verfahren zu sprechen.

Bei der besonderen Sorgfalt, die der Gestaltung eines Textes gewidmet wird, handelt es sich nicht um das Dichterische, oder zumindest nicht um das, was für die Dichtung konstitutiv ist, sondern um eine viel allgemeinere Erscheinung, die in Verbindung mit vielerlei menschlichen Tätigkeiten auftritt, zu deren Ausübung eine bestimmte erlernbare und tradierbare Kunstfertigkeit notwendig ist. Es geht hier um das Anstreben technischer Vollkommenheit bei allem, was man "macht". Es kann sich dabei durchaus um Texte handeln, die besonders "gut geschrieben" sind, aber z.B. auch um eine Brücke, die so gestaltet wurde, daß sie nicht nur ihrer Funktion, ihrer Instrumentalität voll gerecht wird, sondern daß sie darüber hinaus als etwas technisch Vollkommenes erscheint, daß sie bestimmte Proportionen aufweist und daß sie sich in vollendeter Weise in die umgebende Landschaft eingliedert. Diese Perfektion des Gestaltens zielt – sofern es sich um ein sprachliches Gestalten handelt – keineswegs auf das Dichterische im ästhetischen Sinn, sondern sie betrifft die Ästhetik des Alltagslebens, die in jedem Streben nach Vollkommenheit bei der Fertigung menschlicher Erzeugnisse anzutreffen ist.

Wäre dies nicht so, läge das Poetische eines Textes tatsächlich in der technischen Perfektion seiner Gestaltung, so würde dies bedeuten, daß man identische Inhalte für den alltäglichen Gebrauch "prosaisch" und für besondere Anlässe "poetisch" mitteilen könnte. Es kann jedoch nicht der geringste Zweifel daran bestehen, daß dem nicht so ist, daß wir es in der Dichtung auch, und sogar an erster Stelle, mit einem besonderen Inhalt zu tun haben, daß sich die Dichtung nicht auf die Gestaltung, auf das *Wie* des Gesagten reduzieren läßt. In der Dichtung hat nämlich die besondere Vollkommenheit der Gestaltung, dieses Sich Konzentrieren auf die Form des Textes, eine sekundäre Funktion. Es ist dies ein sehr altes Problem, das wir hier nur streifen können. Die gesamte Metrik sowie weitere Verfahren der symmetrischen Gestaltung im Bereich des materiellen Ausdrucks des Textes, kurz all die Erscheinungen, die in der antiken Rhetorik unter dem Terminus *Numerus* zusammengefaßt wurden,[6] haben in der Dichtung dieselbe Funktion – ich übertreibe ein bißchen, aber wirklich nur ein bißchen –, die der Rahmen bei einem Bild hat. Es geht dabei nämlich um nichts weiter als um das Bemühen, die Dichtung in äußerlich auffälliger Weise vom praktischen Sprechen abzugrenzen: "Was hier erklingt, was hier geschrieben steht, erhebt den Anspruch, als Dichtung interpretiert zu werden". Für die Dichtung selbst ist der *Numerus* belanglos. Schon Aristoteles fühlte sich in seiner *Poetik* bemüßigt, die zu seiner Zeit offenbar geläufige Praxis zu kritisieren, "mit dem Versmaß das Dichten zu verbinden"; allein das Auftreten bestimmter Versmaße charakterisiere den betreffenden Text noch nicht als Dichtung – man könne auch medizinische oder musikalische Lehrbücher in einem bestimmten Versmaß abfassen.[7]

Die Konzentration auf das *Wie* des Gesagten, die "Zentrierung auf die Nachricht um ihrer selbst willen" ist sicherlich eine Erscheinung, der man bei der Interpretation von Texten Rechnung tragen muß; es

---

6   [Vgl. u.a.: H. Lausberg, *Elemente der literarischen Rhetorik*, op. cit., § 459 und G. Ueding, *Einführung in die Rhetorik*, Stuttgart 1976, S. 277ff.]

7   [*Poetik*, 1447b]

geht dabei jedoch mit Sicherheit nicht um die "poetische Funktion der Sprache". Schon der gesamte theoretische Rahmen, innerhalb dessen Jakobson zu dieser Auffassung gelangt ist, kann nicht unwidersprochen hingenommen werden. Termini wie *Kode, Nachricht, Kontaktmedium, Sender, Empfänger* können ihre Herkunft aus der Kommunikationswissenschaft nicht verleugnen. Es wird also von vornherein suggeriert, daß die K o m m u n i k a t i o n das Grundlegende an der Sprache sei. Auch im Falle der sog. "poetischen Funktion", auch in dichterischen Texten werde etwas mitgeteilt, finde Kommunikation statt. Andererseits wird dann bei der näheren Bestimmung der poetischen Funktion doch implizit zugegeben – so scheint es wenigstens –, daß die Tatsache des Übermittelns von Inhalten in der Dichtung eine untergeordnete Rolle spielt. So gesehen erscheint es auch innerhalb der Gesamtkonzeption von Jakobson selbst als fraglich, ob man überhaupt von einer "poetischen Nachricht" sprechen darf, ob man dem *Genus* "Nachricht" so einfach die *differentia specifica* "dichterisch" zusprechen kann.

Das Problem, um das es hier geht, ist außerordentlich komplex; es müßte eigentlich in einer Vorlesung über Poetik und Ästhetik behandelt werden. Ich muß mich also mit einigen allgemeinen, ziemlich apodiktisch vorgetragenen Bemerkungen zufriedengeben.

Man muß beim Sprechen zwei Arten der Kommunikation unterscheiden: "jemandem etwas mitteilen" und "sich jemandem mitteilen", "mit dem anderen in Verbindung treten". Die erste Art der Kommunikation ist zwar in empirischer Hinsicht so allgemein, daß sie untrennbar mit der Tätigkeit des Sprechens verbunden zu sein scheint; dennoch ist sie für die Sprache nicht wesentlich, sie stellt kein definitorisches Kriterium für "Sprache" dar. Durch das Fehlen dieser Art von Kommunikation wird das Sprechen nicht schon zu einem Nicht-Sprechen. Auch im Alltag beurteilen wir die Sprachlichkeit von Redeakten nicht im Hinblick auf diese Art der Kommunikation; wir sprechen einer Äußerung nicht deshalb den Charakter des Sprachlichen ab, weil wir festgestellt haben, daß mit dieser Äußerung niemandem etwas mitgeteilt wurde.

Die zweite Art der Kommunikation gehört hingegen unbedingt zur Sprache, die Kommunikation m i t einem anderen, die Tatsache, daß das Sprechen immer an einen anderen gerichtet ist, daß es mit dem Vorhandensein des anderen rechnet. Die Tatsache, daß die Sprache immer für den anderen da ist, auch dann, wenn er das Ausgedrückte überhaupt nicht versteht. Diese zweite Form der Kommunikation, in der sich die Dimension manifestiert, die ich die *Alterität* der Sprache nenne,[8] stellt zweifellos ein definitorisches Kriterium für den Begriff der Sprache dar. Wir wissen eigentlich nie, ob wir verstanden werden, wir können es objektiv auch überhaupt nicht wissen, aber indem wir sprechen, erkennen wir dem anderen die Sprachfähigkeit bereits zu und zeigen damit an, daß wir wissen, daß auch er ein Subjekt, daß er ein anderer ist.

Beim Adressaten des so verstandenen Sprechens kann es sich entweder tatsächlich um einen anderen, oder aber um den Sprecher selbst handeln. Auch im zuletzt genannten Fall ist die Sprache an einen anderen gerichtet. Es wird dann so gesprochen, als ob man selbst ein anderer wäre, so daß z.B. bei den tatsächlich zu beobachtenden Selbstgesprächen das Ich meist mit *du* angeredet wird. Ähnlich verhält es sich beim Sprechen mit den Sachen; man spricht so, als ob die Dinge verstehen könnten, und verleiht ihnen damit menschlichen Charakter.

In dieser Hinsicht ist also die Kommunikation wesentlich für die Sprache. Es ist jedoch eine ganz andere Frage – eine Frage, die ich hier nicht wirklich beantworten kann –, ob auch die Dichtung Kommunikation ist, ob auch bei der Dichtung der andere immer schon mitgegeben ist, ob auch der Dichter mit dem anderen rechnet.

Ich bin der Überzeugung, daß dem nicht so ist, daß die Dichtung nicht an einen anderen gerichtet ist, daß es dem Dichter immer nur um die Objektivierung seiner selbst geht. Ich bin sicher, daß es in der Dichtung immer nur um eine Dimension, nämlich um die objektive geht, genauer gesagt, um die Objektivierung des Subjekts, nicht jedoch um die Dimension der Alterität. Die Dichtung ist nicht dazu da, um vom anderen aufgenommen und verstanden zu werden; das ist für

---

8 [Vgl. vom Verf. u.a.: *Die Geschichte der Sprachphilosophie von der Antike bis zur Gegenwart*, Teil II: *Von Leibniz bis Rousseau*, Tübingen 1972, SS. 17-20.]

die Bestimmung der Dichtung völlig unwesentlich. Kein Dichter würde, wenn er als Dichter ein moralisches Subjekt ist, plötzlich anders schreiben, wenn er feststellen muß, daß ihn niemand versteht. Er wird vielmehr so schreiben, als sei er das einzige Subjekt überhaupt. Denn die Dichtung ist die Tätigkeit eines Universalsubjekts, der Dichter nimmt die universelle Subjektivität auf in dem Augenblick, in dem er dichtet. Er ist dann nicht mehr ein Sprecher unter anderen, sondern er realisiert das Sprechen absolut – nicht relativ zu bestimmten Umständen oder Anlässen. Dies gilt zumindest für das Wesen selbst der Dichtung; und nicht nur für das Wesen der Dichtung, sondern für das Wesen der Kunst überhaupt. Die Kunst wird nach einem ihr eigenen Sein-Sollen gemacht, nicht nach einem Sein-Sollen, das durch irgendwelche hinzukommenden Umstände – z.B. die Möglichkeit des Verstehens, die Verpflichtung zur Verständlichkeit – gegeben ist.[9]

---

[9]   [Ganz anders die Interpretation und Bewertung von Jakobsons "poetischer Funktion" der Sprache bei Harald Weinrich. Er greift auf frühere Arbeiten Jakobsons zurück und betont weniger den Aspekt der kunsthandwerklichen Perfektion als den der 'Selbstgenügsamkeit', der Befreiung der Sprache von äußeren Zwecken: "Die ästhethische oder auch poetische oder künstlerische Funktion der Sprache ist nach Jakobson eine sich selbst als Zweck setzende, 'autotelische' Funktion, in der die alltägliche Transitivität der Sprache auf sich selber zurückgebogen ist" (H. Weinrich, *Wege der Sprachkultur*, Stuttgart 1985, S. 234). Jakobson habe sich, so Weinrich, bei der Beschreibung dieser Funktion von Novalis anregen lassen. In der Tat finden sich in dem kurzen *Monolog* Friedrich von Hardenbergs Passus, die eine solche Annahme stützen: "Der lächerliche Irrthum ist nur zu bewundern, daß die Leute meinen – sie sprächen um der Dinge willen. Gerade das Eigenthümliche der Sprache, daß sie sich blos um sich selbst bekümmert, weiß keiner. [...] Wenn man den Leuten nur begreiflich machen könnte, daß es mit der Sprache wie mit den mathematischen Formeln sei – Sie machen eine Welt für sich aus – Sie spielen nur mit sich selbst, drücken nichts als ihre wunderbare Natur aus, ... So ist es auch mit der Sprache ..." (Novalis, *Werke in einem Band*, hrsg. von H.-J. Mähl und R. Samuel, München / Wien 1982, S. 522). In dem viel später entstandenen Aufsatz, auf den Coseriu sich hier bezieht, ist die ursprüngliche sprachphilosophische Intuition aus Jakobsons "formalistischer" Frühzeit gegenüber ihrer technisch-linguistischen Ausführung fast völlig zurückgetreten, und gerade diese Ausführung, die Coseriu streng kritisiert, hat Wissenschaftsgeschichte gemacht. Völlig verlorengegangen ist die ironische

Nach diesem kurzen Abstecher auf ein Gebiet, das nicht Gegenstand dieser Vorlesung sein kann, zurück zum Aufsatz von Roman Jakobson: Einige seiner Ausführungen sind selbst im Rahmen einer konsequent kommunikationstheoretischen Betrachtungsweise äußerst diskutierbar. So z.B. die Behauptung, daß nicht nur der kognitive [bzw. "referentielle" – Jakobson ist an dieser Stelle terminologisch nicht konsequent], sondern auch der emotive Aspekt der Sprache in Termini von "Kodierung" und "Dekodierung" beschrieben werden könne. Der Unterschied zwischen engl. *big* [big] und der emphatisch gedehnten Form *biiig* [bi:g] sei in gewisser Hinsicht dem Unterschied von tschechisch [vi] "ihr" und [vi:] "(er) weiß" vergleichbar, doch sei die "differenzierende Information" im letzteren Fall phonologisch, im ersteren emotiv [cf. art. cit., S. 105].

Das ist sicherlich falsch. Einerseits gibt es auch im englischen eine phonologische Opposition zwischen *i* und *i:*, z.B. *ship* [ʃip] vs. *sheep* [ʃi:p], eine Opposition durch die Bedeutungen in der englischen Sprache unterschieden werden. Andererseits ist eine emphatische Dehnung von [big] in [bi:g] völlig anders zu beurteilen. Das emphatisch gelängte kurze *i* wird phonisch sicherlich anders, nämlich offener realisiert als das "normale" lange engl. [i:] [dieser Unterschied kommt, da er eben phonologisch nicht relevant ist, in der üblichen Transkription nicht zum Ausdruck], doch ist dies in dem Zusammenhang, der uns hier interessiert, nicht so wichtig. Wichtig ist vielmehr, daß es sich bei der emphatischen Längung um ein sehr viel allgemeineres Verfahren handelt, als es die Möglichkeit darstellt, mit Hilfe von unterscheidenden Zügen phonematische Oppositionen zu bilden. Letzteres ist sprachspezifisch, ersteres nicht; es handelt sich dabei einfach um eine Verstärkung des materiellen Ausdrucks zum Zwecke der Hervorhebung des entsprechenden Inhalts, um ein, wenn man so will, "analogisches" Verfahren, das grundsätzlich bei allen Ausdrucksmitteln anwendbar ist. Man kann z.B. auch die Farbe in einem Bild besonders hervorheben, indem man ihren Sättigungsgrad erhöht oder ihre Leuchtkraft verstärkt.

Noch einige kurze Bemerkungen zu den beiden anderen Relationen, die neben der "poetischen" als neue Funktionen im erweiterten Organon-Modell erscheinen. Weder bei der phatischen noch bei der metasprachlichen Funktion handelt es sich um begrifflich wirklich

---

Pointe bei Novalis, der versichert, daß er, indem er glaubte, das Wesen der Poesie auf das deutlichste angegeben zu haben, nur Albernheiten zum besten geben konnte, "weil ich es habe sagen wollen, und so keine Poesie zu Stande kommt" (ibid., S. 522f.).]

notwendige Ergänzungen des Organon-Modells, denn beide Funktionen sind nichts weiter als Spezialfälle der Appell- bzw. der Darstellungsfunktion.

Zunächst zur *phatischen* Funktion. Jakobson möchte diese Funktion auf jeden beliebigen Redeakt beziehen, nicht bloß auf das Kommunizieren mit Hilfe technischer Medien. Nun, so gesehen ist die sog. "phatische" Funktion nichts anderes als die minimale Form der Auslösungs- oder Appellfunktion. Diese impliziert nämlich, gewissermaßen als Minimalforderung an den Empfänger der Nachricht, die Bereitschaft, die Zeichenfolge entgegenzunehmen und zu interpretieren [cf. w.o.]. Diese Art von Imperativität ist bei jedem Redeakt gegeben – die Appellfunktion schließt also die sog. "phatische" Funktion ein.

Ganz ähnlich verhält es sich mit der *metasprachlichen* Funktion. Wie ich oben bereits angedeutet habe [cf. 1.5.2.], ist die sog. "metasprachliche" Funktion nur ein Spezialfall der objektiven, der Bezeichnungsfunktion der Sprache – der "referentiellen" Funktion in Jakobsons Terminologie. Man kann in einer Sprache über die Sachen sprechen. Das nennt man dann die primäre Verwendung der Sprache, die *Objektsprache* (ich persönlich ziehe den Terminus *primäre Sprache* vor). Man kann jedoch auch mit der Sprache über die Sprache selbst sprechen, über ihre Materialität oder auch über ihre Inhalte. Ob man nun sagt: "*Baum* hat vier Buchstaben" oder "*See* [ze:] besteht aus zwei Phonemen" oder auch "die Bedeutung von *eigentlich* ist schwer abzugrenzen" – jedesmal bezieht man sich mit Hilfe der Sprache auf ein Reales, auf eine Realität, die gleichzeitig auch Sprache ist. Die Unterscheidung zwischen *primärer Sprache* und *Metasprache* wird überhaupt nicht innerhalb der Ausrichtung der Sprache auf die verschiedenen den Redeakt konstituierenden Elemente getroffen, sie betrifft vielmehr eines dieser Elemente selbst, nämlich die Realität. Sie klassifiziert die Fakten innerhalb der Realität danach, ob sie zur Sprache gehören oder nicht. So grundsätzlich und unentbehrlich die Unterscheidung zwischen primärer Sprache und Metasprache für die Diskussion vieler Probleme ist, als Kriterium zur Unterscheidung verschiedener Sprachfunktionen wird sie nicht benötigt.

Dies wären im wesentlichen die Gründe, die mich dazu veranlassen, Roman Jakobsons Erweiterung des Bühlerschen Organon-Modells abzulehnen. Die sog. "poetische" Funktion betrifft nicht, was sie zu betreffen vorgibt, und die beiden anderen Neuerungen, die "phatische" und die "metasprachliche" Funktion, lassen sich auf zwei im Bühlerschen Modell bereits vorgegebene Funktionen reduzieren, auf die Appellfunktion und auf die Darstellungsfunktion der Sprache.

Es soll nun aber nicht der Eindruck entstehen, das Jakobsonsche Modell enthalte überhaupt nichts Brauchbares. Es enthält vielmehr zwei wichtige Einsichten. Auf eine von ihnen bin ich bereits kurz eingegangen, die andere wird uns bei der weiteren Diskussion des Bühlerschen Modells hilfreich sein.

Die erste Einsicht besteht darin, daß das Dichterische in einer Hinwendung auf das Gesagte selbst besteht. Die Explikation, die Jakobson dieser seiner tiefen Intuition beifügt, ist sicherlich falsch. Es geht nicht um ein besonderes Interesse an der sprachlichen Gestaltung beliebiger Inhalte, die man zu anderen Zwecken und bei anderen Anlässen auch auf andere Art und Weise mitteilen könnte. Die Intuition, der Jakobson Ausdruck zu verleihen versucht, besteht vielmehr darin, daß das dichterische Sprechen ein absolutes Sprechen ist, ein Sprechen an sich, ein Sprechen, an dem nur das Gesprochene allein Gültigkeit besitzt. Wie das zu verstehen ist, werde ich zu erläutern versuchen, wenn ich von meiner eigenen Position her auf das Wesen der Dichtung und des dichterischen Sprechens eingehen werde [cf. 2.4.].

Die zweite wichtige Einsicht, die in Jakobsons Modifikation des Bühlerschen Modells enthalten ist, besteht darin, daß es sich bei Bühlers Funktionen nicht einfach um Funktionen des sprachlichen Zeichens handelt, sondern um Funktionen des Zeichens i n   s e i n e r   V e r w e n d u n g , um Funktionen von R e d e a k t e n , nicht von Zeichen. Es geht tatsächlich nicht um die Funktionen des Zeichens i n   d e r   S p r a c h e , sondern um die Funktionen des Zeichens als Teil, als Träger einer "Nachricht" (um den an sich unglücklichen Terminus von Jakobson zu verwenden). Auf diese zweite Einsicht werde ich gleich zurückkommen [*Ende des Exkurses*].

Kehren wir nun also zu den drei Grundfunktionen des Organon-Modells zurück. Wir wollen nun nicht mehr diese Funktionen als solche diskutieren, wir wollen uns vielmehr fragen, ob Bühlers Schema eigentlich dem gerecht wird, was es darstellen möchte. Es möchte die These aus Platos *Kratylos* darstellen, daß das Wort – bei Bühler das Zeichen – ein Organon, ein Instrument sei, mit dem der eine dem anderen etwas über die Sachen sagt.[10] Wenn wir nun diese Formulierung genau analysieren und das Ergebnis unserer Analyse mit dem Bühlerschen Modell konfrontieren, so müssen wir feststellen, daß das Bühlersche Schema im Hinblick auf das, was es darstellen soll, nicht vollständig ist.

Im Bühlerschen Schema erscheinen zwar Sender und Empfänger, zwischen denen die Mitteilung abgewickelt wird, es erscheinen die Sachen, über die etwas mitgeteilt wird, und das Wort oder Zeichen, mit dessen Hilfe dies geschieht, ist ebenfalls vorhanden. Eines fehlt jedoch, nämlich das *etwas*, das Mitgeteilte. Es ist schließlich die Rede davon, daß "etwas über die Sachen" gesagt wird, nicht daß "die Sachen selbst" mitgeteilt würden. Das Verhältnis zwischen dem materiellen Zeichen, dem *signifiant*, zu den Sachen ist also kein direktes, sondern ein durch dieses "Etwas" vermitteltes. Man kann dieses "Etwas" den *Begriff* (*conceptus*) nennen, wie es die Scholastiker im Anklang an die Stoiker taten: *Verba (voces) significant res mediantibus conceptibus*: "die Wörter bedeuten die Sachen mittels der Begriffe".[11] Nun ist allerdings beim scholastischen Terminus *conceptus* nicht klar, inwiefern er als der Sprache zugehörig gedacht wird. Ein wirklich sprachliches Analogon dazu ist der Terminus *Bedeutung*, auf den ich oben in anderem Zusammenhang bereits ausführlich eingegangen

---

10 [Cf. *Kratylos*, 3888a ff.]

11 [Der Verf. ist auf diesen hier nur äußerst kurz umrissenen Komplex an anderer Stelle ausführlicher eingegangen. Vgl. u.a.: *Probleme der strukturellen Semantik*, Tübingen 1973, § 1.1.2. und *Geschichte der Sprachphilosophie*, op. cit., 13. Kap. Bei dem lateinischen Zitat handelt es sich möglicherweise um eine apokryphe Formulierung. Man stößt, vor allem bei den "Realisten", auf zahlreiche ähnliche Formulierungen. Bei Thomas heißt es: "... voces referuntur ad res significandas; mediante conceptione intellectus" (*Summa theol.* I, 13, 1).]

bin [cf. 1.5.2.]. In der späteren Sprachphilosophie wurde dann immer wieder von neuem betont, daß die Bedeutung des sprachlichen Zeichens nicht die Sache selbst sein kann, die es bezeichnet, daß man sich z.B. auf ein und dieselbe Sache über verschiedene Bedeutungen beziehen kann. Besonders bekannt ist das Beispiel, das Edmund Husserl hierzu in seinen *Logische(n) Untersuchungen* anführt: "der Sieger von Jena" – "der Besiegte von Waterloo".[12] Der bezeichnete Gegenstand ist in beiden Fällen derselbe, Napoleon, aber wir können uns auf diesen Gegenstand durch völlig verschiedene, ja sogar konträre Bedeutungen beziehen. Wir sprechen einmal vom Sieger, das andere Mal vom Besiegten; die Inhalte der sprachlichen Zeichen sind einander entgegengesetzt, die bezeichnete Realität ist die gleiche.

In der Sprachwissenschaft wird dieser Unterschied zumeist stillschweigend vorausgesetzt, gelegentlich jedoch auch explizit eingeführt und begründet. Dies geschieht z.B. in Alan H. Gardiners Buch *The theory of speech and language,* Oxford 1932, [2]1951, wo der Inhalt des sprachlichen Zeichens *meaning*, die bezeichnete Sache *thing meant* genannt wird.

Wir können nun also eine erste Korrektur am Bühlerschen Schema vornehmen, die der Tatsache Rechnung trägt, daß die Relation zwischen dem Zeichen (und "Zeichen" heißt in diesem Modell soviel wie "materielles Zeichen", "Zeichenträger", *signifiant*) und der bezeichneten Sache eine mittelbare ist:

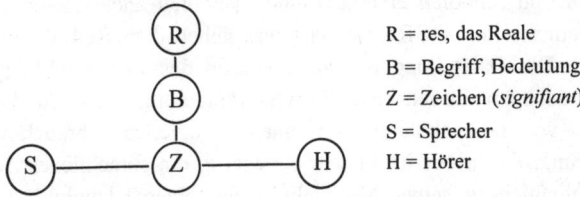

R = res, das Reale
B = Begriff, Bedeutung
Z = Zeichen (*signifiant*)
S = Sprecher
H = Hörer

Aber hiermit kann die kritische Diskussion des Bühlerschen Schemas noch nicht als abgeschlossen gelten. Einen weiteren wichtigen Einwand hat Friedrich Kainz im ersten Band seiner *Psychologie der*

---

12 Cf. E. Husserl, *Logische Untersuchungen*, Tübingen [5]1968, Bd. II, 1 Teil, Abschn. I, § 12.

Sprache[13] vorgebracht. Ich halte dieses Werk im allgemeinen für nicht besonders empfehlenswert, in diesem besonderen Fall hat Kainz jedoch zweifellos richtig gesehen. Er kritisiert nämlich an den drei Bühlerschen Funktionen, daß sie nicht koordinierbar sind, daß es sich dabei überhaupt nicht um Funktionen desselben Typs handelt. *Kundgabe* (*Ausdruck*) und *Auslösung* (*Appell*) sind nämlich offenbar Funktionen des Zeichens in seiner konkreten Verwendung. Man könnte noch weitergehen und sagen, daß es sich dabei überhaupt nicht um Zeichenfunktionen im engeren Sinn, sondern um Funktionen des Redeakts handle, wobei letzterer natürlich durchaus aus einem einzigen Zeichen bestehen kann. Karl Bühler selbst referiert zur Illustration der Appellfunktion eine Anekdote von einem Bonner Studenten, der einen Wettkampf mit dem "schimpftüchtigsten Marktweib" gewonnen haben soll, indem er diese mit so groben Beleidigungen wie "Sie Alpha!, Sie Beta! ..." zum Schweigen und zum Weinen gebracht habe.[14] Es leuchtet unmittelbar ein, daß dieser Erfolg nicht auf die Zeichenfunktion zurückzuführen ist, die den üblichen Benennungen der Buchstaben des griechischen Alphabets anhaftet. Die Bonner Marktfrau hat die Intention des Redeaktes richtig interpretiert, ohne die Inhalte der zur Prädizierung verwendeten Zeichen überhaupt zu verstehen. "Kundgabe" (Ausdruck) und "Auslösung" (Appell) sind also Funktionen des Zeichens in seiner Verwendung, Funktionen des Redeaktes. Es besteht somit ein Niveauunterschied zwischen *Symptomen* und *Signalen* einerseits und *Symbolen* andererseits: Erstere funktionieren nur im Redeakt, letztere gehen dem Redeakt idealiter voraus. Die Darstellung ist eine Funktion des v i r t u e l l e n Zeichens; auch ein nur gedachtes Wort hat Bedeutung und somit "Darstellung" – vor und unabhängig von seinem eventuellen Gebrauch in einer Äußerung. Es ist überhaupt sehr schwierig, ein sprachliches Zeichen ausschließlich in seiner Materialität, als reines Klangbild wahrzunehmen. Martin Heidegger bemerkt diesbezüglich in *Sein und Zeit* [Tübingen, [11]1967, S. 164], daß es schon einer sehr künstlichen und

---

13 F. Kainz, *Psychologie der Sprache*, 5 Bde, Stuttgart 1941-1969; inzwischen Neuauflagen einzelner Bände. [Vgl. insb. Bd. I, ²1954, SS. 74f. und 175f.]

14 [Cf. *Sprachtheorie*, op. cit., ²1965, S. 32.]

komplizierten Einstellung bedürfe, in der Rede des anderen nicht das Gesagte, sondern "das Ausgesprochene der Verlautbarung" zu hören: "Sogar dort, wo das Sprechen undeutlich oder gar die Sprache fremd ist, hören wir" – so Heidegger – "zunächst *unverständliche* Worte und nicht eine Mannigfaltigkeit von Tondaten." Die Darstellung, die Bedeutung gehört also wirklich zum Zeichen, sie erscheint daher im nachfolgenden Schema als eine innere Funktion des Zeichens. Um gegenüber dieser inneren Funktion des Zeichens die Darstellungs- l e i s t u n g des Zeichens im konkreten Redeakt zu unterscheiden, führt Kainz den Terminus *Bericht* [auch *Verständigung*, *Information*; cf. *Psychologie der Sprache*, op. cit., S. 176] ein. *Bericht* in diesem Sinn ist eine Funktion, die wirklich auf derselben Ebene wie die *Kundgabe* (*Ausdruck*) und die *Auslösung* (*Appell*) liegt:

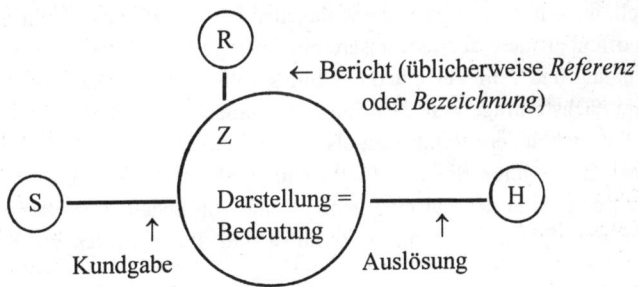

Übrigens vertritt Roman Jakobson implizit wenigstens teilweise dieselbe Auffassung: Wie schon der Terminus *Nachricht* zeigt, geht es ihm – im Gegensatz zu Bühler – ausschließlich um Funktionen des Zeichens im Redeakt.

Bei meinen weiteren Ausführungen werde ich von diesem modifizierten Schema ausgehen, von einem modifizierten Organon-Modell, in dessen Zentrum ein vollständiges sprachliches Zeichen mit Ausdruck und Inhalt steht. Die weiterführende Frage ist folgende: "Funktionieren die sprachlichen Zeichen in ihrer Verwendung nur durch die Relationen, die im Organon-Modell vorgesehen sind, oder gibt es weitere Relationen, durch die das Zeichen im Redeakt funktioniert?" Das eigentlich Wichtige im Bühlerschen Modell – und auch

im erweiterten Modell von Jakobson, bei all seinen Unzulänglichkei-
ten – ist die grundlegende Idee, daß die Leistungen des sprachlichen
Zeichens durch bestimmte Relationen, in Form von bestimmten
Relationen gegeben sind. Diese Idee wollen wir nun weiterverfolgen.

2.2. Das sprachliche Zeichen im Text: Andere Arten von Relationen

Wir haben bei der Diskussion des Organon-Modells gesehen, daß der
spezifische Inhalt der Texte, der Sinn, sich aus den Relationen herleitet, durch die das Zeichen im Redeakt funktioniert. Das Bühlersche
Modell, auch mit den hier vorgeschlagenen Modifikationen, reicht jedoch offenbar nicht aus, um unsere eingangs gestellte Frage nach der
Entstehung und dem Verstehen des Sinns vollständig zu beantworten.
Unsere nächste Frage wird also folgendermaßen lauten müssen: "Gibt
es nicht noch andere Relationen als die im Bühlerschen Schema vorgeschlagenen, durch die das Zeichen im Redeakt funktioniert?" Ich
glaube, es gibt in der Tat eine ganze Reihe von anderen Relationen,
die für das Phänomen "Sinn" konstitutiv sind. Ihnen wollen wir uns
nun zuwenden.

2.2.1. Relationen mit anderen Zeichen

Abgesehen von den Relationen des Organon-Modells funktioniert das
sprachliche Zeichen zunächst einmal im Redeakt durch die Beziehungen, die zwischen ihm und anderen sprachlichen Zeichen bestehen
können. Es handelt sich hierbei um eine ziemlich komplexe Kategorie
von Relationen, innerhalb derer sich weitere Unterscheidungen treffen
lassen:

1) Relationen mit einzelnen Zeichen: Die sprachlichen Zeichen im Text können zu anderen sprachlichen Zeichen in Relation gesetzt werden, und zwar sowohl in materieller als auch in inhaltlicher Hinsicht.

a) In materieller Hinsicht: Diese Art von Relationen ist wohlbekannt; es braucht hier nicht viel über sie gesagt zu werden. Es geht um Erscheinungen wie Reim, Assonanz, Stabreim (Alliteration) und ähnliches mehr. Einen Reim finden heißt, eine solche materielle Relation zwischen zwei inhaltlich meist grundverschiedenen Zeichen zu entdecken und durch eine bestimmte Anordnung der Relata im Text auf diese Entdeckung hinzuweisen.

b) In inhaltlicher Hinsicht: Hier wären zunächst die sog. "bildungs-durchsichtigen" Wörter zu nennen. Der dänische Linguist Otto Jespersen hat einmal die verschiedenen Bezeichnungen für die "Fledermaus" in einigen europäischen Sprachen verglichen: Dasselbe Tier werde auf englisch *bat*, auf französisch *chauvesouris* (sic!), auf deutsch *Fledermaus*, auf lateinisch *vespertilio* und auf dänisch *flagermus* genannt – die gegenständliche Beziehung sei also jeweils dieselbe, aber die möglichen Assoziationen, die durch diese unterschiedlich motivierten Zeichen ausgelöst werden könnten, seien ganz verschieden. Im Französischen, Deutschen und Dänischen wird die äußere Ähnlichkeit des Tiers mit einer Maus betont; das Dänische verweist auf die Fortbewegungsart des Tieres: *flagre* "flattern" (ein Hinweis, der für die meisten Deutschen verlorengegangen ist, weil man im größten Teil der deutschen Sprachgemeinschaft nicht mehr *fledern*, sondern *flattern* sagt). Im Französischen wird die Aufmerksamkeit auf das kahle Aussehen (*chauve* "kahl") des Tieres gelenkt, während für den Römer die Zeit, zu der es ausfliegt (*vesper* "Abend-(stern)") im Vordergrund steht. Nur das englische Wort *bat* sei ganz "abstrakt" und suggeriere nichts weiter; man könne daher den Dichter Tennyson verstehen, wenn er den Regionalismus *flittermouse* dem schriftsprachlichen *bat* für den Gebrauch in der Dichtung vorgezogen habe.[15]

Man könnte noch das Spanische hinzufügen, wo die Fledermaus *murciélago*, *murciégalo* oder *murciégano* genannt wird. Aus allen drei Formen kann noch der Bestandteil *ciego* "blind" herausgehört werden, während das Element *mur* (lat. *mus*, *muris* "die Maus") für philologisch nicht vorbelastete Spanier nicht mehr zu interpretieren ist [cf. span. *ratón* "Maus"]. Im Italienischen verhält es sich ganz ähnlich. Das it. *pipistrello* verfügt zwar sicherlich nicht mehr über dieselbe Bildungsdurchsichtigkeit wie sein Etymon, das lat. *vespertilio*, aber dennoch steht dieses Wort wenigstens potentiell in einer bestimmten Beziehung zu anderen Wörtern. Zunächst einmal wird die Endung *-ello* als Diminutivsuffix interpretiert, unbeschadet der Tatsache, daß ein Ausgangswort *+pipistro* überhaupt nicht existiert. Ähnliches gilt z.B. auch für das span. *ardilla* "Eichhörnchen", zu dem es ebenfalls keine Grundlage *+arda* gibt. In beiden Fällen wird das betreffende Tier, allein aufgrund der wenigstens partiellen Zuordnungsmöglichkeit zu den Diminutiva, als ein kleines Lebewesen charakterisiert. Dazu kommt beim it. Wort *pipistrello* noch die reduplizierte Silbe *pi-* kurz, von einem Tier, das *pipistrello* heißt, kann man auch in Unkenntnis der genauen Bedeutung des Wortes kaum zur Vorstellung einer riesigen wilden Bestie gelangen. Das Wort suggeriert an sich schon etwas Winziges, Bewegliches [vgl. auch 2.2.3., 1) a) und b)].

Ein weiteres, etwas anders geartetes Beispiel: In seinem *Art poétique* bringt Paul Claudel die frz. Verben *naître* "geboren werden" und *connaître* "kennen" in Zusammenhang: "Nous ne naissons pas seuls. Naître, pour tout, c'est connaître. Toute naissance est une connaissance."[16] Etymologisch besteht zwischen den beiden Verben kein Zusammenhang. Claudel sieht jedoch in dem Element *co-* das, was bei vielen anderen Wörtern tatsächlich der Fall ist, ein Präfix, das Zusammengehörigkeit, Gemeinsamkeit ausdrückt. *Connaître* "kennen" ist für

---

[15] O. Jespersen, *How to Teach a Foreign Language* (*Sprogundervisning*), London [1]1904; [12]1961, S. 54f.

[16] P. Claudel, *Œuvre Poétique*, Paris (Bibl. de la Pléiade) 1957; *Art Poétique*; "Traité de la co-naissance au monde et de soi-même", S. 149f.

ihn soviel wie *co-naître* "zusammen geboren werden". Nur wenn man mit etwas zusammen geboren worden ist, kennt man es wirklich.

Vom Gesichtspunkt der Sprachwissenschaft aus betrachtet haben wir es hier zweifellos mit einer falschen Etymologie, mit einer sog. "Volksetymologie" zu tun. Dies darf uns jedoch nicht davon abhalten, damit zu rechnen, daß eine solche Verbindung hergestellt werden kann. Die Sprache funktioniert durch und für die Sprecher, nicht für die Linguisten. Daher ist alles, was für die Sprecher Bedeutung hat, sind alle Beziehungen, die f ü r   d i e   S p r e c h e r zwischen verschiedenen Elementen ihrer Sprache bestehen, auch für den Linguisten relevant; denn die Aufgabe des Linguisten ist es, festzustellen, wie die Sprache für die Sprecher selbst funktioniert.

2) Relationen mit Gruppen bzw. Kategorien von Zeichen: Schon das Beispiel it. *pipistrello* "Fledermaus" hätte eigentlich hierher gehört. Dieses Wort steht durch seine Motivierungsmöglichkeit strenggenommen nämlich nicht in Relation zu einem einzelnen Zeichen, sondern zu einer Kategorie von Zeichen, zu den Diminutiva. Sehen wir uns nun noch weitere Beispiele ähnlicher Art an.

Da wäre z.B. das Verhältnis zwischen dem grammatischen *Genus* eines Wortes und dem natürlichen Geschlecht, dem *Sexus* des Lebewesens, das es bezeichnet. Als Linguisten wissen wir, daß dieses Verhältnis meist arbiträr ist. Die Tatsache, daß dt. *Tisch* ein Maskulinum ist, hat offenbar nichts mit dem geschlechtlichen Status dieses Möbelstücks zu tun, sie ist vielmehr historisch bedingt, sie verweist uns in eine Zeit, in der eine durchgängig anthropomorphische Auffassung belebter und sogar unbelebter Gegenstände verbreiteter war als heute. Als Sprachwissenschaftler haben wir gelernt, uns aus dieser anthropomorphisierenden Sicht der Dinge zu lösen und zwischen den Kategorien *Genus* und *Sexus* zu unterscheiden. Im Deutschen ist z.B. ein Wort wie *Sache* "weiblich", was keineswegs bedeutet, daß der "Sache" irgendeine Geschlechtseigenschaft zugesprochen werden müßte; umgekehrt ist *Weib* "sächlich", Neutrum, obwohl an den Geschlechtseigenschaften des Denotatums, des bezeichneten Lebewesens, nicht der geringste Zweifel bestehen kann. Nun ist jedoch die säuberliche Trennung der Kategorien *Genus* und *Sexus* wiederum charakteristisch für die Betrachtungsweise der Linguisten, nicht unbedingt für die der Sprecher. Der Sprecher bringt sehr häufig Genus und Sexus in einen unmittelbaren Zusammenhang. In der Vorstellungswelt der Romanen, in deren Sprachen das Wort für den "Tod" ein Femininum ist, erscheint der Tod als Frau, bei den germanischen Völkern als Mann. Es bedurfte daher schon der ganzen Kunst eines Ingmar Bergman, um die Gestalt des Todes in dem Film *Das siebte Siegel* auch für die Romanen spontan verständlich zu machen, obwohl der Tod dort natürlich als Mann auftritt. Typisch für die "naive" sexuelle Interpretation der Kategorie Genus sind auch die Namen für die "Sonne" und den "Mond" in verschiedenen Sprachen – darauf ist immer wieder hingewiesen worden. In romanischen Märchen erscheint die Sonne als Mann, der Mond als Frau, in den deutschen Märchen ist es umgekehrt. Ich habe nicht näher untersucht, wie es sich in dieser Hinsicht mit den Märchen der slawischen Völker verhält; ich kann mir jedoch kaum vorstellen, daß die Sonne dort als Person erscheint, weil das Wort für "Sonne" in den slawischen Sprachen ein Neutrum ist.

Auf ein anderes Beispiel, das in die hier besprochene Kategorie gehört, bin ich bereits in meiner Vorlesung zur strukturellen Semantik eingegangen, auf die unterschiedlichen Arten der Ausrichtung der Gestaltung von Wortfeldern.[17] Bedeutungsfelder decken einen zu gestaltenden Bereich der außersprachlichen Wirklichkeit ab. So stellen z.B. die Farbnamen einer Sprache eine einzelsprachliche Gestaltung des gesamten Spektrums des sichtbaren Lichts dar, und Temperaturbezeichnungen wie *warm*, *lau*, *kalt* usw. gestalten das Kontinuum des vom Menschen erfahrbaren Temperaturbereichs in sprachlicher Hinsicht. Es ist nun aber nicht gleichgültig, welche sekundären Strukturen des Wortschatzes am Gesamtaufbau eines solchen Bedeutungsfeldes beteiligt sind. So fällt z.B. im Italienischen auf, daß nur der mittlere Temperaturbereich durch einfache Adjektive vertreten ist: *freddo* "kalt", *fresco* "kühl, frisch", *tiepido* "lau" und *caldo* "warm". Die tiefen Temperaturen erscheinen alle in Form von Partizipien des Passivs,

---

[17]   Vgl. vom Verf.: *Probleme der strukturellen Semantik*, Tübingen 1973,²1975, § 4.1.1.5.

gelato wörtl. "gefroren", *ghiacciato* wörtl. "geeist" usw., während im Bereich der höchsten Temperaturen aktive Partizipien des Präsens auftreten, *bollente* wörtl. "kochend", *rovente* wörtl. "glühend", *scottante* wörtl. "verbrennend" usw. Hinsichtlich ihrer Bezeichnungsfunktion entsprechen diese it. Wörter keineswegs notwendigerweise den hier angegebenen "wörtlichen" deutschen Entsprechungen, sondern eben den üblichen deutschen Wörtern auf diesem Gebiet, also etwa *eisig, eiskalt* auf der einen, *heiß* auf der anderen Seite. Diese spezifische Gestaltung der italienischen Bezeichnungen für extreme Temperaturen ermöglicht jedoch eine sekundäre Motivation dieser Ausdrücke durch den Sprecher. Das heißt natürlich nicht, daß diese Motivation bei jeder Verwendung der betreffenden Wörter wirksam sein muß; es ist jedoch jederzeit möglich, daß in italienischen Texten Gegenstände, die als sehr kalt bezeichnet werden, zusätzlich sich als Dinge darstellen, mit denen etwas geschehen ist, während umgekehrt ein sehr heißer Gegenstand aktivisch interpretiert werden kann als ein Ding, das selbst etwas tut, das glüht oder das mich verbrennt.

Ähnlich verhält es sich mit den Farbnamen im Rumänischen. In den meisten romanischen Sprachen ist die Mehrzahl der Farbnamen durch reine Adjektive wie *rouge, vert, jaune* usw. vertreten. Darüber hinaus gibt es dann die Möglichkeit, ein Verhältnis zu bestimmten Sachen sekundär festzusetzen durch einfachen Zusatz der betreffenden Bezeichnung: *vert bouteille* "flaschengrün". Im Rumänischen haben die Grundfarben ebenfalls einfache, adjektivische Namen, die übrigens ziemlich genau denjenigen der übrigen romanischen Sprachen entsprechen. Daneben gibt es jedoch auch ein Verfahren, eine unbegrenzte Anzahl von Farbbezeichnungen von Gegenstandsbezeichnungen abzuleiten: *arămiu* "kupferfarben", *cărămiziu* "ziegelfarben", *cireşiu* "kirschfarben", *fumuriu* "rauchfarben", *sîngeriu* "blutfarben" usw. usf.[18] Diese von Substantiven abgeleiteten Farbbezeichnungen sind im Rumänischen gerade die volkstümlichsten. Durch sie wird die aktuelle Benennung einer Farbe im Text p o t e n t i e l l in eine Beziehung zu einer Klasse von Gegenständen gesetzt.

---

[18] [Cf. A. Bidu-Vrănceanu, *Systématique des noms de couleurs*, Bukarest 1976.]

In all diesen Fällen (es ließen sich leicht noch weitere Beispiele ähnlicher Art anführen) müssen wir zwischen der reinen Bezeichnung und dem "Sinn der Bezeichnung" unterscheiden. Bei mehr oder weniger gleicher Referenz können zwei Wörter in verschiedenen Sprachen aufgrund ihrer Bildungsweise oder ihres Genus ganz unterschiedliche Dinge evozieren, weil sie in Relation zu jeweils unterschiedlichen Zeichenkategorien der betreffenden Sprache stehen.

3) Relationen mit ganzen Zeichensystemen: Eine weitere Untergruppe innerhalb der hier zu behandelnden Kategorie stellen die Relationen dar, die zwischen einem sprachlichen Zeichen und ganzen Zeichensystemen bestehen. Unter "Zeichensystem" haben wir dabei sowohl die "historische" als auch die "funktionelle" Sprache zu verstehen. Ich kann zu diesen beiden Termini, die ich nur im Kontext meiner ganzen Sprachtheorie voll explizieren könnte, hier nur soviel ausführen, wie mir zum Verständnis des Folgenden unbedingt notwendig erscheint.[19] Unter "historischer Sprache" wollen wir also das verstehen, was man in unserer Zeit gewöhnlich unter e i n e r Sprache versteht, nämlich eine Technik des Sprechens, die als solche schon historisch identifiziert, von ihren Sprechern und denjenigen anderer Sprachen als solche anerkannt und normalerweise durch einen Eigennamen bzw. ein *adiectivum proprium* benannt worden ist: *das Deutsche, die deutsche Sprache* etc.

Inwiefern steht nun ein einzelnes sprachliches Zeichen in Relation zu einem ganzen Zeichensystem, in dem Fall, den wir hier zuerst untersuchen wollen, in Relation zu einer "historischen Sprache"? Eine verhältnismäßig ausführliche Erörterung dieser Frage finden wir in den Schriften des dänischen Linguisten und Sprachtheoretikers Louis

---

[19] [Vgl. u.a. vom Verf.: "Einführung in die strukturelle Betrachtung des Wortschatzes" ("Structure lexicale et enseignement du vocabulaire"); jetzt in vom Verf. überarbeiteter Übersetzung in: H. Geckeler (Hrsg.): *Strukturelle Bedeutungslehre*, Darmstadt 1978, SS. 193-238 und: *Das Romanische Verbalsystem* (hrsg. und bearbeitet von H. Bertsch), Tübingen 1976, §§ 1.2.; 1.2.3. und 1.2.4.]

Hjelmslev.[20] Hjelmslev geht davon aus, daß jedes sprachliche Zeichen in zweierlei Hinsicht funktioniert: zunächst einmal in Richtung auf die zu bezeichnende Wirklichkeit, auf die bezeichneten Gegenstände und Sachverhalte, die *Denotata*. Zum anderen verweist jedoch, so Hjelmslev, jedes sprachliche Zeichen auch auf das Zeichensystem, zu dem es gehört. Den zuerst genannten Aspekt des Funktionierens eines sprachlichen Zeichens nennt Hjelmslev *Denotation*, den zuletzt genannten *Konnotation*. Das Wort *Tisch* hätte also als Denotatum "Art von Möbelstück", als Konnotatum "deutsch". Der Terminus Konnotation bei Hjelmslev ist sicherlich nicht sehr glücklich gewählt, denn sowohl in der Logik als auch in der Semiotik bedeutet *Konnotation* z.T. etwas ganz anderes.[21] Ich selbst ziehe daher den Terminus *Evokation* vor, den ich allerdings, wie z.T. bereits deutlich geworden ist und später noch deutlicher werden wird, in einem umfassenderen Sinn gebrauche; die Hjelmslevsche *Konnotation* betrifft also nur einen Teil dessen, was ich unter *Evokation* verstehe.

Die Konnotation in dem eben erläuterten speziellen Sinn ist ein Aspekt der Zeichenfunktion, dessen wir uns normalerweise nicht bewußt sind. Solange die Zeichen i n n e r h a l b des Zeichensystems verwendet werden, zu dem sie gehören, wird die Konnotation der einzelnen Zeichen nicht aktualisiert. Dies kann sich jedoch schnell ändern, wenn ein Zeichen a u ß e r h a l b seines "normalen" Anwendungsbereichs gebraucht wird. Für den Außenstehenden haben die Elemente einer fremden Sprache häufig etwas "Typisches" an sich, etwas, das für die gesamte Sprache – die man möglicherweise so gut wie überhaupt nicht kennt – "charakteristisch" zu sein scheint. Auch in diesem Fall kommt es gar nicht darauf an, ob sich ein solcher vager Eindruck wissenschaftlich objektivieren läßt oder nicht. Es handelt

---

[20] [Vgl. insb. L. Hjelmslev, *Prolégomènes à une théorie du langage* (*Omkring sprogteoriens grundlaeggelse*), neue Übers. von U. Canger, Paris 1968-1971, SS. 144-157, bzw. die deutsche Übersetzung von R. Keller, U. Scharf und G. Stötzel, *Prolegomena zu einer Sprachtheorie*, München 1974, SS. 111-120.]

[21] [Einen historischen Überblick über die Entwicklung des Terminus *Konnotation*, der geeignet ist, wenigstens etwas Klarheit in das terminologische Chaos auf diesem Gebiet zu bringen, bietet J. Molino, "La connotation", *La linguistique* 7 (1971), SS. 5-30.]

sich dabei meist um Eindrücke, die Anlaß zu verbreiteten Vorstellungen gegeben haben, zu Vorstellungen, die dann ihrerseits zur kulturellen Tradition einer historischen Gemeinschaft gehören können. Die Angehörigen einer Sprachgemeinschaft haben sehr häufig relativ einheitliche Vorstellungen von einer anderen Sprache. So wird man von Angehörigen romanischer Völker häufig zu hören bekommen, das Deutsche sei eine "rauhe", "harte" oder "gutturale" Sprache. Weder "rauh" und "hart" einerseits noch das pseudowissenschaftliche "guttural" andererseits haben dabei irgendeine präzisierbare Bedeutung; das ändert aber nichts an der Tatsache, daß die betreffende Vorstellung der Romanen vom Deutschen kulturell wirksam ist und sich eventuell auch sprachlich manifestieren kann.

Sie kennen vermutlich alle die hübsche Anekdote vom "Code-Switching" Kaiser Karls V. Man sollte in diesem Zusammenhang vielleicht lieber von Carlos I sprechen – das ist die spanische dynastische Bezeichnung für dieselbe Person –, denn dann wird die Geschichte plausibler. Dieser Beherrscher eines europäischen und überseeischen Reiches, in dem "die Sonne nicht unterging", der vier europäische Sprachen verhältnismäßig gut beherrschte, soll einmal gesagt haben, er spreche Spanisch mit Gott, Italienisch mit den Männern, Französisch mit den Frauen und Deutsch mit den Pferden. Es ist dies, wie gesagt, eine Anekdote, eine Anekdote, die vermutlich in Spanien entstanden ist. Den Deutschen mag es zum Trost gereichen, daß mit "Deutsch" vermutlich "Flämisch" gemeint ist, denn Karl V. war in Flandern aufgewachsen und kannte diese Varietät des Westgermanischen am besten.

Man kann solche kollektiven Einstellungen zu den Sprachen, wie sie sich in der soeben referierten und vielen anderen Anekdoten manifestieren, vom wissenschaftlichen Standpunkt aus als reinen Unsinn abtun. Aber gerade als Wissenschaftler wird man nicht umhin können, der Tatsache Rechnung zu tragen, daß dergleichen Vorstellungen für die Sprecher real sind, und als solche können sie natürlich auch zu den verschiedenen Evokationen beitragen, die sprachliche Zeichen in den Texten auslösen können.

Dies zeigt sich u.a. bei einer Erscheinung, auf die ich nun kurz eingehen möchte, bei der Nachahmung einer Sprache mit den Mitteln einer anderen Sprache. Häufig beschränkt sich diese Nachahmung auf den phonischen Bereich. Slawische Wörter – den Eindruck haben wir als Nicht-Slawen – enden zumeist auf -*atzki*, -*etzki* usw. "Slawisch sprechen" ist also ganz leicht. Wie wird wohl ein Verb wie *protestieren* auf polnisch oder russisch lauten? Vermutlich *protestatzki*. In dieser Form erscheint es dann auch in einem Chanson von Reinhard Mey, in der *Ballade vom sozialen Aufstieg des Fleischermeisters Fred Kasulzke*:

> *Wchny suschna, nix ersatzki?*
> *Fred Kasulzke protestatzki!*

Ich kenne Nachahmungen dieser Art vor allem aus dem Spanischen, es ist jedoch anzunehmen, daß Scherzfragen wie die folgenden auch in anderen Sprachgemeinschaften üblich sind:

Was heißt "auf arabisch" "Artajo nahm den Koffer mit herunter"?

> *Artajo trajo la valija abajo.*

Wie sagt man "Stell den Käfig runter, Jaime!" "auf arabisch"?

> *Baja la jaula, Jaime!*

Natürlich fragt man dergleichen auf spanisch und paraphrasiert dabei den Inhalt des erfragten Satzes, also etwa:

> ¿Cómo se dice 'Limpia la munición' en árabe?
> *Lava la bala* (wörtl. Wasch die Kugel).

Was heißt "Un perro con farol" auf chinesisch?

> *Un can con quinqué* (Ein Hund mit Petroleumlampe)

Was heißt "Hay metal en tu techado" auf englisch?

> *Hay zinc en tu techo.* (Wörtl. Auf deinem Dach gibt es Zink).

Was heißt "Mi cabeza no transpira" auf japanisch?

> *Mi coco no suda.* (Meine Nuß ["Kopf"] schwitzt nicht).

Was heißt "tranvía" ("Straßenbahn") auf deutsch?

> *Suban estrujen bajen.* ("Steigen Sie ein, drängeln Sie kräftig und steigen Sie wieder aus.")

[Worin der "Witz" dieser Imitationen liegt, wird dem Leser – im Gegensatz zum Hörer der Vorlesung – erst deutlich werden, wenn er die obenstehenden Sätze laut abliest oder sich vorlesen läßt]. Es handelt sich in allen Fällen um naturgemäß etwas "ausgefallene", aber durchaus normal konstruierte und aus normalen spanischen Wörtern bestehende Sätze, die ausschließlich in der Absicht gebildet sind, den allgemeinen phonetischen Eindruck der jeweiligen Sprache mit den Mitteln des Spanischen wiederzugeben und zu karikieren. Im Falle von *suban-estrujen-bajen* kommt noch etwas hinzu: Einerseits wird die weitverbreitete Ansicht der Spanier, der deutsche Wortschatz bestehe vorwiegend aus monströsen Komposita, auf das schönste bestätigt, und andererseits gibt es einen nicht-trivialen, witzigen inhaltlichen Bezug zum vorgeblichen Denotatum "Straßenbahn".

Auch Eigennamen werden im Spanischen auf diese Weise gebildet. *Echa aquí agua y barre, echa aquí arena* – so könnte ein Baske heißen, denn die Basken haben ja bekanntlich schrecklich lange und sonderbar klingende Namen. Etwas frei übersetzt bedeutet dieser "Name" auf spanisch jedoch soviel wie "sprenge hier Wasser, fege und streue Sand drauf". Und wiederum ist zusätzlich ein gewisser inhaltlicher Bezug hergestellt: Bei eben dieser Tätigkeit könnte man eventuell die Bauern in einem baskischen Dorf in Nordspanien beobachten.

Solche Nachahmungen sind übrigens auch innerhalb einer Sprache möglich, gewissermaßen als "Selbstkarikatur". Sehen wir uns dazu folgenden Text von Christian Morgenstern an, ein Stück aus dem *Versuch einer Einleitung zur dritten beziehungsweise ersten Auflage* der *Galgenlieder*:

> "Es darf daher getrost, was auch von allen, deren Sinne, weil sie unter Sternen, die, wie der Dichter sagt, zu dörren, statt zu leuchten, geschaffen sind, geboren sind, vertrocknet sind, behauptet wird, enthauptet werden, daß hier einem sozumaßen und im Sinne der Zeit, dieselbe im Negativen als Hydra betrachtet, hydratherapeutischen Moment ersten Ranges, immer angesichts dessen, daß, wie oben, keine mit Rosenfingern den springenden Punkt ihrer schlechthin un- voreingenommenen Hoffnung auf eine, sagen wir, schwansinnige oder wesenti- elle Erweiterung des natürlichen Stoffgebietes ..."[22]

Was soll hier "nachgeahmt" bzw. karikiert werden? Einerseits offenbar das groteske Vokabular eines zeitgebundenen literarischen Stils – dieser Aspekt interessiert hier weniger. Andererseits jedoch ein allgemeines Verfahren der deutschen Syntax, die mehrfache Einbettung eines Nebensatzes in einen Hauptsatz. Mehrfache Einbettungen sind im Deutschen durchaus üblich. Es gibt keine systemhaften, vom funktionellen System her bedingten Grenzen der Anwendbarkeit dieses Verfahrens. Es gibt nur eine Norm, einen allgemeinen Usus, der die Deutschen z.B. davon abhält, in alltäglicher Rede allzu viele Einbettungen vorzunehmen und dadurch Sätze zu erzeugen, die in ihrer Komplexität vom Hörer überhaupt nicht mehr spontan analysiert werden können. Beim wissenschaftlichen Stil darf dem Leser in dieser Hinsicht weit mehr zugemutet werden, aber doch nicht so viel wie in Morgensterns *Einleitung*. Schon der erste Rahmensatz (im folgenden R = Rahmen) des obenstehenden Fragments einer viel längeren Periode, von dem dann der mit *daß* beginnende Satz abhängt, enthält nämlich nicht weniger als fünf Einbettungen:

R   Es darf daher getrost ... enthauptet werden, daß ... usw.
1   Was auch von allen ... behauptet wird
2   deren Sinne ... vertrocknet sind
3   weil sie unter Sternen ... geboren sind
4   die ... geschaffen sind
5   zu dörren, statt zu leuchten, wie der Dichter sagt

Dies alles betraf die "Konnotation" im Hjelmslevschen Sinn, die den sprachlichen Zeichen kraft ihrer Zugehörigkeit zu einer "historischen Sprache" anhaftet. Die sprachlichen Zeichen einer fremden Sprache evozieren in einem Text die allgemeinen Vorstellungen, die man in

---

[22] [Der Text dieser Einleitung wurde in anderen Ausgaben verändert; Morgen- stern ging nicht sehr "philologisch" mit seinen eigenen Texten um.]

der betreffenden Sprachgemeinschaft mit dieser fremden Sprache und mit ihren Sprechern verbindet. Wenn diese Art der "Konnotation" über die Grenzen der historischen Sprachen hinaus wirksam werden kann, so ist sie es umso mehr i n n e r h a l b einer historischen Sprache, d.h. über die leichter überwindbaren Grenzen zwischen den verschiedenen "funktionellen Sprachen" hinweg, aus denen sich eine "historische Sprache" zusammensetzt. Historische Sprachen sind in funktioneller Hinsicht nie vollständig homogen; innerhalb einer historischen Sprache gibt es – ich kann dies, wie w.o. schon erwähnt, hier nur andeuten – regionale ("diatopische"), soziale ("diastratische") und sprechsituationsbedingte ("diaphasische") Unterschiede. Man hat also eine historische Sprache als ein kompliziertes Gefüge von Mundarten (bzw. regionalen Ausprägungen der Schriftsprache, "sekundären Dialekten"[23]), Sprachstufen ("Soziolekten" im engeren Sinn) und "Sprachstilen" [*styles* bzw. *contextual styles* in der angelsächsischen Literatur] aufzufassen. Eine "funktionelle Sprache" ist demnach eine Technik des Sprechens, die in allen drei Hinsichten homogen ist, die keinerlei Variabilität aufweist, also z.B. der zwanglose Unterhaltungsstil des gebildeten Sprechers einer bestimmten regionalen Varietät einer historischen Sprache. Bereits aus dieser definitorischen Skizze wird deutlich, daß es sich bei der "funktionellen Sprache" um eine unter beschreibungstechnischen Gesichtspunkten vorgenommene Idealisierung handelt. Niemand spricht über längere Zeit hinweg eine funktionelle Sprache, eine gewisse Inhomogenität wird sich auch in stilistisch außerordentlich gleichförmigen Texten feststellen lassen. Und dennoch ist die funktionelle Sprache insofern kein Konstrukt, sondern eine Realität, als sie an jedem Punkt eines Textes tatsächlich "funktioniert". Ein Sprecher muß an jeder Stelle seiner Äußerung eines und nur eines der funktionellen Systeme realisieren, die er kennt, sonst könnte er gar nicht sprechen; die immer von neuem beschworene Inhomogenität kommt erst dadurch zustande, daß der Sprecher sich im

---

23 [Zum Begriff "sekundärer Dialekt" vgl. vom Verf. "'Historische Sprache' und 'Dialekt'", *Zeitschrift für Dialektologie und Linguistik, Beihefte NF*, Nr. 26 (1980), SS. 106-122 (jetzt auch in: *Energeia und Ergon*, op. cit., Bd. 1, SS. 45-61), insb. § 5.2.]

nächsten Moment, d.h. bei der Produktion des unmittelbar folgenden Textsegments, für ein etwas anders gestaltetes "Subsystem" entscheiden kann und daß es empirisch sogar als außerordentlich schwierig, wenn nicht unmöglich erscheint, sehr lange Textsegmente nach einer funktionell vollständig homogenen Technik des Sprechens zu gestalten.

Was nun die "Konnotation" im Sinne Hjelmslevs betrifft, so gilt für die funktionellen Sprachen im Prinzip genau dasselbe wie für die historischen: Jedes Zeichen "konnotiert" (besser: "evoziert") das Subsystem, zu dem es gehört. Und dieses, z.B. eine regionale Ausprägung der Gemeinsprache, evoziert einen bestimmten Landstrich, seine Bewohner und alle möglichen gerechtfertigten und ungerechtfertigten Vorstellungen, die die übrigen Mitglieder der Sprachgemeinschaft von ihnen haben; eine Sprachstufe evoziert ein bestimmtes soziales Milieu und ein Sprachstil bestimmte Umstände des Sprechens. Wirksam werden diese Evokationen aber immer nur im Fall von "Sprachmischung", genauer gesagt, im Fall des Transfers sprachlicher Zeichen aus einer funktionellen Sprache in eine völlig andere. Spricht jemand in Bayern und mit bayerischen Gesprächspartnern konsequent bairische Mundart, so wird dabei eigentlich nichts evoziert; die "Konnotation" im Hjelmslevschen Sinn ist zwar virtuell vorhanden, sie wird jedoch nicht aktualisiert. Ebenso verhält es sich mit der sog. "volkstümlichen" bzw. "populären" Sprachstufe oder dem "familiären" Sprachstil: "Populär" oder "familiär" w i r k e n die betreffenden sprachlichen Elemente eigentlich immer nur "von außen gesehen", z.B. vom Standpunkt der präskriptiven Norm aus betrachtet, nicht innerhalb der funktionellen Sprache selbst, zu der sie gehören.

Die "Konnotation" in diesem Sinne, die auf der Inhomogenität der historischen Sprachen beruht, wird in vielen Sprachgemeinschaften gezielt zu stilistischen Zwecken eingesetzt – und zwar nicht nur in der Literatur.[24] In Deutschland und in Italien werden z.B. die Mundarten

---

24 [In dem Aufsatz "Remarques sur certains rapports entre le style et l'état de la langue", in: *Norsk Tidsskrift for Sprogvidenskap* 16 (1951), SS. 241-258, dessen Grundideen Coseriu zu seiner Konzeption von den verschiedenen "funktionellen Sprachen" innerhalb der "historischen Sprache" weiterent-

traditionell in ganz bestimmten Arten von Texten verwendet. Bei vielen deutschen Witzen sollte z.B. die Pointe unbedingt in der Mundart erzählt werden, und dies geschieht nicht selten auch dann, wenn der Erzähler die betreffende Mundart nur recht unvollkommen beherrscht. Er verzichtet aber dennoch nicht auf den Imitationsversuch, denn was er erzählen will, ist eben nicht einfach ein Witz, sondern ein Kölner, ein Berliner oder ein Dresdner Witz. In der französischen Sprachgemeinschaft kommt dies viel seltener vor, dort werden eher Sprachstufen, z.B. das sog. *français populaire* in dieser evokativen Funktion verwendet. Die Situation in Italien ähnelt dagegen der deutschen in mancherlei Hinsicht. Putzfrauen oder Hausangestellte sprechen z.B. in italienischen Komödien oder Fernsehspielen üblicherweise venezianisch, gleichgültig, ob sie als aus dem Veneto stammend charakterisiert werden sollen oder nicht; als Hausangestellte spricht "man" eben Venezianisch.

Häufig führt die Tradition der Verwendung von Mundarten und Sprachstufen zum Zwecke der Evokation von "Lokal-" und "Sozialkolorit" zur Entstehung eines besonderen Sprachstils, den man als "Nachahmungssprache" bezeichnen könnte.

So werden z.B. in Italien die Toskaner, insb. die Florentiner, auf eine bestimmte Weise nachgeahmt, die, linguistisch gesprochen, auf einer "Übergeneralisierung" bestimmter phonetischer Regeln des Toskanischen beruht. Bekanntlich kann im Toskanischen der stimmlose Verschlußlaut *k* (in manchen Regionen auch *p* und *t*) zu [h] (bzw. [Φ] und [Θ]) aspiriert werden. Jedoch geschieht dies nur bei einfachen Konsonanten in intervokalischer Stellung, also auch nicht in den Fällen, wo aus satzphonetischen Gründen ein langer Konsonant gesprochen wird (*rafforzamento sintattico*), [eine Erscheinung, der die italienische Orthographie nur teilweise Rechnung trägt]. Die Nicht-Toskaner haben nun in Unkenntnis der genauen phonetischen Bedingungen für diese Spirantisierung, die allgemein unter dem Namen *gorgia toscana* bekannt ist, zum Zwecke der Nachahmung der Toskaner eine simple Substitutionsregel aufgestellt: *k → h*. In diesem Pseudotoskanisch heißt es dann *la hasa* statt it. *la casa* "das Haus", genau wie im echten Toskanisch, aber auch *a hasa* "zu Hause" oder *il hane* "der Hund", was im wirklichen Toskanischen [akkasa] bzw. [ilkane] lauten würde.

---

wickelt hat, spricht der norwegische Linguist Leiv Flydal in diesem Zusammenhang von "Extrastrukturalismen", i.e. "systèmes partiels occasionnellement et individuellement empruntés à d'autres structures du même idiome" (S. 244).]

[Entsprechendes gilt im Deutschen für die Nachahmung der Schwaben durch die Sprecher anderer regionaler Varietäten des Deutschen. Eines der dabei angewendeten Verfahren besteht in der mechanischen Ersetzung jedes geschlossenen *e* der Hochsprache durch ein offenes [ɛː]. Dies entspricht zwar in vielen Fällen der tatsächlichen schwäbischen Aussprache, jedoch keineswegs immer. In *Schnee* oder *weh* kann im ländlichen Schwäbisch zwar der Diphthong [ae] auftreten, keinesfalls jedoch ein offenes [ɛː], und *Beet, See, Ehe* usw. werden nur mit geschlossenem [e] ausgesprochen].

Die approximative Nachahmung von Mundarten kann schließlich sogar zur Entstehung von besonderen literarischen Formen führen. So ahmt z.B. der italienische Schriftsteller Carlo Emilio Gadda immer wieder Mundarten nach, ohne dabei einem veristischen Authentizitätsideal zu verfallen; seine "Mundarten" dienen ausschließlich der Evokation eines bestimmten Milieus, sie entsprechen keiner tatsächlich existierenden Mundart wirklich genau. [Vgl. hierzu die "Mundart" in manchen Stücken Brechts, ganz besonders in *Mutter Courage*].

In der südamerikanischen Literatur gibt es eine literarische Sprache zur Schilderung des Lebens der einfachen Leute auf dem Lande, das sog. *gauchesco*. Es handelt sich dabei um eine stilisierende "Nachahmungssprache"; kein Mensch spricht wirklich so. Dieser Sprachstil dient nur dazu, ein bestimmtes soziales Milieu zu evozieren oder bestimmte Gestalten in literarischen Werken als diesem Milieu zugehörig auszuweisen.

Schließlich gibt es in Italien eine literarische Technik, die auf einer sehr zurückhaltenden Verwendung dialektaler Elemente beruht. Ich nenne diese Technik *dialetto travestito*, "verkleideter Dialekt". Dieses Phänomen ist meines Wissens bisher noch nicht untersucht worden. Ich habe verschiedenen meiner Schüler vorgeschlagen, sich dieser Erscheinung anzunehmen – bisher ohne Erfolg. Das ist nicht allzu verwunderlich, denn um eine solche Arbeit erfolgreich durchführen zu können, muß man nicht nur die italienische Schriftsprache ausgezeichnet beherrschen, sondern auch die unter ihr "verborgene" Mundart, die es "auszugraben" gilt. Bei dieser literarischen Technik tritt die Mundart in materieller Hinsicht überhaupt nicht in Erscheinung; es werden nur hin und wieder gewisse "Erkennungsmarken" gesetzt: Eine bestimmte Wortfolge, die im Italienischen nicht besonders üblich ist, ein "abweichender" Gebrauch eines einzigen, in materieller Hinsicht durchaus "italienischen" Wortes und manches andere mehr. Durch dieses stilistische Verfahren entsteht dann beim Leser der Eindruck, der Text sei ursprünglich überhaupt nicht in der "Standardvarietät" der Nationalsprache konzipiert worden. Diese Technik wird z.B. von Elsa Morante, der Frau Alberto Moravias, in ihrem Roman *L'isola di Arturo (Arturs Insel)* verwendet. Der Roman ist auf italienisch geschrieben. Wenn man jedoch die italienischen Dialekte kennt, so versteht man sofort, daß sich hinter manchen italienischen Sätzen, die einigen Gestalten des Romans in den Mund gelegt werden, das Neapolitanische verbirgt.

Soviel zu den Relationen zwischen dem sprachlichen Zeichen im Text und anderen Zeichen, Zeichenkategorien oder ganzen Zeichensystemen. Wir wollen uns nun einem anderen Typ von Relationen zuwenden, Relationen, die ebenfalls zum Aufbau des Sinns in den Texten beitragen.

2.2.2. Relationen mit Zeichen in anderen Texten

Die Relationen dieses Typs bestehen nicht wie die soeben behandelten zwischen einem aktualisierten Zeichen im Text und anderen nichtaktualisierten Zeichen, Zeichenkategorien oder Zeichensystemen *in absentia*, sondern zwischen dem Zeichen im Text und den Zeichen in anderen Texten. Es geht dabei freilich nicht um beliebige andere Texte, sondern um Texte, die eine Geschichte haben, um Texte, die zur sprachlichen und kulturellen Tradition einer Sprachgemeinschaft gehören. Im Prinzip könnte es sich dabei auch um einzelne Zeichen handeln, z.B. um ein einziges Wort, das einmal in einem bestimmten Text auf eine spezifische Weise verwendet worden ist. In der Regel wird es sich dabei aber um Sequenzen von Zeichen handeln, um "fertige" Zeichenkombinationen, die als ganze tradiert werden. Es lassen sich hier zwei Unterkategorien unterscheiden: Einmal geht es hier um all das, was innerhalb einer Sprachtradition als festgefügte Wendung weitergegeben wird, also Redewendungen, Sprichwörter und ähnliches, um die bloße Reproduktion des schon Gesagten; ich nenne dies *wiederholte Rede.* Zum anderen kann es sich dabei um Texte handeln, um literarische und nicht-literarische, die einen so großen Bekanntheitsgrad innerhalb einer Sprachgemeinschaft erreicht haben, daß man eine teilweise wörtliche Kenntnis dieser Texte bei vielen Angehörigen der Sprachgemeinschaft voraussetzen kann. Es geht also um die sog. "geflügelten Worte".

1) Wiederholte Rede: Hier geht es um die Möglichkeit, Zeichen in Texten so zu verwenden, daß sie als Anspielung auf eine bereits existierende, fixierte Zeichensequenz verstanden werden müssen. So wird ein Syntagma wie *Viel Freund viel Schand* in der Regel als Anspielung auf die Wendung *Viel Feind viel Ehr* verstanden und auch dementsprechend interpretiert werden, also nicht etwa im Sinn von "es ist eine Schande, viele Freunde zu haben" sondern im Sinn von "wer Auseinandersetzungen nur mit vielfältiger Unterstützung auszutragen in der Lage ist, erwirbt sich damit nicht eben hohes Ansehen". Wenn ich von jemandem sage, daß man mit ihm "höchstens Esel stehlen" könne, so wird man sofort verstehen, daß auf den Betreffenden nicht so viel Verlaß ist, daß man etwa "mit ihm Pferde stehlen" könnte. Diese Art der "Collage-Technik", des Weiterschaffens innerhalb des bereits Gesagten, kann zur Entstehung des Sinnes in neuen Texten beitragen.

2) Die "geflügelten Worte": Die Grenzen zwischen *wiederholter Rede* und *geflügelten Worten* sind nicht immer scharf zu ziehen; wenn jemand vom "bewußten Kern des bewußten Pudels" spricht, so kann dies sowohl als direkte Anspielung auf die Studierzimmerszene in Goethes *Faust* als auch im Sinne eines Verweises auf eine bereits sprichwörtliche Redensart interpretiert werden. Im allgemeinen geht es hier jedoch um eindeutig identifizierbare Texte, deren Kenntnis bei sehr vielen Angehörigen der Sprachgemeinschaft vorausgesetzt werden darf. Genauer gesagt: Es geht wiederum nicht um diese Texte selbst, sondern um die Möglichkeit, in neuen Texten mit geeigneten Mitteln an diese bereits existierenden Texte anzuknüpfen. Sage ich z.B. *Die Rückkehr des Pilgers*, so bedeutet dies im Deutschen nicht mehr als das, was dieses Syntagma eben üblicherweise bedeutet, es geht um einen bestimmten Pilger, der zurückkehrt. Sage ich hingegen auf englisch *The pilgrim's regress*, verwende ich in diesem Syntagma gerade das Wort *regress* und nicht etwa *return*, so wird dies von vielen Engländern als Anspielung auf einen in der englischen Sprachgemeinschaft gerade auch bei den weniger Gebildeten sehr gut bekannten Text verstanden werden, als Anspielung auf John Bunyans *The Pilgrim's Progress*.

Sage ich auf deutsch: "An einem Ort in Schwaben, an dessen Namen ich mich nicht erinnern will ...", so bedeutet dieses Satzfragment – zumindest unter Nicht-Hispanisten – nichts weiter, als das, was es hier zum ersten Mal bedeutet; es geht offenbar um eine bestimmte Örtlichkeit in einer südwestdeutschen Region, deren Namen sich ins Gedächtnis zu rufen der Sprecher keinerlei Anstrengungen zu unternehmen gedenkt. Bilde ich hingegen das entsprechende spanische Satzbruchstück und äußere es im Kreise von Spanischsprechenden, "en un lugar de la Suabia, de cuyo nombre no quiero acordarme ...", so wird dies von den meisten unter ihnen als Anspielung auf den Anfang des *Don Quijote* verstanden werden. Es genügt sogar der bloße Relativsatz, *X, de cuyo nombre no quiero acordarme*, um einen solchen Bezug herzustellen.

Um diese Zeit, kurz vor Weihnachten, könnte ich Sie darauf hinweisen, daß wir uns jetzt "nel mezzo del cammin del nostro corso" befinden, um damit auszudrücken, daß wir die Hälfte des Vorlesungsstoffes hinter uns gebracht haben. Vor italienischen Studenten würde eine solche Bemerkung zweifellos sofort als Anspielung auf den ersten Vers von Dantes *Divina Commedia* verstanden werden: *Nel mezzo del cammin di nostra vita ...* Und ein Ausspruch wie "questo esame non s'ha da fare, nè domani, nè mai" würde von sehr vielen Italienern sofort mit einer berühmten Stelle aus dem 1. Kapitel von Alessandro Manzonis Roman *I Promessi Sposi* in Verbindung gebracht werden: *questo matrimonio non s'ha da fare, nè domani, nè mai*. Und möglicherweise würde die Bemerkung über das Examen auch dementsprechend interpretiert werden, denn die Ehe, der hier so hartnäckig Widerstand geleistet wird, kommt in Manzonis Roman schließlich doch zustande.

In all diesen Fällen handelt es sich um sehr bekannte Texte, auf die man sich nicht nur beziehen k a n n , sondern auf die man sich auch tatsächlich immer wieder bezieht. Wir wollen also zunächst festhalten, daß der Sinn sich nicht nur aus der Struktur des Textes selbst herleitet, sondern auch aus gewissen Beziehungen von Textsegmenten zu bereits existierenden Texten. Nicht selten erschließt sich der volle Sinn von Texten, insbesondere von literarischen Texten erst im Kontext eines "OEuvres" oder einer komplexen literarisch-kulturellen Tradition.[25]

---

25 [Wer den ersten Vers des Liederzyklus *Die Winterreise* von Wilhelm Müller und Franz Schubert nicht präsent hat, wird mit der Überschrift einer Buchbesprechung, die vor einiger Zeit in der *Frankfurter Allgemeinen Zeitung* erschien, "Fremd wird sie ausgezogen", nicht viel anfangen können. Obgleich der Terminus *Intertextualität* bereits 1967 offiziell eingeführt wurde (vgl. Julia Kristeva: "Bachtine, le mot, le dialogue et le roman", *Critique* 33, 239 (1967), SS. 438-465), hat er erst jetzt, zum Zeitpunkt des Erscheinens der vorliegenden bearbeiteten Neuauflage einen so großen Bekanntheitsgrad und eine derart starke Wirksamkeit im allgemeinen Wissenschaftsbetrieb erreicht, daß der Herausgeber nicht mehr umhin kann, pflichtschuldig darauf hinzuweisen, daß die hier behandelten "Relationen mit Zeichen in anderen Texten" den harten Kern (und wirklich nur diesen) des immer schwerer überschaubaren Komplexes darstellen, der heute dem Begriff "Intertextualität" subsumiert wird. Intertextualität im hier diskutierten, intersubjektiv leicht zu überprüfenden Sinn ist für Coseriu nur einer unter mehreren Aspekten der "Unabgeschlossenheit" des Textes, d.h. der Tatsache, daß der "Sinn" des Textes eine Resultante intra- und extratextueller Relationen darstellt. Vgl. u.a.: S. Holthuis: *Intertextualität. Aspekte einer rezeptionsorientierten Konzeption*, Tübingen 1993.]

2.2.3. Relationen zwischen Zeichen und "Sachen"

Wir wollen uns nun einer Art von Relationen zuwenden, die für den Aufbau des Sinns im Text sehr wichtig sein kann, der jedoch in der modernen Linguistik leider nur sehr geringe Aufmerksamkeit geschenkt wird. Es geht um die *ikastische* Funktion des Zeichens, um die direkte Nachahmung der bezeichneten Sache durch das *signifiant* eines einzelnen Zeichens bzw. durch die *signifiants* einer Zeichenkette; letztendlich also um die Relation zwischen den materiellen Zeichen, d.h. den Zeichenträgern, und den bezeichneten Sachen. Die Problematik ist in ihren Grundzügen seit Platos *Kratylos* wohlbekannt. Man hat schon früh verschiedene Formen dieser direkt darstellenden Zeichenfunktion unterschieden; besonders im 18. Jahrhundert sind Klassifikationsvorschläge auf diesem Gebiet unternommen worden. Die moderne Linguistik hat jedoch dieses Gebiet – von einigen Ausnahmen abgesehen[26] – als marginal angesehen, ja sogar in seiner Bedeutung ausdrücklich herabzustufen gesucht.

Wir werden nun – immer auf der Ebene des Ausdrucks, d.h. im Bereich der *signifiants* – zwischen der *Substanz* und der *Form* des Zeichens unterscheiden [vgl. auch w.u.].

1) Nachahmung durch die Substanz des Zeichens: Innerhalb dieser Kategorie müssen wiederum mindestens drei Unterkategorien unterschieden werden:

a) Die unmittelbare Nachahmung durch das Lautbild (Onomatopöie): Die Sprache, zumindest die ursprüngliche, die gesprochene Sprache, ist, in ihrem Ausdruck betrachtet, gestalteter Schall; es liegt daher nahe, daß eine unmittelbare Nachahmung von Gegenständen und Sachverhalten durch sprachliche Zeichen nur im Bereich des Schalls, auf dem Gebiet der Töne und Geräusche, stattfinden kann. Die geschriebene Sprache, wiederum in ihrem Ausdruck betrachtet, ist dem-

---

26 [Einen Teilaspekt – wenn auch nicht mit streng "systemlinguistischen" Methoden – behandelt z.B. P. Delbouille, *Poésie et sonorités*, Paris 1961.]

gegenüber Gestalt, "Zeichnung"; sie kann daher u.U. Formen und Gestalten nachahmen. Diese Form der Nachahmung ist sogar die Grundlage für die sog. ideographischen Schriftsysteme; man trifft sie jedoch auch, wie wir gleich noch sehen werden, im Bereich der phonematischen Schriftsysteme an.

Zunächst zur Schallnachahmung, zur sog. *Lautmalerei (Onomatopöie)*: Es ist in diesem Zusammenhang verschiedentlich eingewendet worden, daß auch bei den sog. "lautmalenden" Wörtern das Prinzip des *arbitraire du signe*[27] nicht wirklich durchbrochen werde.[28] Dies ist ohne Zweifel richtig. In der Entensprache sagen alle Enten dasselbe, auf französisch sagen sie hingegen *couin-couin*, auf deutsch *quak-quak*, auf dänisch *rap-rap* und im Rumänischen *mac-mac*. Entsprechendes gilt für viele andere lautmalende Wörter. Bei dieser Art von "Malerei" handelt es sich also offenbar doch um eine streng stilisierende Manier, die der Tradition der jeweiligen historischen Sprache verpflichtet ist, keineswegs um eine naturalistische Imitation. Dies ist alles richtig, aber es trifft, als Einwand aufgefaßt, überhaupt nicht das eigentliche Problem. Entscheidend ist wiederum, was diese onomatopöischen Elemente für den Sprecher bedeuten, nicht die objektive Einschätzung der Abbildungsrelation hinsichtlich ihrer "Wiedergabetreue". Für den Sprecher s i n d die betreffenden Wörter lautmalend, sie werden sogar bis zu einem gewissen Grad mit dem Naturlaut identifiziert, in diesen "hineingehört". Es handelt sich also um Zeichen, die von ihrer Finalität her ikastisch sind, um Zeichen, die ausdrücklich dafür da sind, durch ihre Substanz die Naturlaute wenn nicht getreu zu reproduzieren, so doch zu evozieren.

Nun kommt es nicht selten vor – und das ist für den hier behandelten Punkt ganz besonders wichtig –, daß Zeichen, die i n d e r S p r a c h e durchaus keine ikastische Funktion haben, i m T e x t eine solche erhalten können. Sehen wir uns hierzu ein Beispiel aus der

---

[27] [Dieses Prinzip wird hier als bekannt vorausgesetzt, man kann sich darüber in den Handbüchern und Einführungen in die Sprachwissenschaft informieren. Zur Geschichte des Prinzips vgl. vom Verf.: "'L'arbitraire du signe' Zur Spätgeschichte eines aristotelischen Begriffes", *ASNSL*, 204 (1967), SS. 81-112.]

[28] Vgl. u.a.: F. de Saussure, *Cours de linguistique générale*, beliebige Ausgabe, Première Partie, Chap. I, § 2.

römischen Literatur an, das immer wieder zu diesem Punkt angeführt worden ist,[29] einen berühmten Vers von Ennius [*Annalen*, 140]:

At tuba terríbili sónitu taratántara dixit

"Ikastisch" in dem hier eingeführten Sinn ist zunächst nur *taratántara* als unmittelbare Nachahmung des Trompetentons. *Tuba* ist natürlich bis zu einem gewissen Grad ebenfalls immer noch in der Sprache lautmalend, dazu jedoch gleichzeitig auch schon bezeichnend; es ist der Name für diese Art von Blasinstrument. In Ennius' Vers tragen jedoch alle Zeichen zusätzlich noch etwas zur Nachahmung bei, sogar die Konjunktion *at*; denn durch die Alliteration, durch die ständige Wiederholung des *t*, das in allen Wörtern des Verses vorkommt, wird der Ansatz der einzelnen Trompetenstöße imitiert. Der ganze Vers ist also ikastisch, was keineswegs heißen soll, daß er deswegen besonders gut wäre; es handelt sich eigentlich um einen ziemlich schlechten Vers.[30]

In meiner Abhandlung "Form und Substanz bei den Sprachlauten" ("Forma y sustancia en los sonidos del lenguaje") bin ich kurz auf die evokative Funktion eingegangen, die die Sprache dank ihrer phonischen Substanz besitzt.[31] Ich zitiere dort einen Vers des kroatischen Dichters Nazor:

i cvrči, cvrči cvrčak, na čvoru crne smrče

und (es) zirpt, zirpt (die) Zikade, auf (der) Verzweigung (wörtl. "Knoten") der schwarzen Pinie

Unmittelbar ikastisch ist in diesem Vers überhaupt nichts. Mittelbar ikastisch, d.h. onomatopöischen Ursprungs, aber bereits voll grammatikalisiert sind das Verb *cvrčati* "zirpen" und das Substantiv *cvrčak* "Zikade". Die anderen Wörter *čvor* "Knoten", *crn* "schwarz" und

---

29 [Cf. z.B. C.Ch. Du Marsais, *Des Tropes, ou des différens sens dans lesquels on peut prendre un même mot dans une même langue*, Chap. XIX, *L 'Onomatopée*.]

30 [Vergil hat diesen Vers in der *Aeneis* wiederverwendet, allerdings in stark veränderter Form, weil er ihn – so der Vergil-Kommentator Servius – für der epischen Dichtung unwürdig hielt: At tuba terribilem sonitum procul aere canoro / Increpuit. *Aen.*, IX, 503.]

31 Cf. *Sprachtheorie*, op. cit., SS. 183-185.

smrča "Pinie", sind i n d e r S p r a c h e weder unmittelbar noch mittelbar ikastisch. Aber i n d i e s e m V e r s sind sie es zweifellos, sie tragen dank ihrer phonischen Substanz zur Evokation des Zirpens der Zikade bei.

Auch graphische Zeichen können ikastisch verwendet werden – und zwar, wie bereits erwähnt, nicht nur innerhalb ideographischer Schriftsysteme. Ein beliebtes Kinderspiel, das ich wiederum aus der spanischen Sprachgemeinschaft kenne, das jedoch sicherlich auch in anderen Sprachgemeinschaften existiert, besteht darin, Wörter so zu schreiben, daß das Wort gleichzeitig eine Zeichnung des gemeinten Gegenstandes darstellt, also z.B.:

(ojo "Auge")   (sol "Sonne")   (venado "Hirsch")   (esquina "Ecke")

Nach diesem Prinzip werden immer wieder neue, direkt darstellende Schreibungen von Wörtern erfunden.[32] Was hier als eine Art von Spiel auftritt, ist zeitweise auch in unserer westeuropäischen Dichtung in Erscheinung getreten.[33] Wie Sie wissen, haben die Futuristen versucht, das Typographische, d.h. die Form und die Größe der Buchstaben, die Einteilung und die Länge der Zeilen und anderes mehr zu einem unmittelbaren Ausdrucksmittel zu erheben. In anderen Kulturen ist dergleichen seit jeher üblich. Das chinesische Gedicht ist sehr häufig gleichzeitig Zeichnung; bei dem in hohem Maße ideographischen Schriftsystem des Chinesischen kommt der kalligraphischen Niederschrift eines Gedichtes von vornherein ein höherer Stellenwert zu, als dies bei phonematischen Schriftsystemen der Fall ist.

b) Die mittelbare Nachahmung durch die Artikulation: Hier geht es, in Termini der modernen Phonetik ausgedrückt, nicht um den auditiven Eindruck oder um das akustische Klangbild, sondern um die Artikulation, um die Bewegungen, die notwendig sind, um bestimmte Laute bzw. Lautkombinationen zu produzieren. Die Artikulation soll dabei auf irgendeine Weise den bezeichneten Sachen selbst entsprechen.[34]

---

32 [In den sechziger Jahren war dieses Spiel eine Zeitlang auch in Deutschland sehr beliebt; im Feuilleton der Wochenzeitung *Die Zeit* erschienen damals immer neue "Lettericks".]

33 [Vgl. z.B. "Un coup de dés" von Mallarmé und die *Calligrammes* (1918) von Apollinaire.]

34 [Vgl. hierzu ein treffendes Beispiel von Charles Bally, *Linguistique générale et linguistique française*, Bern ⁴1965, S. 130: "L'articulation du verbe *happer* et

Dies darf natürlich nicht genetisch verstanden werden; ebensowenig soll mit dieser Bemerkung suggeriert werden, die Wörter würden kraft ihrer "artikulatorischen Motivation" andere Bedeutungen annehmen, als die, die sie in den betreffenden Sprachen haben. Es ist jedoch zweifellos möglich, sprachliche Zeichen in einem bestimmten Text so zu verwenden, daß ein gewisser Zusammenhang zwischen dem im Text Gesagten und den zum Sagen notwendigen artikulatorischen Bewegungen entsteht. Wiederum ein gut bekanntes Beispiel, auf das ich in anderem Zusammenhang bereits eingegangen bin: Der spanische Humanist Juan Luis Vives (1492-1540) behandelt in einer Schrift aus dem Jahre 1532, *De ratione dicendi*, einer Art von Rhetorik, u.a. auch Fragen der Nachahmung durch die Substanz des Zeichens und weist in diesem Zusammenhang auf die Nachahmungsmöglichkeiten des Lautes *r* hin:

"R, impeditissimum efficit, et quasi per acclive et confragosum ascendendum est, ac contra nitendum; nam velut respirationem quandam habet laborantis. Mirifice Verg. quum ostendere vellet quo labore crevisset Ethruria et Roma ipsa, infarcit crebrum *r*:

Hanc Remus et frater: sic fortis Ethruria crevit
Scilicet, et rerum facta est pulcherrima Roma"[35]

(so wuchsen Remus und Romulus auf und die starken Etrusker,
so wuchs auf voll Macht in der Welt die strahlende Roma)

Der Laut *r* soll also nach Vives die Überwindung eines Hindernisses ausdrücken können, da seine Artikulation an den Atem eines sich schwer Anstrengenden erinnere; und Vergil habe dort, wo er hatte zeigen wollen, durch welche Mühe Etrurien und Rom selbst groß geworden sind, den Laut *r* besonders häufig verwendet [*Georgica* II, 533f.]. Dabei handelt es sich natürlich um das lateinische Zungen-R,

---

lapper reproduit *grosso modo* les actions mêmes qu'ils désignent". (Frei: "Zur Aussprache der Verben *happer* "schnappen" und *lapper* (= *laper* "schlabbern") sind ungefähr die Mundbewegungen nötig, die die Verben selbst bezeichnen").]

[35] Vgl. vom Verf.: "Zur Sprachtheorie von Juan Luis Vives", in: *Aus der französischen Kultur- und Geistesgeschichte* (Festschrift Walter Mönch), Heidelberg 1971, SS. 234-255, hier S. 249.

das bis auf den heutigen Tag in allen romanischen Sprachen außer im Standardfranzösischen gesprochen wird.

c) Synästhesie: Eine dritte Art der Nachahmung – ebenso durch die Substanz des Zeichens – ist in der Linguistik bisher ebenfalls nur ansatzweise untersucht worden, die "synästhetische" Nachahmung, die auf der Analogie verschiedener Sinneseindrücke beruht. Synästhetische Verbindungen des hörbaren mit dem sichtbaren Bereich sind so allgemein verbreitet, daß sie in die Metaphorik der Alltagssprache Eingang gefunden haben. Es ist allgemein üblich, bei *i* von einem "hellen", bei *u* dagegen von einem "dunklen" Vokal zu sprechen. Roman Jakobson weist in seinem bereits mehrfach zitierten Aufsatz über Linguistik und Poetik darauf hin, daß Stéphane Mallarmé seine "Muttersprache wegen einer täuschenden Widernatürlichkeit" angeklagt habe, "weil sie dem Tag eine dunkle Klangfarbe und der Nacht eine helle zugesprochen hat" [loc. cit., S. 129]. Mallarmé drückt sich in der Tat ziemlich drastisch aus: "... quelle déception, devant la perversité conférant à *jour* comme à *nuit*, contradictoirement, des timbres obscur ici, là clair."[36]

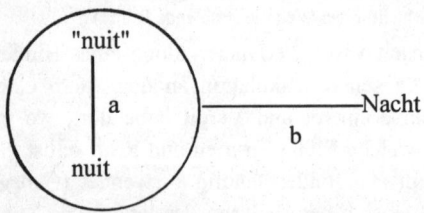

Diese Behauptung von Mallarmé ist nicht ganz angemessen, weil nicht mit der gebotenen Deutlichkeit zwei verschiedene semiotische Relationen auseinandergehalten werden, nämlich einmal die Relation zwischen *signifiant* und *signifié* (a) und zum anderen die Relation

---

[36] [St. Mallarmé, "Crise de vers", zitiert nach: *Œuvres Complètes* (Ed. Bibliothèque de la Pléiade), Paris 1945, S. 364.]

zwischen dem vollständigen Zeichen und dem bezeichneten Sachverhalt (b); (vgl. Abbildung links).

Dieselbe Verwechslung liegt bei den immer wieder vorgebrachten Einwänden gegen die Wirksamkeit des synästhetischen Prinzips in den Sprachen vor: Bei *lourd* oder *gros* auf der einen, *winzig*, *little* oder *thin* auf der anderen Seite ginge zwar die behauptete Gleichung "dunkler" Vokal = Größe, Schwerfälligkeit bzw. "heller" Vokal = Kleinheit, Leichtigkeit auf, nicht jedoch bei *dick* oder *big*. Es geht bei dieser synästhetischen Evokation nicht um die einzelsprachlich tradierte Bedeutung der jeweiligen Zeichen. Die sprachlichen Zeichen m ü s s e n nicht an sich ikastisch sein, aber sie k ö n n e n es im Text werden. Betrachtet man die zu diesem Thema aufgestellten Behauptungen und Gegenbehauptungen etwas genauer, so stellt man fest, daß verschiedene Fragestellungen nicht klar genug auseinandergehalten werden: 1) Hat das Zeichen ausschließlich aufgrund seiner phonischen Substanz Bedeutung? Diese Ansicht scheint sowohl einigen Befürwortern als auch vor allem den Gegnern der Annahme einer ikastischen Funktion des Zeichens vorzuschweben; die ganze diesbezügliche Diskussion geht dann von falschen Voraussetzungen aus. 2) Kann das Zeichen zusätzlich zu seiner historischen Bedeutung auch noch eine "ikastische" Funktion haben, die gegebenenfalls die Bedeutung "unterstützt"? Diese Annahme kann nicht kategorisch abgelehnt werden. 3) Kann das Zeichen i m T e x t eine solche ikastische Funktion erhalten? An dieser letzten Annahme kann nicht der geringste Zweifel bestehen, wir haben bereits anhand kurzer Fragmente aus Ennius, Vergil und Nazor gesehen, daß dies sehr wohl der Fall sein kann. Bei dieser "Nachahmung im Text" handelt es sich sehr häufig nicht um ein einzelnes Zeichen, sondern um eine Sequenz von Zeichen; die Konjunktion *at* allein hätte im Vers von Ennius überhaupt keine ikastische Funktion, wenn nicht die anderen Zeichen desselben Verses ebenfalls alle den Laut *t* enthielten. Und im Hinblick speziell auf die "synästhetische" Evokation sei in diesem Zusammenhang ein berühmter Vers von Luis de Góngora angeführt,

> infame turba de nocturnas aves
> (Ruchlose Schar von nächtlichen Vögeln),

wo das zweimalige Vorkommen der Silbe *tur* in *turba* und in *noctur-nas* einen Eindruck von Dunkelheit heraufbeschwört.[37] Die synästhetische Nachahmung kommt erst durch die Nachbarschaft von T e i l e n verschiedener *signifiants* zustande.

Überall dort, wo es um die Nachahmung durch ein Zeichen kraft seiner phonischen Substanz geht – sei es die unmittelbare Nachahmung durch das Lautbild, die mittelbare durch die Artikulation oder die "synästhetische" Nachahmung –, hat man zwischen der potentiellen ikastischen Funktion in der Sprache und der aktuellen ikastischen Funktion im Text zu unterscheiden. Wo die historische Bedeutung eines Zeichens und seine potentielle ikastische Funktion scheinbar überhaupt nichts miteinander zu tun haben, kann im Text, in Form eines Wortspiels, schließlich doch ein Bezug hergestellt werden. In meinem bereits genannten Aufsatz "Form und Substanz bei den Sprachlauten" zitiere ich auf S. 184 ein kurzes Gedicht des persischen Dichters Omar Khayyām: Ein Kuckuck ruft auf dem Dach eines alten Palastes kū, kū, kū. Dabei handelt es sich einerseits um die übliche onomatopöische Imitation des Kuckucksrufes im Persischen; andererseits bedeutet *kū* im Persischen auch "wo", so daß der Ruf des Vogels gleichzeitig interpretiert wird als "Wo sind die Könige, wo die Fürsten geblieben, die einst hier lebten, wo?"

2) Nachahmung durch die Form des Zeichens: Bisher haben wir uns nur im Bereich der Substanz des Zeichens bewegt, in glossematischer Terminologie ausgedrückt, im Bereich der Ausdruckssubstanz.[38] Nun hat der Ausdruck des Zeichens jedoch auch eine Form. Unter "Form des Zeichens", "Ausdrucksform", hat man im engeren glossematischen Sinn zunächst den systematischen Ort zu verstehen, der jedem zeichenhaften Element im gesamten Gefüge von Oppositionen im Bereich des Ausdrucks einer Sprache zukommt. Darüber hinaus wollen wir unter dem Terminus "Form des Zeichens" (auf die Ebene des

---

37 Cf. Dámaso Alonso, *Spanische Dichtung. Versuch über Methoden und Grenzen der Stilistik (Poesía Española. Ensayo de métodos y límites estilísticos)*, Bern 1962, SS. 14 und 116-121.
38 Cf. Hjelmslev, *Prolegomena*, op. cit., 13. Kapitel.

Ausdrucks bezogen) jedoch noch andere Aspekte mitverstehen, wie z.B. die Dimension, die Ausdehnung einzelner Zeichen oder Zeichenketten und jene rein quantitativ-numerischen Relationen zwischen den Zeichen im Text, die ich in anderem Zusammenhang bereits erwähnt habe und die in der antiken Rhetorik unter dem Terminus *Numerus* zusammengefaßt wurden [cf. 2.1., Exkurs]. Gerade auf diesem zuletzt genannten Gebiet sind schon einige Untersuchungen unternommen worden. Es wurde gezeigt, daß Schnelligkeit durch einen schnellen Versrhythmus nachgeahmt werden kann ebenso wie verschiedene, in weiterem Sinne "rhythmisch" zu interpretierende Denotata durch einen spezifischen Rhythmus in Vers oder Prosa evoziert werden können.

Ich kann auf all diese Dinge hier nicht im einzelnen eingehen. Um Ihnen zu verdeutlichen, inwiefern die Form des Zeichens bzw. der Zeichensequenz ikastisch sein kann, möchte ich hier nur ein konkretes Beispiel anführen, das in gewisser Hinsicht einen Grenzfall darstellt: Bei James Joyces Roman *Ulysses* ist das Verhältnis von *Erzählzeit* zu *erzählter Zeit* ungefähr 1 : 1, d.h. die "Handlung" des Romans – sofern man beim *Ulysses* von "Handlung" sprechen kann – erstreckt sich über 24 Stunden, und ungefähr 24 Stunden braucht man auch, um den Roman zu lesen bzw. vorzulesen, zu "erzählen". Dieses Faktum kann symbolisch interpretiert werden; es leuchtet unmittelbar ein, daß in diesem Fall die Form des Zeichens, hier die Dimension des gesamten Texts zur Entstehung des Sinns des Textes beiträgt.

2.2.4. Relationen zwischen Zeichen und "Kenntnis der Sachen"

Im vorigen Abschnitt der Vorlesung haben wir uns mit den Relationen zwischen den Zeichen und den durch sie bezeichneten Gegenständen und Sachverhalten beschäftigt. Es ist dies jedoch nicht der einzige Typ von "objektiven" bzw. "außersprachlichen" oder "außertextlichen" Relationen, mit dem wir zu rechnen haben, wenn wir die eingangs gestellte Frage nach der Entstehung, nach dem Aufbau des Sinns in den Texten bis zum Ende verfolgen wollen. Die Zeichen funktionieren nämlich im Text nicht nur aufgrund der direkten Relationen mit den

"Sachen" (die wir soeben behandelt haben), sondem auch durch die Relationen, die zwischen den Zeichen und unserem Wissen von den bezeichneten Sachen bestehen, durch die Relationen zwischen den Zeichen und den Kenntnissen, die die Zeichenbenutzer vom Bezeichneten haben. Es versteht sich von selbst, daß mit "Sachen" nicht in jedem Fall physikalische Objekte gemeint sind.

Karl Vossler spricht irgendwo von den verschiedenen "Bedeutungen", die ein so alltägliches Wort wie *Pferd* für verschiedene Gruppen innerhalb einer Sprachgemeinschaft haben könne, etwa für einen Kavallerieoffizier, für einen regelmäßigen Rennplatzbesucher oder für ein Wiener Großstadtkind, das Pferde nur gelegentlich im Prater zu sehen bekommt. Die Beobachtung, von der Vossler ausgeht, ist zweifellos richtig. Störend und irreführend ist nur der Gebrauch des Wortes *Bedeutung* in diesem Zusammenhang. Um die "Bedeutung" im engeren sprachwissenschaftlichen Sinn kann es sich dabei wohl nicht handeln, denn dann wäre eine Verständigung zwischen den verschiedenen Untergruppen einer Sprachgemeinschaft überhaupt nicht möglich, und es wäre ziemlich überflüssig, auch nur die geringste Mühe darauf zu verwenden, einheitliche *signifiants* zur Bezeichnung gleicher Gegenstände oder Sachverhalte zu benutzen. Es geht bei Vossler vielmehr um die Bedeutung als psychologisches Phänomen, um die Bedeutung, die etwas f ü r eine Person hat, kurz um einen Aspekt dessen, was ich hier "Evokation" genannt habe.

In meinem bereits mehrfach zitierten Aufsatz "Determinierung und Umfeld" [cf. 1.1., Fn. 2] bin ich u.a. auch auf diesen Aspekt der Evokation eingegangen. Verschiedene Sprecher kennen eine "Sache", sie kennen sie allerdings auf recht unterschiedliche Art und Weise, und unter bestimmten Umständen können sprachliche Zeichen in ihrer Verwendung gerade eine ganz spezifische Sachkenntnis evozieren. Mit diesen Umständen wollen wir uns nun beschäftigen.

Zum Zwecke der genaueren Darstellung und Erklärung dieser Erscheinung hatte ich damals ein besonderes "Umfeld" [*entorno*]³⁹ ab-

---

39 [Der spanische Ausdruck geht auf den Bühlerschen Terminus *Umfeld* zurück, .der seinerseits aus der Gestaltpsychologie übernommen worden ist. Zur

gegrenzt, das ich *Region* [*región*] genannt habe. Unter "Region" verstehe ich den Raum, der ein in bestimmten Bedeutungssystemen funktionierendes Zeichen einschließt. Die Grenzen dieses Raumes sind einerseits durch die Tradition des Sprechens, andererseits durch die Kenntnisse der Sprecher von den bedeuteten Sachverhalten gegeben. Daraus folgt eine weitere Unterteilung des Umfeldes *Region* in *Zone, Bereich* und *Umgebung* [*zona, ámbito, ambiente*; die deutschen Ausdrücke stammen aus der Übersetzung von U. Petersen]. Unter "Zone" verstehe ich die "Region", in der ein Zeichen bekannt ist und üblicherweise verwendet wird. Die "Zone" fällt also oft schlicht mit der "historischen Sprache", gelegentlich auch mit einer Gruppe eng verwandter "historischer Sprachen" zusammen; sie hängt in jedem Fall von s p r a c h l i c h e n Grenzen, wenn man so will, von "Isoglossen", ab. Mit "Bereich" meine ich die "Region", in der das *Bezeichnete* selbst ein vertrauter Gegenstand der alltäglichen Lebenswelt der Sprecher ist; die Grenzen des *Bereichs* sind also allgemeinkulturell, nicht sprachlich. Die Region, innerhalb derer ein Gegenstand wie "Haus" allgemein bekannt ist, stellt also einen "Bereich" dar, der gegenüber anderen Bereichen abgegrenzt ist, in denen nicht die gleichen, aber evtl. funktionell äquivalente Gegenstände wie *Iglus* oder *Wigwams* bekannt sind. Die "Umgebung" ist schließlich eine sozial oder kulturell bestimmte "Region" wie z.B. die Familie, die Schule, die Berufsgemeinschaft oder die Kaste. Eine *Umgebung* kann einerseits über spezifische Zeichen für Gegenstände eines viel weiteren Bereichs verfügen [z.B. *batz* als "Familienwort" für "Saft", weil sich Vetter Emil als Kleinkind so auszudrücken beliebte]; sie kann andererseits besondere Zeichen für Gegenstände haben, die nur ihr angehören. In einem solchen Fall würde sie gleichzeitig so etwas wie einen "Kleinbereich" darstellen.

Auf die Relationen, die sich ergeben, wenn ein Wort außerhalb seiner Zone verwendet wird, bin ich, wenn auch mit anderer Akzentsetzung, bereits zu sprechen gekommen [cf. 2.2.1.,3)]. Es ergibt sich

---

schematischen Übersicht über alle vom Verf. unterschiedenen "Umfelder" vgl. Kap. 2.2.5.]

jedoch auch dann eine ganz bestimmte Art von Evokation, wenn ein Zeichen a u ß e r h a l b d e s B e r e i c h s s e i n e s D e s i - g n a t u m s verwendet wird, wenn wir z.B. in unseren westeuropäi- schen Ländern von der *Taiga* oder vom *Iglu*, oder wenn wir außerhalb Spaniens und der spanischen Sprachgemeinschaft von der *seguidilla*, der *alborada* oder vom *torero* sprechen. Wörter dieser Art werden in einer etwas irreführenden Terminologie gern als "unübersetzbar" be- zeichnet[40]; richtig an dieser Ausdrucksweise ist zweifellos, daß solche Wörter in Übersetzungen tatsächlich häufig "erklärt" werden, etwa *al- borada* "Ständchen, das man einem Jubilar frühmorgens bringt" oder *seguidilla* "volkstümliche Strophenform für festliche Anlässe bzw. ihr Vortrag bei einem solchen Anlaß" usw. usf. Das Musterbeispiel für ein Überschreiten des "Bereichs" stellt die Verwendung fachsprachlicher Termini in der Alltagssprache dar. Andererseits erhalten jedoch auch die Zeichen einer anderen historischen Sprache, deren Designata innerhalb ihres eigenen Bereichs völlig alltäglich sind, beim Verlassen dieser "Region" einen technischen Anstrich. So ist es z.B. höchst un- wahrscheinlich, daß Wörter wie *geisha* oder *samurai* im Japanischen technische Ausdrücke sind – wir können das gar nicht beurteilen, wenn wir nicht Japanisch können und gleichzeitig eine genaue Kenntnis des japanischen Lebens besitzen –; in unseren europäischen Sprachen handelt es sich dabei zweifellos um fachsprachliche Termini, weil diese Wörter sich auf etwas beziehen, was nur die Japaner aus direkter Anschauung kennen.

Zeichen stehen also in einer Relation zu der Kenntnis der durch sie bezeichneten Sachen und damit zu einer gesamten Kultur. Am besten läßt sich dies wiederum am Beispiel der Mythologie verdeutlichen: Auch wenn wir sehr gebildete Europäer sind und über ausgezeichnete Kenntnisse der antiken Mythologie verfügen, werden doch die ent- sprechenden mythologischen Namen in unseren Kulturen völlig anders funktionieren, eine andersartige evokatorische Funktion haben als in

---

40 [Die Übersetzungswissenschaftler sprechen in diesem Zusammenhang von "Realia" oder "landeskonventionellen Elementen", für die es eine Reihe von klassischen Übersetzungsverfahren gibt; vgl. u.a. W. Koller, *Einführung in die Übersetzungswissenschaft*, Heidelberg 1979, ⁴1992, S. 232ff.]

der Antike selbst, wo die Mythologie eine lebendige Form der Weltinterpretation war. So ist z.b. die Tatsache, daß man sich mit ein und demselben Namen auf eine Naturerscheinung und auf einen Gott beziehen kann, für die Interpretation griechischer Texte außerordentlich wichtig – wir werden auf diesen Punkt noch zurückkommen.

Zur "Weltinterpretation" gehört auch eine Möglichkeit, auf die ich bereits in anderem Zusammenhang hingewiesen habe, die Möglichkeit, daß die "Sachen" in einem bestimmten Kulturraum, der keineswegs mit einer Einzelsprache zusammenfallen muß, schon ihrerseits als "Zeichen" funktionieren. Ich meine damit die wohlbekannte Erscheinung des traditionellen und kollektiven symbolischen Werts einer Sache innerhalb einer kulturellen Gemeinschaft, z.B. die Vorstellung vom *Esel* als einem besonders dummen Tier. Einmal mehr lassen sich die ziemlich komplexen semiotischen Relationen, die aus dieser Tatsache erwachsen können, besonders klar anhand der Farbnamen explizieren. Bestimmte Farben können in einer gegebenen Kulturgemeinschaft einen symbolischen Wert haben; Entsprechendes gilt dann u.U. auch für Gegenstände, bei denen eine solche symbolträchtige Farbe ein stark hervortretendes Charakteristikum darstellt, wie etwa im Fall des "reinen, unberührten Schnees" oder des "unheilverkündenden Raben". Es handelt sich also um eine indirekte, um eine "vermittelte" Zeichenfunktion: *Zeichen - Bezeichnetes - Symbolisiertes*. Man spricht in diesem Zusammenhang metaphorisch geradezu von "Sprachen", z.B. von der "Sprache der Farben" oder von der "Blumensprache", in der der Rose ein anderer Stellenwert zukommt als etwa der Kornblume.

Auch dieses indirekte Zeichenverhältnis kann zum Gesamtsinn der Texte beitragen. In einem Aufsatz zitiert Karl Vossler zwei ziemlich bekannte Verse, die Mephisto in der Schülerszene des *Faust* ausspricht:

> Grau, teurer Freund, ist alle Theorie
> Und grün des Lebens goldner Baum.

Vossler interpretiert dann diese Verse im Sinne einer angeblichen "Nicht-Logizität" der Sprache [*Gesammelte Aufsätze zur Sprachphilosophie*, München 1923, S. 1f.]. Die widersprüchliche (*Der goldne Baum ist grün*) und die "unsinnige" Prädikation (*die Theorie ist grau*) sollen als Beispiele für den "unlogischen" Charakter der Sprache herhalten. Diese Bemerkungen enthalten, wie so oft bei Vossler, Falsches und Richtiges. Widersprüchlichkeit oder Sinnlosigkeit läßt sich in der Tat auf der

Ebene der Bedeutung und der Bezeichnung feststellen. Theorien, so sollte man annehmen, können verschiedene Eigenschaften haben, sie sind jedoch mit Sicherheit nicht farbig, und ein Baum ist im allgemeinen nicht golden und schon gar nicht dann, wenn er im selben Satz ausdrücklich als grün bezeichnet wird. Bezieht man nun aber die "Kenntnis der Sachen", in unserem Fall genauer, die Vorstellungen und Meinungen, mit ein, die über die betreffenden Sachen in einer gegebenen Gemeinschaft im Umlauf sind – und man muß dies tun, denn Texte kann man nur auf der Ebene des Sinnes interpretieren – dann ist an Goethes Versen überhaupt nichts "Unsinniges" oder "Widersprüchliches": Der Theorie werden Eigenschaften zugesprochen, die man mit der Farbe *Grau* verbindet, und das Leben wird, durchaus korrekt [i.e. aufgrund von Prädikationen verschiedener Stufen wie "Metapher", "Attribut", "Prädikatsnomen" auch formal klar unterscheidbar] mit Eigenschaften in Zusammenhang gebracht, die durch den *Baum* und die Farben *Grün* und *Golden* symbolisiert werden. Bedeutung und Bezeichnung haben in diesem Fall den Status eines *signifiants* auf der Ebene des Textes [cf. 1.6.], und ein *signifiant* kann weder "unsinnig" noch "unlogisch" sein.

2.2.5. Umfelder

Andere Arten von Relationen zwischen den Zeichen und der "Kenntnis der Sachen" sind seit langem bekannt; sie sind in der Sprachwissenschaft seit jeher wenigstens teilweise berücksichtigt worden. In den meisten Handbüchern wird irgendwo darauf hingewiesen, daß in jedem Redeakt mehr a u s g e d r ü c k t und mehr v e r s t a n d e n als tatsächlich g e s a g t wird. Es wird in diesem Zusammenhang anhand von Beispielen gezeigt, daß beim Sprechen eine gewisse Kenntnis nicht nur der Dinge vorausgesetzt wird, von denen die Rede ist, sondern auch jener Gegenstände und Sachverhalte, die im Augenblick des Sprechens den Redeakt in irgendeiner Form determinieren. Dabei werden üblicherweise zwei Faktoren unterschieden, der *Kontext* und die *(Sprech)situation*. Unter "Kontext" versteht man die rein sprachliche Umgebung des Zeichens im Text, also das bereits Gesagte und – allerdings keineswegs immer – das noch zu Sagende. Mit "Situation" ist die nicht-sprachliche Umgebung des Zeichens oder der Zeichensequenz gemeint, die Umstände, die den Redeakt begleiten, evtl. auch bestimmte Informationen, die der Sprecher beim Hörer stillschweigend voraussetzt.[41]

Manche Sprachtheoretiker fügen diesen beiden Faktoren noch einen dritten hinzu, das *Universum der Rede* (*universe of discourse*) [cf. 1.5. und w.u.].[42]

Karl Bühler arbeitet mit einer noch etwas differenzierteren Unterscheidung von *sympraktischem, symphysischem* und *synsemantischem Umfeld* [*Sprachtheorie*, op. cit., S. 154ff.]. Unter "synsemantischem Umfeld" ist dabei der eigentlich sprachliche Kontext zu verstehen, also der Kontext im üblichen Sinn, während das sympraktische Umfeld ungefähr der "Situation" im herkömmlichen Verständnis entspricht, keineswegs der "Situation" in dem präzisen Sinn, den ich gleich einführen werde; denn die Situation in diesem Sinn erscheint bei Bühler in einem ganz anderen Zusammenhang. Das eigentlich Neue bei Bühler ist das *symphysische Umfeld*, das teilweise dem entspricht, was ich im folgenden den *physikalischen Kontext* nennen werde: Wenn z.B. auf einem Buch die sprachlichen Zeichen *Der Löwe* erscheinen oder auf einem Wegweiser *Tübingen* steht, so funktionieren diese Zeichen in Relation zur "Sachkenntnis" des Zeicheninterpreten. Weil wir wissen, was ein Buch ist, verstehen wir sofort, daß in diesem Fall nicht etwa der Gegenstand "Buch" mit dem Zeichen *der Löwe* belegt werden soll, sondern daß wir i n diesem Buch vermutlich etwas über den Löwen erfahren werden; wenn wir wissen, was ein Wegzeiger ist, verstehen wir, daß nicht der Ort, an dem er steht, *Tübingen* heißt, sondern daß wir die angezeigte Richtung einschlagen müssen, um nach Tübingen zu gelangen. Aufgrund unserer Kenntnis des Gegenstands "Wegzeiger" interpretieren wir das dort befindliche sprachliche Zeichen im Sinne von "Dorthin geht es nach Tübingen".

---

41 [Vgl. u.a. Bally, *Linguistique générale*, op. cit., S. 43f., und, in anderer Terminologie (*co-text* = Kontext, *context* = Situation), J.C. Catford, *A Linguistic Theory of Translation*, London 1965, S. 31.]

42 [So z.B. W.M. Urban, *Language and Reality*, London 1939, SS. 197-199. Mit dem *universe of discourse* bzw. *logischen Universum* operiert man auch, aus technischen Gründen, zuweilen in der Klassenlogik.]

Ich halte alle diese Ansätze zur näheren Bestimmung der Umfelder des Sprechens für zwar sehr wichtig, aber immer noch unzulänglich. Für eine wirklich genaue Untersuchung und ein umfassendes Verständnis des Funktionierens der Zeichen in Texten sind sehr viel differenziertere Unterscheidungen notwendig. Den Versuch, ein angemessenes theoretisches Instrumentarium zu diesem Zweck zu entwickeln, habe ich in meinem hier besprochenen Aufsatz unternommen. Ich darf mich daher auf diesen mehrfach zitierten Aufsatz beziehen [s. insb. §§ 3.1.1. - 3.5.2.] und die dort ausführlicher begründeten und erläuterten Unterscheidungen hier nur sehr knapp referieren.

All das, was verschiedene Linguisten und Sprachtheoretiker unter Kontext, Situation, Redeuniversum usw. verstehen, fasse ich unter dem Oberbegriff des *Umfelds* zusammen und treffe dann die folgenden weiteren Unterscheidungen, die ich zunächst einmal in Form einer schematischen Übersicht vorführen möchte (vgl. Abbildung rechts).

Nun zu den Unterscheidungen im einzelnen. Unter *Situation* verstehe ich etwas sehr viel Spezifischeres als das, was gemeinhin darunter verstanden wird, und ich glaube auch, daß diese Abweichung vom allgemeinen Usus berechtigt und sogar notwendig ist. Bei der "Situation" geht es ausschließlich um die Umstände und Beziehungen in Zeit und Raum, die durch das Sprechen selbst entstehen, durch die Tatsache, daß jemand mit jemandem an einer bestimmten Stelle im Raum und zu einem gewissen Zeitpunkt über etwas spricht. Die Situation ist also das Umfeld, durch das *ich* und *du*, *hier* und *dort*, *jetzt* und *damals* entstehen, das Raum-Zeit-Kontinuum, das durch den Redeakt "um den Sprecher herum" aufgebaut wird und durch das die verschiedenen räumlichen, zeitlichen und personalen Deiktika über ihre kategorielle Bedeutung hinaus etwas Konkretes bezeichnen können.[43]

---

43 [Karl Bühler spricht in diesem Zusammenhang vom "Zeigfeld der Sprache" und behandelt den gesamten Komplex von den "Umfeldern" in seinem Sinne im zweiten Kapitel seiner *Sprachtheorie*.]

UMFELDER

I   SITUATION – unmittelbar
                – mittelbar

II REGION   – Zone
                – Bereich
                – Umgebung

III KONTEXT   – a) einzelsprachlicher Kontext
                – b) Rede-Kontext

mittelbar	unmittelbar	
		positiv
		negativ

                – c) Außer-Rede-Kontext

                        1. physikalisch
                        2. empirisch
                        3. natürlich
                        4. praktisch oder okkasionell
                        5. historisch

partikulär	universell	
		aktuell
		vergangen

                        6. kulturell

IV REDEUNIVERSUM

Über die *Region* ist bereits das Notwendigste gesagt worden [cf. 2.2.4.]; ich komme daher gleich auf den Kontext zu sprechen.

Unter *Kontext* verstehe ich die gesamte ein Zeichen umgebende Wirklichkeit. Sie kann ihrerseits wiederum aus Zeichen oder aus

"Nicht-Zeichen" bestehen – was darunter zu verstehen ist, werde ich gleich erläutern.

Unter *Redeuniversum* verstehe ich das universelle System von Bedeutungen, zu dem ein Text gehört und durch das er seine Gültigkeit und seinen besonderen Sinn erhält.

So viel zu den übergeordneten Unterscheidungen, ich komme nun zu den feineren Unterscheidungen innerhalb der verschiedenen Kategorien.

Bei der *Situation* unterscheide ich zwischen *unmittelbarer* und *mittelbarer* Situation. Die *unmittelbare Situation* wird durch die tatsächlichen räumlichen und zeitlichen Verhältnisse konstituiert, die durch den Redeakt selbst entstehen, für die er der Bezugspunkt ist. Eine *unmittelbare Situation* ist gegeben, wenn ich als Sprecher am Ort und zum Zeitpunkt des Sprechens *ich*, *hier* und *jetzt* sage. Bei der *mittelbaren Situation* ist dieser Bezugspunkt "nach außen hin" verschoben. *Ich* b i n nicht ich, sondern *ich* i s t ein Erzähler-Ich; *hier* ist nicht hier, sondern *hier* ist das Hier der Dinge und Ereignisse, von denen berichtet wird, Ereignisse, die ebenfalls ihr eigenes Jetzt haben können, das nicht mit dem Jetzt des konkreten Redeakts zusammenzufallen braucht.

Beim *Kontext* unterscheide ich drei Arten, die dann, wie Sie dem Schema entnehmen können, gegebenenfalls noch weiter zu untergliedern sind. Ich unterscheide: a) den *einzelsprachlichen Kontext*, d.h. die Sprache selbst, in der gesprochen wird. Alle in einem Redeakt verwendeten Zeichen einer Sprache stehen in einer Relation *in absentia* mit anderen zeichenhaften Elementen derselben Sprache [vgl. w.o., insb. 2.2.1.]; b) den *Rede-Kontext*, d.h. den Text selbst als "Umfeld" eines jeden seiner Teile und schließlich c) den *Außer-Rede-Kontext*, der durch alle nicht-sprachlichen Umstände konstituiert wird, die von den Sprechern entweder direkt wahrgenommen werden oder ihnen bekannt sind. Diese beiden zuletzt genannten Kontexttypen sind besonders wichtig für das Verständnis der Entstehung des Sinnes in den Texten.

Zunächst einige Bemerkungen zum *Redekontext*. Es scheint mir besonders wichtig zu betonen, daß der Redekontext keineswegs nur aus dem besteht, was dem jeweils betrachteten Textsegment v o r - a u s g e h t , sondern auch aus dem, was ihm f o l g t .

Sehr häufig wird angenommen, nur das bereits Gesagte könne als Kontext für das Zeichen im Text fungieren. In Wirklichkeit gehört aber auch das noch zu Sagende zum Kontext eines Zeichens im Text. So kann z.B. das noch zu Sagende, das, was später gesagt wird, das Verständnis eines Zeichens radikal modifizieren; was mit der Verwendung eines gegebenen Zeichens an einer bestimmten Stelle des Textes "gemeint" war, verstehen wir möglicherweise erst, wenn wir den Text zu Ende gelesen haben. Denken Sie z.B. an einen Terminus, der im Titel einer theoretischen Abhandlung erscheint. Es ist klar, daß der "Sinn" der Verwendung dieses Zeichens bei der Lektüre der Abhandlung ständig modifiziert wird. Am Anfang steht nur eine unscharfe Intuition, ein unklares Wissen darum, worum "es sich ungefähr handeln" könnte. Dieses Vorverständnis des Zeichens wird nun im Laufe der Lektüre ständig modifiziert, ein Vorgang, der möglicherweise erst am Ende des Textes abgeschlossen ist.

Weiterhin ist zwischen dem *mittelbaren* und dem *unmittelbaren* Rede-Kontext ebenso zu unterscheiden wie zwischen dem *positiven* und dem *negativen* (cf. Schema). "Unmittelbar" bedeutet hier soviel wie "in unmittelbarer Nachbarschaft des Zeichens", "mittelbar" dementsprechend "weiter entfernt im Text", also "irgendwo weiter vorn" oder "irgendwo weiter hinten". Der Text als ganzer stellt somit immer den mittelbaren Kontext für jedes in ihm erscheinende Zeichen dar.

Was nun die Unterscheidung zwischen *positivem* und *negativem* *Rede-Kontext* betrifft, so wäre zunächst anzumerken, daß gewöhnlich nur die Existenz des ersteren in Erwägung gezogen wird. Es scheint mir aber wichtig, daß auch das Nicht-Gesagte, das "Ausgesparte" als möglicher Kontext in Betracht gezogen wird. Es gibt viele Textfunktionen, die auf etwas nicht Gesagtes, aber eben doch irgendwie Angedeutetes zurückzuführen sind. Sprechakte wie die *Anspielung*, die *Unterstellung* oder die *Eingebung*, der "diskrete Hinweis", funktionieren häufig aufgrund solcher "ausgesparter Leerstellen" im Text, die vom Textinterpreten u.U. als Präsuppositionen des Gesagten erkannt werden, als etwas, das man stillschweigend "auszufüllen" hat. M.a.W.: Auch das Schweigen kann symbolisch sein, das Nicht-Sagen kann einen besonderen Sinn haben.

Beim *Außer-Rede-Kontext* geht es um all die Umstände, die auf einem ersten Niveau der Analyse den Zeichen als etwas Nicht-Zeichenhaftes gegenüberstehen und gleichzeitig den Modus der Zeichenverwendung näher bestimmen. Ich sage "auf einem ersten Niveau der Analyse", denn wir haben der Tatsache Rechnung zu tragen, daß die "Sachen" gegebenenfalls als Symbole und damit als "Zeichen zweiten Grades" fungieren können [cf. 2.2.4.].

Ich komme nun zu den Unterscheidungen innerhalb der Kategorie *Außer-Rede-Kontext*: Den *physikalischen Außer-Rede-Kontext* bilden die Dinge, denen das Zeichen unmittelbar anhaftet. So ist z.B. ein Buch der physikalische Kontext für die Zeichen, aus denen sein Titel besteht. Dieser Kontexttyp entspricht also ungefähr dem "symphysischen Umfeld" bei Karl Bühler.

Unter dem *empirischen Außer-Rede-Kontext* verstehe ich die Gegenstände und Sachverhalte, die den Kommunikationspartnern zum Zeitpunkt und am Ort des Sprechens bekannt sind. Es kann sich dabei um Dinge handeln, die unmittelbar sichtbar sind (wenn ich jetzt erklären würde, ich wolle etwas an "die Tafel" schreiben, so brauchte ich nicht erst zu präzisieren, von welcher Tafel die Rede ist), oder um Dinge und Tatbestände, an deren Gegebensein schlechterdings nicht zu zweifeln ist [cf. 1.5.].

Unter dem *"natürlichen" Außer-Rede-Kontext*[44] verstehe ich die ganze uns bekannte Welt als Kontext des Sprechens, die Gesamtheit der möglichen empirischen Kontexte. Es geht hierbei um all das, was wir von der uns umgebenden Natur und von unserer eigenen körperlichen Beschaffenheit wissen und beim Sprechen bis zu einem gewissen Grade als bekannt voraussetzen.

Dieser *natürliche Kontext* oder *Naturkontext* hat auch gewisse Auswirkungen auf rein grammatischem Gebiet. So wirken z.B. Syntagmen wie *ein Kind mit Augen, eine Frau mit Beinen, ein Mann mit Nase* zweifellos "abweichend", während die entsprechenden modifizierten Syntagmen *ein Kind mit blauen Augen, eine Frau mit schönen Beinen, ein Mann mit Adlernase* nicht nur grammatisch richtig, sondern

---

44 [*Natürlicher Kontext* ist eine wörtliche Übersetzung des spanischen Ausdrucks *contexto natural* und als solche etwas irreführend. Man könnte im Deutschen auch an eine Wiedergabe durch ein Kompositum wie *Natur-Kontext* denken.]

auch "pragmatisch" akzeptabel sind. Einige Linguisten haben aus dieser Beobachtung den Schluß gezogen, es müsse so etwas wie eine "Syntax der Körperteile" geben. Eine solche Annahme ist selbst dann abzulehnen, wenn man die den "schiefen Bildern" im allgemeinen zugestandene Nachsicht aufzubringen bereit ist. Wenn es wirklich so etwas wie eine "Syntax der Körperteile" geben sollte, so könnte es sich dabei nur um die koordinierten Bewegungen handeln, die wir mit Hilfe unserer Gliedmaßen auszuführen in der Lage sind. Es gibt jedoch darüber hinaus auch keine "Syntax der Namen für Körperteile", was auf den ersten Blick immerhin sinnvoll erscheinen könnte. Bei der beobachteten Erscheinung geht es in Wirklichkeit um etwas viel Allgemeineres; man könnte – vielleicht – in diesem Zusammenhang von einer "Syntax des Bekannten" sprechen. Ebensowenig wie von einer *Frau mit Beinen* pflegt man nämlich von einem *Haus mit Fenstern*, einem *Wald mit Bäumen* oder *einem Fluß mit Wasser* zu sprechen, wohl aber von einem *Haus mit glänzenden Fenstern*, einem *Wald mit sturmzerzausten Bäumen* oder einem *Fluß mit reißendem Wasser*. Das liegt daran, daß vieles von dem, was in einer menschlichen Gemeinschaft als allgemein bekannt gilt, gerade nicht ausdrücklich gesagt wird. Insofern sind auch die beobachteten "syntaktischen Irregularitäten" zumindest übereinzelsprachlich, teilweise vielleicht sogar in empirischer Hinsicht universell.[45]

Oder, um auf ein bereits angeführtes Beispiel nochmals zurückzukommen [cf. 1.5.]: In unserer Welt sprechen wir von *der Sonne* und *dem Mond* ohne weitere Spezifizierung, weil diese Himmelskörper in unserem natürlichen Kontext Unika sind. In der Astronomie oder in der *Science-Fiction*-Literatur gilt diese Sprechweise natürlich nicht; wenn mit verschiedenen Sonnen und Monden zu rechnen ist, so muß in der Regel auch genau angegeben werden, welches Gestirn in einem bestimmten Fall gemeint ist.

Nicht erst in der modernen *Science-Fiction*-Literatur, sondern bereits in phantastischen Erzählungen der Antike stoßen wir auf ein erzählerisches Verfahren besonderer Art: Unsere alltägliche Welt wird vom Gesichtspunkt einer völlig anderen Welt her geschildert, in der ganz unterschiedliche "natürliche" Voraussetzungen gelten, so daß das für uns Normale plötzlich als im höchsten Grade befremdend erscheint.[46] Wenn dann in einer solchen Erzählung z.B. von einem furchterregenden Lebewesen die Rede ist mit annähernd kugelförmiger oberer Extremität, die oben mit hornartigen Fasern bedeckt und an der Vorderseite mit mehreren unterschiedlich beweglichen Öffnungen versehen ist, so verstehen wir nicht nur, worum es sich dabei handelt, es geht uns plötzlich auch auf, daß unser "natürlicher Kontext" nicht der einzig mögliche ist.

---

45 [Vgl. hierzu vom Verf. "Bedeutung und Bezeichnung im Lichte der strukturellen Semantik", art. cit., § 3.3.]

46 [Mit parodistischer Zielsetzung erscheint diese Art des Erzählens z.B. in den *Wahren Geschichten* von Lukian. Als modernes Beispiel (ebenfalls mit stark parodistischen Zügen) sei hier nur die Erzählung *Invasion vom Aldebaran* von Stanislaw Lem genannt.]

Unter dem *praktischen* oder *okkasionellen Außer-Rede-Kontext* verstehe ich die "Gelegenheit" des Sprechens, die besondere subjektive oder objektive Einbindung des Redeakts [*coyuntura*]. Es handelt sich also ziemlich genau um das, was andere Autoren unter "Situation" verstehen oder wenigstens teilweise mitverstehen. Bestimmend für diese Art des Kontexts sind z.B. die Gesprächspartner und die genauen räumlichen und zeitlichen Umstände des Sprechens, die es uns erlauben, uns "elliptisch" auszudrücken. So können wir am Postschalter "zwei zu sechzig" verlangen oder zu unserem Gegenüber einfach "schrecklich kalt!" sagen – ob damit ein Getränk, ein soeben berührter Gegenstand oder die im Augenblick herrschende Lufttemperatur gemeint ist, bleibt dem praktischen oder okkasionellen Außer-Rede-Kontext überlassen.

Nur die Logiker scheinen sich an diesem ständigen Bezugnehmen auf den praktischen oder okkasionellen Außer-Rede-Kontext zu stören, wie das folgende (leicht modifizierte Zitat) belegen mag:

A: It is raining.
B: You mean it is raining in Ithaca, New York, at 2 p.m., July 14, 1950, for you do not know wether or not it is raining in El Paso, Texas.

Gerade aus der Tatsache, daß eine solche Korrektur eines präzisionsbesessenen Logikers in alltäglichen Umständen des Sprechens grotesk wirkt, geht hervor, wieviel der praktische oder okkasionelle Außer-Rede-Kontext zum Sinn "gewöhnlicher" Redeakte beiträgt.[47]

Unter dem *historischen Kontext* verstehe ich die Gesamtheit der "historischen" Umstände, die den Sprechern bekannt sind.[48] Der historische Kontext kann hinsichtlich seiner Reichweite *partikulär* oder *universell* sein, d.h. er kann durch eine sehr kleine Gemeinschaft wie eine Familie oder ein Dorf bestimmt werden, oder er wird durch

---

[47] [Vgl. vom Verf. "Logique du langage et logique de la grammaire", in: J. David / R. Martin (Hrsg.), *Modèles logiques et niveaux d'analyse linguistique* (Actes du colloque organisé par le Centre d'Analyse syntaxique de l'Université de Metz, 7-9 novembre 1974), Paris 1976, SS. 15-33; hier insb. S. 24 und Anm. 33.]

[48] ["Historisch" steht hier in Opposition zu "natürlich". Die deutsche Bedeutung entspricht dem Gemeinten nicht genau, weil "historisch" meist synonym mit "geschichtlich" verwendet wird; "Geschichte" betrifft aber Geschehenes und wird daher im Sinne von "vergangen", nicht "aktuell" interpretiert, was nicht unbedingt im Sinne des Verf. ist.]

weit umfassendere historische Gebilde wie Nationen, Kulturgemeinschaften oder die gesamte Menschheit vertreten. In beiden
Fällen trägt er ebenfalls zum Sinn der Verwendung von Zeichen im
Redeakt bei. In ihrer eigenen Wohnung kann eine Mutter wohl fragen,
wo denn Hans nun schon wieder steckt. Würde sie dies im Hörsaal
einer Universität tun, so hätte dies vermutlich einen allgemeinen
Heiterkeitsausbruch zur Folge. Zum *universellen historischen Kontext*
würden demgegenüber Fakten gehören, deren Kenntnis ungleich weiter verbreitet ist, so z.B. die Tatsache, daß wir hier in einer föderativ
organisierten Republik leben und nicht in einer zentralistischen
Monarchie oder daß es in unserer Zeit nur einen Papst gibt.

Von einem anderen Gesichtspunkt aus ist dann noch zwischen *ak-
tuellem* und *vergangenem historischen Kontext* zu unterscheiden. Ein
Ausdruck wie *der Papst* wird nur durch den a k t u e l l e n universellen historischen Kontext individualisiert, nicht durch den vergangenen; denn einerseits hat es im Lauf der Geschichte viele Päpste gegeben und andererseits gab es nicht zu allen Zeiten immer nur einen
Papst an einem Ort.

In den Jahren zwischen 1918 und 1939 sprach man z.B. ganz allgemein vom "Weltkrieg", wenn man sich auf die kriegerischen Ereignisse zwischen 1914 und 1918 beziehen wollte; nach 1945 begann
man im selben Zusammenhang nahezu automatisch vom "Ersten
Weltkrieg" zu sprechen.

Unter dem *kulturellen Außer-Rede-Kontext* verstehe ich all das, was
zur kulturellen Tradition einer Gemeinschaft gehört, ob es sich dabei
nun um eine sehr kleine Gruppe oder um die ganze Menschheit
handelt. Hierzu gehört z.B. die Mythologie (auf die ich weiter oben
bereits eingegangen bin) und die Gesamtheit der Fakten, die der Gemeinschaft aus der Arbeit ihrer Wissenschaftler und Schriftsteller bekannt sind. Dabei muß nicht unbedingt der individuelle Urheber einer
solchen "kulturellen Gegebenheit" allgemein bekannt sein; nicht jeder
weiß, von wem der Vers "Wer reitet so spät durch Nacht und Wind"
stammt, aber auch viele von denen, die es nicht wissen, kennen dennoch dieses Textfragment und können sich darauf beziehen [cf.
2.2.2.,2)].

Während einer Besprechung habe ich einmal ein kleines Experiment durchgeführt. Als der Verlauf des Gesprächs mir diese Anspielung gestattete, sagte ich: "Wer jetzt kein Auto hat ...". Zwei der Anwesenden haben dieses modifizierte Zitat spontan in angemessener Form, d.h. mit der entsprechenden Modifikation, fortgeführt: "... kauft sich keines mehr".[49]

Auf das vierte Umfeld, das *Redeuniversum*, bin ich in dieser Vorlesung bereits mehrfach kurz eingegangen. Ich habe diesen Terminus vorhin definiert als "das universelle System von Bedeutungen, zu dem ein Text gehört und durch das er seine Gültigkeit und seinen Sinn erhält". Jede Form der Weltinterpretation, jede besondere kohärente Art, über die Welt zu sprechen, stellt ein solches System dar. Es kann sich dabei um die Mythologie – nun nicht als kultureller Außer-Rede-Kontext, sondern als eine spezifische Art des Sprechens über einen Aspekt der Welt verstanden –, um die Mathematik und natürlich auch um das Universum unserer alltäglichen praktischen Erfahrung handeln. Die Mythologie, die Literatur, die Wissenschaft, die Mathematik, unsere praktische Lebenswelt, sie alle stellen solche Redeuniversen dar, insofern sie "Themen" und "Bezugssysteme" unseres Redens sein können. Ein Ausdruck wie *die Reduktion des Objekts auf das Subjekt* ist sinnvoll innerhalb der Philosophie, nicht jedoch in der Grammatik.

Allein die Tatsache, daß man sich auf ein bestimmtes Redeuniversum bezieht, trägt schon zur Entstehung des Sinnes bei. Sinn entsteht aber auch aus der absichtlichen Vermischung verschiedener Redeuniversen. In Sätzen wie *Im Wald ziehen zwei junge Mathematiker den Bäumen die Quadratwurzeln aus* oder *Das transzendentale Subjekt erscheint ausschließlich in Verbindung mit effizierten Objekten* liegt eine solche absichtliche Vermischung unterschiedlicher Redeuniversen vor.

Einige positivistische Logiker haben den Begriff des Redeuniversums kritisiert mit der Begründung, es gebe kein weiteres Universum als das unserer Erfahrung, das dann zum geschichtlichen Universum werden kann. Man dürfe daher nicht sagen

---

[49] Für diejenigen, die mit dem *kulturellen Außer-Rede-Kontext* der Deutschen weniger vertraut sind: Angespielt wird auf Rainer Maria Rilkes Gedicht *Herbsttag*, dessen letzte Strophe mit dem Vers beginnt: "Wer jetzt kein Haus hat, baut sich keines mehr".

Zeus war ein Gott der Griechen; die "korrekte" Formulierung des gemeinten Sachverhalts müsse vielmehr lauten: *Zu dieser und jener Zeit glaubten die Griechen, daß Zeus* ... Durch dieses "Übersetzungsverfahren" könne man alle Aussagen in das Universum unserer Erfahrung überführen und damit auf die einzig "wirkliche" Welt, nämlich auf die empirisch erkennbare reduzieren.[50] Ich halte diese Kritik für völlig unbegründet. Natürlich gibt es "nur eine Welt"; aber bei den Redeuniversen handelt es sich gerade nicht um "Welten", sondern um Bedeutungssysteme, um das, was man mit einem etwas belasteten Terminus "Weltsicht" nennen könnte. Allein die Forderung nach "Übersetzung" unzulässiger Äußerungen (etwa: *Die Reise des Odysseus dauerte zehn Jahre* ist wiederzugeben durch *In einem Homer zugeschriebenen Epos aus der frühesten Zeit der griechischen Literatur wird berichtet, daß* ...) zeigt doch gerade, daß der zuerst genannte Satz zu einem besonderen Redeuniversum gehört.

Man k a n n zwar ohne weiteres (zu bestimmten Zwecken) Übersetzungen dieser Art vornehmen; es scheint mir jedoch unzulässig, daraus eine Forderung abzuleiten. Die Wahrheitswerte – und darum geht es den positivistischen Logikern natürlich in erster Linie – werden grundsätzlich innerhalb des Redeuniversums festgestellt, zu dem eine Äußerung gehört. Ich habe schon einmal darauf hingewiesen: Der Wahrheitswert einer Behauptung wie *Odysseus war der Gatte Helenas* wird anhand der Odyssee überprüft und nicht anhand der Geschichte. Und somit stellt der soeben genannte Satz eine falsche Aussage dar, die man in *Odysseus war der Gatte Penelopes* korrigieren könnte.

Mehr brauche ich an dieser Stelle zu den "Umfeldern" nicht zu sagen, da ich mich am angegebenen Orte teilweise viel ausführlicher zu diesem Thema geäußert habe. Es ging mir damals allerdings um ein sehr viel begrenzteres Ziel als im Rahmen dieser Vorlesung. Ich wollte damals einen ersten Beitrag zu einer "Grammatik des Sprechens" leisten [cf. art. cit., Abschn. 1.2.5.].

Die Unterscheidungen, die ich damals zu einem ziemlich technischen Zweck getroffen hatte, haben jedoch einen viel größeren Geltungsbereich. Sie betreffen, wie wir gesehen haben, die ganze Vielfalt der Relationen, die zwischen einem Zeichen, einer Zeichenfolge oder auch einem vollständigen Text und den Kenntnissen und Erfahrungen bestehen, über die die Zeichenbenutzer hinsichtlich der möglichen Gegenstände der Bezeichnung verfügen.

---

[50] Vgl. z.B. B. Russell, *Introduction to Mathematical Philosophy*, London[12]1967, SS. 167-170 und L.S. Stebbing, *A Modern Introduction to Logic*, London [7]1950, S. 55f.

Dabei ist allerdings eine Einschränkung zu machen. In seiner vollen Entfaltung tritt dieses Gefüge von Relationen nur bei der gesprochenen Sprache auf. Die geschriebene Sprache verfügt nicht über alle diese Umfelder. Einen *empirischen Außer-Rede-Kontext* gibt es unvermittelt nur für die gesprochene Sprache, das Gleiche trifft – wenigstens teilweise – für den *praktischen* oder *okkasionellen Außer-Rede-Kontext* zu. Der *historische* oder der *natürliche Außer-Rede-Kontext* ist hingegen auch im Bereich der geschriebenen Sprache uneingeschränkt vorhanden.

Einer der wichtigsten Unterschiede zwischen geschriebener und gesprochener Sprache liegt darin, daß die erstere im Gegensatz zur letzteren nicht einfach alle möglichen Außer-Rede-Kontexte benutzen kann, sondern daß sie sich einen Teil dieser Kontexte erst durch den R e d e - K o n t e x t schaffen muß. Die Außer-Rede-Kontexte werden zu einem Teil erst einmal im Text selbst erzeugt und dann erst, wie in der gesprochenen Sprache, zum Zwecke weiterer Determinierungen verwendet.

Es gibt in der Weltliteratur große Meister im Schaffen eben jener Kontexte, die der geschriebenen Sprache nicht unmittelbar zur Verfügung stehen; große Meister, die imstande waren, das absolut Konkrete eines Außer-Rede-Kontexts im Text selbst entstehen zu lassen, ohne dabei auf das simple Mittel der schlichten Benennung zu verfallen. Einer dieser großen Meister im Schaffen solcher Außer-Rede-Kontexte ist Shakespeare. Wenn Shakespeare die Nacht braucht, so begnügt er sich oft nicht mit einer Bühnenanweisung wie *tiefe Nacht* oder *die Szene ist in tiefes Dunkel gehüllt*, sondern er "macht" die Nacht, er läßt sie im Text entstehen. Die Personen rufen einander an, obwohl sie dicht beieinander auf der Bühne stehen, sie stolpern über die kleinsten Hindernisse und fluchen, man könne nicht die Hand vor Augen sehen. Ein anderer großer Meister im Schaffen solcher Außer-Rede-Kontexte ist Plato. Für ihn war diese Aufgabe noch schwieriger, weil ihm weder Bühnenanweisungen noch szenische Mittel zur Verfügung standen. Und dennoch erfahren wir schon auf den ersten Seiten der *Politeia*, der großen Schrift über den Staat, eine Menge von Dingen, die dort überhaupt nicht direkt ausgesprochen werden. Wir erhalten sofort einen Eindruck von Wesenszügen und vom Verhalten der beteiligten Gesprächspartner, ohne daß dies direkt beschrieben würde. Und diese sich schon nach der Lektüre der ersten Seiten einstellende "Kenntnis der Sachen", d.h. der Umstände des Sprechens beeinflußt dann auch unser Verständnis des eigentlichen Inhalts des Dialogs.

2.3. Der Sinn als Kombination aller Zeichenrelationen

Kehren wir für einen Augenblick zum Ausgangspunkt unserer Überlegungen zurück. Wir haben zunächst versucht, die Frage nach der Entstehung des Sinns auf der Grundlage des Bühlerschen Organon-Modells bzw. der Erweiterung dieses Modells durch Roman Jakobson zu beantworten und mußten dabei feststellen, daß dieses Modell allein dazu nicht ausreicht. Der Ursprung dieser Unzulänglichkeit liegt z.T. wohl in einer Unstimmigkeit, die bereits Friedrich Kainz aufgefallen war, in der Tatsache nämlich, daß Bühler nicht klar zwischen den Funktionen des Zeichens "in der Sprache", also des virtuellen Zeichens, und denjenigen des Zeichens "im Text", des aktuellen Zeichens, unterscheidet. Wir hatten im Anschluß daran gesehen, wie vielfältig die Funktionen des Zeichens im Text sein können. Ich nenne die Gesamtheit dieser Funktionen, die sich nicht direkt auf die Darstellungsfunktion reduzieren lassen, *Evokation*. Die Evokation trägt besonders viel zum Reichtum der Sprache bei, durch sie entsteht jene Mehrdeutigkeit, die man nicht immer nur negativ als "Vagheit" sehen sollte, sondern durchaus positiv als eine Bereicherung. Besonders eindringlich hat der Sprachtheoretiker W.M. Urban [*Language and Reality*, op. cit., S. 195f.] auf diesen Reichtum hingewiesen, der sich auf die evokative Funktion der Sprache gründet, auf die Möglichkeit, sich mit Hilfe von Sprache auf etwas zu beziehen, ohne eigentlich davon zu sprechen. Der Sinn entsteht aus der Kombination der Bühlerschen Funktionen (also der Darstellung, der Kundgabe und des Appells) und der Evokation.

Nun werden Sie vermutlich fragen, ob dies nicht bereits von anderer Seite gesehen und dargestellt worden ist, wenn auch vielleicht innerhalb eines anderen theoretischen Rahmens. Das ist durchaus der Fall. Die *Evokation*, so wie ich sie verstehe, ist in ähnlicher Weise gerade innerhalb einer linguistischen Richtung behandelt worden, die als besonders abstrakt und formalistisch gilt, die zweifellos zu einer starken Idealisierung des zu behandelnden Gegenstandes und zu einer Reduktion des Objektbereichs tendiert, kurz, eine Theorie, von der man zunächst annehmen könnte, daß sie so "marginale" Aspekte wie die Evokation nicht behandeln würde. Ich spreche von der Glossematik und in diesem Zusammenhang besonders von Hjelmslevs Unterscheidung zwischen *Denotation* und *Konnotation*.[51]

2.3.1. Ein Schritt in Richtung auf eine Semiotik der Literatur: Die "Konnotation" in der Glossematik

Bei Hjelmslev wird die Sprache in erster Linie als Denotationssystem interpretiert, also im Sinne der Darstellungsfunktion, darüber hinaus wird jedoch ausdrücklich auch auf die Möglichkeit der Interpretation von Sprache als eines nicht-denotativen Zeichensystems hingewiesen. Unter einer *Denotationssprache* [*denotationssprog*][52] versteht Hjelmslev ein Zeichensystem, in dem weder Ausdruck noch Inhalt [vgl. w.u.] – isoliert betrachtet – Zeichenfunktion haben; die Zeichenfunktion besteht ausschließlich in der wechselseitigen Implikation der beiden

---

51 [Cf. Hjelmslev, *Prolegomena*, op. cit., Kap. 22. *Konnotation* bei Hjelmslev ist nicht synonym mit dem gleichlautenden Terminus innerhalb anderer linguistischer Schulen; vgl. w.o. 2.2.1.,3).]

52 [Wegen der schwierigen terminologischen Lage folgt der Bearbeiter in diesem Abschnitt dem dänischen Original der *Prolegomena* und der sehr vorsichtigen deutschen Übersetzung von R. Keller, U. Scharf und G. Stötzel, op. cit. Wo es aus wissenschaftsgeschichtlichen Gründen geraten erscheint, werden die Termini der amerikanischen Übersetzung von F.J. Whitfield, [2]1961 beigefügt. Die ebenfalls herangezogene, bereits zitierte frz. Ausgabe folgt hier in der Regel der amerikanischen Übersetzung.]

Ebenen. Der Ausdruck ist Ausdruck des Inhalts und der Inhalt ist Inhalt des Ausdrucks, was allerdings nicht heißen soll, daß die beiden Ebenen isomorph gestaltet wären. Kurz und gut, Hjelmslevs "Denotationssprache" ist genau das, was man "normalerweise" unter "Sprache" versteht, wenn man von den Momenten absieht, die wir soeben besprochen haben.

Nun hat jedoch Hjelmslev die Möglichkeit der Existenz einer Reihe von Relationen, mit denen wir uns gerade beschäftigt haben, durchaus gesehen. Er rechnet damit, daß sowohl der Ausdruck als auch der Inhalt für sich betrachtet Zeichencharakter annehmen und sich damit in gewisser Hinsicht "selbständig machen" können. Sprachen, deren Ausdrucksebene Zeichencharakter annimmt, also selbst "Sprache" ist, nennt Hjelmslev *Konnotationssprachen* [*konnotationssprog, connotative semiotic*]; Sprachen, deren Inhaltsebene selbst zur Sprache wird, heißen *Metasprachen* [*metasprog, metasemiotic*].

Dies alles kann hier nur angedeutet werden; im übrigen soll in der Folge auch nur von der "Konnotation" die Rede sein. Auf die Grundidee bin ich bereits kurz eingegangen: Ein Zeichenträger, ein *signifiant* "denotiert" nicht nur seinen Inhalt, er "konnotiert" auch das "System", zu dem er gehört, wobei "System" allerdings als sehr abstrakter Oberbegriff aufzufassen ist, der, wie wir gleich noch sehen werden, recht unterschiedlich konkrete Füllungen erhalten kann. Jedes zeichenhafte Element auf der Ebene des Ausdrucks und ausschließlich im Hinblick auf seine Zugehörigkeit zu einem Zeichensystem betrachtet – [die Dichotomie *Form - Substanz* wollen wir hier nicht berücksichtigen] – nennt Hjelmslev *Konnotator*. Bei der Analyse eines Textes hat man mit ganz unterschiedlichen "Konnotatoren" zu rechnen, denn nichts berechtigt zu der Annahme, daß ein Text strukturell homogen ist, d.h. daß er auf der Grundlage eines völlig einheitlichen und widerspruchsfrei beschreibbaren Zeichensystems abgefaßt ist. Hjelmslev nennt dann eine Liste möglicher Konnotatoren und betont dabei, daß die angeführten Fälle reinen Demonstrationswert haben und daß die Aufzählung keinen Anspruch auf Exhaustivität erhebt. Ein Text könne, so Hjelmslev, uneinheitlich sein in den folgenden Hinsichten:

a) hinsichtlich des *Stils* [*stil, stylistic forms*] (gebunden und unge-
bunden, Poesie und Prosa, samt Mischtypen davon);

b) hinsichtlich der *Stilart* [*stilart, style*] (kreative Stilart und die bloß
reproduzierende, sogenannte Normalstilart; auch hier gibt es
Mischtypen);

c) hinsichtlich des *Wertstils* [*vaerdistil, value-style*] (höherer Stil,
niedriger Stil, Neutralstil);

d) hinsichtlich des *"Stilgenres"* oder *Mediums* [*stilgenre, medium*]
(Rede, Schrift, Gestik, Flaggencode etc.);

e) hinsichtlich der *Stimmung* [*stemning, tone*] (zornig, freudig);

f) hinsichtlich des *Idioms* [*idiom, idiom*] (worunter die verschiedensten Glieder der Klasse "Sprache" fallen können, wie z.B.
Gruppen-, Fach- und Sondersprachen; das, was man gewöhnlich
"Sprachen" nennt, nämlich Nationalsprachen; regionale Varietäten solcher Nationalsprachen und schließlich "Physiognomien",
worunter vermutlich die spezifischen Ausdruckseigentümlichkei-
ten eines Textproduzenten zu verstehen sind).

Dies alles erscheint bei Hjelmslev in äußerst komprimierter und nicht
selten explikationsbedürftiger Form. Svend Johansen hat die Idee einer
konnotativen Semiotik aufgegriffen und die Hjelmslevsche Theorie in
elaborierterer Form in eine neue Art der Literaturbetrachtung
eingebracht, die man als Ansatz zu einer glossematischen Literaturtheorie ansehen darf.

Ich werde das Modell Johansens hier ebenfalls nur skizzieren; wer
sich eingehender mit der glossematischen Literaturtheorie beschäftigen möchte, sei auf eine Tübinger Dissertation verwiesen: Jürgen
Trabant, *Zur Semiologie des literarischen Kunstwerks. Glossematik
und Literaturtheorie*, München 1970.

Johansen geht von der Doppeldichotomie *Ausdruck - Inhalt* und
Form - Substanz aus, die für die glossematische Behandlung von Zeichensystemen charakteristisch ist (vgl. die Kreuzklassifikation rechts).

Unter "Substanz" wird dabei sowohl auf der Ebene des Ausdrucks
als auch auf derjenigen des Inhalts das verstanden, was das Zeichen
"tatsächlich ist", also z.B. gestalteter Schall, eine Graphemfolge oder
eine bestimmte Bedeutung, die man erklären und paraphrasieren kann.

Unter "Form" wird auf beiden Ebenen das verstanden, was das Zeichen "nicht ist", d.h. die Stelle, die ihm im Gesamtgefüge der Relationen zukommt, durch die die beiden Ebenen konstituiert werden. Beide Ebenen werden, wie schon bei Saussure, als "solidarisch" gedacht, d.h. sie implizieren sich gegenseitig [vgl. w.o.]. Die Tatsache, daß man Ausdruck und Inhalt bei der Untersuchung und Beschreibung u n t e r s c h e i d e n kann und muß, heißt also nicht, daß man die beiden Ebenen beim untersuchten und beschriebenen Gegenstand selbst auch t r e n n e n könnte.

	Ausdruck	Inhalt
Form	Ausdrucksform AF	Inhaltsform IF
Substanz	Ausdruckssubstanz AS	Inhaltssubstanz IS

Johansens Grundidee ist nun die folgende. Jede der vier Größen ["Schichten" beim späten Hjelmslev], die sich beim Zeichen unterscheiden lassen, kann selbständig etwas "konnotieren" bzw. evozieren:

IS → "Symbol"
↓ vgl. w.o.

IF → ?
↑↓ "Konnotation"

AF → "Ikastik"
↑ vgl. w.o.

AS → "Nachahmung"
vgl. w.o.

Die Inhaltssubstanz ist also konnotativ insofern, als die bezeichneten Gegenstände und Sachverhalte etwas evozieren können; die Ausdruckssubstanz konnotiert durch die unmittelbare Nachahmung auf der Ebene des Ausdrucks und die Ausdrucksform durch verschiedene numerische Relationen, wie z.B. Rhythmus [vgl. w.o.]. Es ist nicht vollständig klar, was das Zeichen durch die Inhaltsform, durch die reinen Relationen des Inhalts [also nicht etwa durch die Bedeutung, sondern durch den "ausgesparten Ort" des Inhalts innerhalb des Zeichensystems] konnotieren kann, Johansen sieht jedoch auch diese Möglichkeit vor.[53]

Mit der Zerlegung des Zeichens in die vier "Schichten" und dem Aufweis der verschiedenartigen "Konnotationen" möchte Johansen ein Modell des *ästhetischen Zeichens* vorlegen. Es handelt sich wiederum um ein Zeichen "zweiten Grades": Die sprachlichen Zeichen fungieren ihrerseits als Zeichenträger für diesen gesamten Komplex der "Konnotation", und dieser Komplex ist nach Johansen als der eigentliche Inhalt der Kunst anzusehen. Johansen erläutert dies teilweise anhand einer Strophe aus Victor Hugos *Booz endormi* [*La Légende des Siècles*, VI] :

> Ruth songeait et Booz dormait; l'herbe était noire;
> Les grelots des troupeaux palpitaient vaguement;
> Une immense bonté tombait du firmament;
> C'était l'heure tranquille où les lions vont boire.

In dieser Strophe seien die beiden Sätze *l'herbe était noire* und *c'était l'heure tranquille où les lions vont boire* Ausdrücke desselben "Konnotators", nämlich "apaisement et repos des forces de la nature" (Befriedung und Ruhe der Naturkräfte).

Dies ist alles sicherlich nicht unrichtig. Dennoch scheint mir einiges an dieser Art der Fragestellung noch unzulänglich. Zum einen wird die Frage nach dem Sinn nur von den Arten der betrachteten Zeichen her gestellt und von der "Konnotation" her, die die verschiedenen "Schichten" dieser Zeichen haben können, nicht jedoch auch von der Gesamtheit der Relationen her, in denen sich das Zeichen befinden kann. Zum anderen wird alles unter dem Gesichtspunkt der Konnotation betrachtet, obwohl Johansen die ästhetische Konnotation in einem Text, also das, was seiner Ansicht nach den Sinn des Textes oder des Teils eines Textes ausmacht, nicht mit der unmittelbaren Evokation identifiziert. Zumindest läßt sich bei ihm die Tendenz zur entsprechenden Unterscheidung feststellen. So schreibt er z.B. in bezug auf die Wörter *lion* und *herbe* in der oben angeführten Strophe

---

53 [Z.B. "syntaktische Freiheiten"; cf. Trabant, *Semiologie*, op. cit., S. 34ff.]

von Hugo: "[lion], quelque chose de puissamment vital qui évoque le sentiment de la force de la nature, spécialement d'une force féroce mais noble et majestueuse"; "[herbe], quelque chose de puissamment vital qui évoque le sentiment de la force bienveillante de la nature". Interessanterweise erscheint hier in der Umschreibung des jeweiligen "Konnotators" das Verb *évoquer* (*evozieren*), so daß man geneigt ist zu schließen, daß die Evokation einer besonderen Art von Naturkraft allein noch nicht die eigentliche "Konnotation", also den Sinn der interpretierten Stelle ausmacht, sondern erst die Kombination verschiedener Evokationen dieser Art. Johansen trifft also explizit keine Unterscheidung zwischen Evokation und Konnotation, er scheint jedoch wenigstens zeitweise stillschweigend mit der Möglichkeit einer solchen Unterscheidung gerechnet zu haben.

2.3.2. Evokation und Sinn: Zeichenfunktion und Textfunktion

Wie immer man die verschiedenen Relationen nennen mag, die zwischen dem aktualisierten Zeichen und seiner Umgebung bestehen, sie können stets nur zum Sinn des Textes b e i t r a g e n , niemals den Sinn des Textes a u s m a c h e n . Bei der Konnotation handelt es sich ebenso wie bei der Evokation um eine *Zeichenfunktion*, der Sinn ist jedoch eine *Textfunktion*. Eben deshalb ist der Kontext für jeden Text so wichtig, denn nur durch ihn, sei es durch den sprachlichen, sei es durch den außersprachlichen Kontext, erhält der Text seinen Sinn. Dies ist zumindest ansatzweise seit langem bekannt. So sind z.B. die *Figuren* der antiken Rhetorik als Textverfahren (Produktions- und/oder Interpretationsverfahren) zu verstehen, bei denen die Rolle des Kontexts in systematischer Weise in die Betrachtung miteinbezogen wird. Diese *figurae* sind allerdings von begrenztem Wert, denn sie werden als eine universelle, für jeden Text gültige Technik ausgegeben, was sie nicht sein können, und sie sind im allgemeinen im Hinblick auf einen einzigen Kontexttyp, nämlich den unmittelbaren Redekontext, zugeschnitten. Der Sinn entsteht jedoch nur selten durch den unmittelbaren Kontext, durch eine einzige Evokation, wie etwa im

Fall des berühmten Verses von Racine, den Mallarmé als einen der schönsten Verse der französischen Dichtung betrachtete,

La fille de Minos et de Pasiphaé, [*Phèdre*, I, 1]

oder im vielleicht weniger berühmten, aber noch Sinn-volleren Halbvers aus einem sonst nicht überlieferten Lied von Sappho,

μήτ' ἔμοι μέλι μήτε μέλισσα[54]
Kein Honig wird mir, keine Biene,

oder schließlich im unvergleichlichen Vers von Dante, einem der schönsten, die je geschrieben wurden,

Conobbi il tremolar della marina: [*Inferno* I, 117]
[erkannte ich den Spiegelglanz der See (Vossler)],

ein Vers, zu dessen Interpretation eine eigene Abhandlung nötig wäre.

Dies alles sind Ausnahmefälle. Gewöhnlich entsteht der Sinn jedoch durch den mittelbaren Kontext und durch Kombinationen verschiedener unmittelbarer sprachlicher oder außersprachlicher Kontexte. Hierfür zwei vielleicht extreme Beispiele, Grenzfälle:

Das erste Beispiel habe ich schon früher einmal angeführt. Ein Schüler liefert einen Aufsatz ab zum Thema: "Was ich alles auf dem Ausflug gesehen habe". Der Aufsatz lautet folgendermaßen:

Ich habe Häuser gesehen, ich habe Wälder gesehen, ich habe einen Fluß gesehen, ich habe Menschen gesehen, ich habe Tiere gesehen.

Der Lehrer ist mit diesem Aufsatz keineswegs zufrieden. Er beanstandet die Eintönigkeit und den – bei aller lakonischen Kürze– fehlenden inneren Zusammenhang. Man wird dem Lehrer zustimmen müssen. Der Sinn eines solchen Aufsatzes kann nichts anderes als "Bericht über das Gesehene" sein, und als ein solcher Bericht ist der Aufsatz wirklich einfallslos, eine hilflose Aufzählung einiger willkürlich herausgegriffener Gegenstände ohne geistiges Band. Nun kann man jedoch dieser Aufzählung etwas hinzufügen und ihr damit einen inneren Zusammenhang und auch einen anderen Sinn, einen poetischen Sinn verleihen:

Ich habe Häuser gesehen, ich habe Wälder gesehen, ich habe einen Fluß gesehen, ich habe Menschen gesehen, ich habe Tiere gesehen, Gott habe ich nicht gesehen, ich habe den Tod gesehen.

Es handelt sich um genau dieselben Ausdrücke mit derselben Bedeutung und Bezeichnung, die nun in einem neuen Kontext auch einen völlig anderen Sinn gewinnen

---

[54] [Zitiert nach: M. Treu (Hrsg.), *Sappho. Griechisch und deutsch*, München ³1963, S. 50.]

und sich zu einer Einheit gruppieren. Die Gegenstände der zunächst als so monoton empfundenen Aufzählung stehen nun in ihrer Banalität als Repräsentanten unserer Alltagswelt zwei weiteren Gliedern der Serie gegenüber, die ein Urteil über eben jene Welt beinhalten. Derjenige, der diese Modifikation am Text vorgenommen hat, hat das gestellte Thema verfehlt, aber er hat dem modifizierten Text einen neuen Sinn gegeben; es handelt sich nun nicht mehr nur um einen Bericht über Gesehenes, sondern auch, und in erster Linie, um einen Bericht über Nicht-Gesehenes und damit auch um das Aussprechen einer Vermutung darüber, wer über das Gesehene zu verfügen hat.

Beim zweiten Beispiel geht es um einen Fall aus der italienischen Literaturgeschichte. Im dritten Dialog seiner *Heroischen Leidenschaften* läßt Giordano Bruno den aus der Gegend von Neapel stammenden Dichter Luigi Tansillo (1510-1568) als Dialogpartner auftreten und eines seiner Sonette vortragen. Lange Zeit hindurch war dieses Faktum von der italienischen Literaturgeschichtsschreibung falsch eingeschätzt worden; das betreffende Sonett wurde Giordano Bruno selbst zugeschrieben. In Wirklichkeit handelte es sich jedoch um ein echtes Zitat, obschon einiges dafür spricht, daß Giordano Bruno sich tatsächlich selbst hinter der Maske des neapolitanischen Dichters verbirgt. Benedetto Croce hat diesem auf den ersten Blick rein philologischen Problem in seinem Buch *Problemi di Estetica* [Bari [6]1966, Kap. XVI, SS. 134-138] ein eigenes kleines Kapitel gewidmet. Das Sonett von Tansillo war im Jahre 1558 zusammen mit anderen Sonetten als Liebesgedicht erschienen, man kann sogar Vermutungen darüber anstellen, an wen es gerichtet war. Bei Bruno wird es innerhalb des Dialogs jedoch in einen völlig anderen Zusammenhang eingegliedert; es drückt dort das Streben nach Erkenntnis aus, "ein heroisches Streben, das nicht durch die Angst aufgehalten wird, nicht ans Ziel zu gelangen oder es nur als Sterbender zu erreichen". Croce ist nun der Meinung, daß es seit Bekanntwerden dieses Faktums z w e i Sonette gebe, ein ziemlich mittelmäßiges Liebesgedicht eines epigonalen Lyrikers und ein großartiges philosophisches Gedicht eines bedeutenden Denkers und Dichters, und dies unbeschadet der Tatsache, daß der Wortlaut der beiden Sonette nahezu identisch ist.[55]

Ich meine, daß Croce hier richtig sieht. Das Sonett von Giordano Bruno ist tatsächlich ein völlig anderes als das von Tansillo. Sein Sinn hat sich durch den mittelbaren Kontext völlig verändert.

---

[55] [Dieser Behauptung Croces wird man nicht uneingeschränkt zustimmen können, wenn man sich die Mühe macht, das Gedicht in seiner Originalfassung nachzulesen. Der Bearbeiter hält es nicht für gerechtfertigt, in diesem Zusammenhang von "qualche piccola variante" zu sprechen. Cf. C. Muscetta / D. Ponchiroli (Hrsg.), *Poesia del Quattrocento e del Cinquecento*, Turin 1959, S. 1454. Vgl. ebenfalls die Würdigung, die De Sanctis dem Sonett in seiner *Storia della letteratura italiana* (19. Kap.) angedeihen ließ; er zitiert es in der Form, die Bruno ihm gegeben hat.]

Der Sinn läßt sich also nicht auf die Evokation allein zurückführen. Der Sinn entsteht vielmehr im Text durch das Zusammenwirken der Evokation, genauer gesagt der verschiedenen Arten von Evokation mit den anderen Zeichenfunktionen.

Einen weiteren möglichen Einwand gegen die Ausführungen Johansens möchte ich gleich zur Hälfte zurücknehmen, bevor ich ihn überhaupt äußere: Man hat den Eindruck, als betrachte Johansen die "Konnotation" als ein Phänomen speziell des ästhetischen Zeichens, als eine Erscheinung, die nur literarische Texte betrifft. Das ist im Prinzip falsch, denn die von Johansen beschriebenen verschiedenen Konnotationen des Zeichens sind auch in der Alltagssprache potentiell immer vorhanden. Wir werden jedoch gleich sehen, daß es dennoch in gewisser Hinsicht legitim ist, der dichterischen Sprache einen besonderen Platz einzuräumen und die verschiedenen Erscheinungsformen der Evokation vorzugsweise anhand von literarischen Texten zu untersuchen.

2.4. Sprache und Dichtung

Die Aufzählung all dieser Relationen und die Diskussion verschiedener Zeichenmodelle wird Sie vielleicht reichlich akademisch angemutet haben, und Sie werden sich vielleicht gefragt haben, wo das alles hinführen solle. Nun, es geht mir darum, die Analyse und die möglichst vollständige Beschreibung aller Zeichenfunktionen als einen der Wege vorzustellen, auf dem man zu einem angemessenen Verständnis der Sprache im allgemeinen und zu einer realistischen Einschätzung der Möglichkeiten der Textlinguistik gelangen kann. Auf den zuletzt genannten Punkt komme ich im nächsten Abschnitt zu sprechen; hier möchte ich nun nochmals versuchen, anhand der Bestimmung der verschiedenen Zeichenfunktionen mein Verständnis von der Sprache und damit gleichzeitig von der Dichtung darzulegen [vgl. 2.1., Exkurs über Jakobson].

a) Alle bisher behandelten Zeichenrelationen und mit ihnen alle Evokationen des Zeichens gehören zum Sprechen überhaupt, sie sind keineswegs ein Spezifikum der dichterischen Sprache. Allerdings sind alle diese Evokationen bei verschiedenen Modalitäten des Sprachgebrauchs nur latent vorhanden, sie werden nicht aktualisiert. Eine so einfache Relation wie die "innere Motivation" des Zeichens, die wir am Beispiel von *chauve-souris*, *Fledermaus*, *vespertilio* usw. diskutiert haben, ist an sich immer gegeben, sie wird jedoch im alltäglichen oder im wissenschaftlichen Sprachgebrauch aufgehoben, entaktualisiert. Sprecher und Hörer gehen unmittelbar zur Bezeichnung über, eine *chauve-souris* ist ein bestimmtes Tier, über das man etwas mitteilen will, keine "kahle Maus", und ein *Handschuh* ist ein bestimmtes Kleidungsstück, nicht ein "Schuh für die Hand".

b) In voller Aktualisierung erscheinen alle Zeichenrelationen und die entsprechenden Evokationen in der dichterischen Sprache. Johansen hat also doch wenigstens in praktischer Hinsicht recht, wenn er die "Konnotation" in erster Linie anhand des Zeichengebrauchs in der Dichtung untersuchen möchte, denn dort findet er mit Sicherheit das reichhaltigste Anschauungsmaterial.

c) Wenn das so ist, dann kann die dichterische Sprache nicht eine Modalität des Sprachgebrauchs unter anderen sein, dann kann sie nicht mit anderen Modalitäten wie der Alltagssprache oder der wissenschaftlichen Sprache koordiniert werden. Sie muß dann vielmehr als Sprache schlechthin angesehen werden, denn nur in ihr findet man die volle Entfaltung aller sprachlichen Möglichkeiten.

d) Das bedeutet aber, daß wir zum Zwecke der Bestimmung der dichterischen Sprache nicht eine "poetische Funktion" unter anderen Sprachfunktionen isolieren dürfen. Die Reduktion des Wesens der dichterischen Sprache auf eine sprachliche Funktion unter anderen, wie sie Jakobson vorgenommen hat, ist abzulehnen, zumindest in formaler Hinsicht, was die Art der Fragestellung betrifft. Genausowenig wie von der R e d u k t i o n a u f eine spezifische Funktion kann jedoch von einer E r w e i t e r u n g u m eine spezifische Funktion die Rede sein. Bei der dichterischen Sprache kommt nichts hinzu, was nicht in der Sprache schlechthin bereits vorhanden wäre, jedoch kommt in der Dichtung vieles von dem voll zur Entfaltung, was in anderen Modalitäten des Sprachgebrauchs sozusagen "ungenutzt bereitsteht".

e) Wir haben also die dichterische Sprache als Sprache in ihrer vollen Funktionalität anzusehen. Die Dichtung – und unter Dichtung verstehe ich nicht nur die Poesie im engeren Sinne, sondern die Literatur als Kunst – ist der Ort der Entfaltung der funktionellen Vollkommenheit der Sprache. Der dichterische Sprachgebrauch ist nicht etwa eine Abweichung vom "normalen" Sprachgebrauch, genau das Umgekehrte ist der Fall: Alle anderen Modalitäten der Sprache wie z.B. die Alltagssprache oder die Wissenschaftssprache (man sollte besser "wissenschaftliche Sprechweise" bzw. "praktisch ausgerichtete Sprechweise" usw. sagen) stellen Abweichungen gegenüber der totalen Sprache dar, gegenüber der Sprache schlechthin. Wenn man von Reduktion sprechen darf, so im Fall der verschiedenen Arten des nicht-dichterischen Sprachgebrauchs, denn dort werden viele Sprachfunktionen aufgehoben, "entaktualisiert", die beim dichterischen Sprechen vollständig präsent sind. Im praktisch ausgerichteten Sprechen gehen wir gewissermaßen "durch das Zeichen hindurch" direkt auf die bezeichnete Sache hin, auf die unsere Aufmerksamkeit gerichtet ist.

Ich bin übrigens der Ansicht, daß der Terminus "entautomatisierte Sprache", wie er in der Prager Schule verwendet wurde,[56] in diesem Sinne zu verstehen ist, wenn man auf den ersten Blick auch das Gegenteil vermuten würde. Das Präfix *ent-* (bzw. *dé-*) läßt zunächst dar-

---

56   [Cf. u.a.: "Thèses du Cercle Linguistique de Prague, 3. Problèmes des recherches sur les langues de diverses fonctions" in: *Travaux du Cercle Linguistique de Prague* 1, ²1968, SS. 14-21 und vom Verf. "Thesen zum Thema 'Sprache und Dichtung'", in: W.-D. Stempel (Hrsg.), *Beiträge zur Textlinguistik*, München 1971, SS. 183-188 (jetzt auch in: *Energeia und Ergon*, op. cit., Bd. 1, SS. 291-294).]

auf schließen, daß etwas Negatives, eine Art von Reduktion gemeint ist. "Entautomatisierung" kann jedoch bei näherer Betrachtung nur etwas Positives bedeuten, nämlich "Aufhebung einer Beschränkung", Wiederherstellung der vollen Funktionalität der Sprache. Dennoch ist *Entautomatisierung* ein unglücklich gewählter Ausdruck, weil er die Affirmierung der Sprache in Form einer *duplex negatio* bezeichnet, als sei die "beschädigte", die in ihren Möglichkeiten reduzierte Sprache das "Normale", von dem man auszugehen hat, die voll entfaltete Sprache hingegen das Ergebnis einer Art von Reparatur.

In diesem Sinn müssen m.E. Jakobsons Ausführungen zur "poetischen Funktion" der Sprache präzisiert und korrigiert werden. Wenn Jakobson behauptet, die Einstellung auf die Nachricht als solche, die Zentrierung der Nachricht um ihrer selbst willen sei die "poetische Funktion" der Sprache, so kann es sich dabei nicht um eine Konzentration auf das *Wie* des Gesagten, um ein besonderes Raffinement bei der Gestaltung des Mitzuteilenden handeln. Es muß etwas anderes damit gemeint sein: das Verweilen bei dem in der Sprache selbst Gesagten, wobei die Zeichen nicht einfach als Instrumente zur Bezeichnung von etwas anderem verwendet werden, sondern als das erscheinen, was sie wirklich sind, in der vollen Realisierung aller ihrer funktionellen Möglichkeiten.[57]

---

[57] [Und dies entspricht auch genau den Ausführungen Friedrich von Hardenbergs (Novalis'), von denen sich Jakobson offenbar anregen ließ; vgl. 2.1., *Exkurs*.]

2.5. Entwurf einer Textlinguistik als "Linguistik des Sinns". Was sie leisten kann und was nicht

Aus dem bisher Gesagten ergeben sich eine Reihe von Konsequenzen für die erste Art der Textlinguistik, mit der wir uns in diesem Kapitel zu beschäftigen haben. Ich werde diese Konsequenzen hier nicht in allen Einzelheiten diskutieren, sondern in Form von ausführlicher oder weniger ausführlich kommentierten Thesen vortragen.

2.5.1. *Es gibt keine allgemeingültige Technik der Interpretation eines Textes*

Verschiedene Linguisten sind offenbar der Ansicht, daß es Ziel der Bemühungen um die Textlinguistik sein müsse, ein allgemeingültiges Verfahren für die Textinterpretation zu entwickeln, eine Art von "Entdeckungsverfahren", das uns – etwas überpointiert formuliert – die "richtige" Interpretation jedes beliebigen Textes liefert, wenn es nur "wissenschaftlich korrekt" angewendet wird. Das ist gerade nicht möglich. Wir können nie im voraus wissen, welche Zeichenrelationen in einem bestimmten Text festgestellt werden können, wenn wir diesen Text in seiner Individualität betrachten wollen. Wirklich möglich ist nur das, was wir in den vorhergehenden Abschnitten zu tun versucht haben, die Aufstellung einer Liste von allgemeinen Möglichkeiten, die dem Textproduzenten zur Erzeugung des Sinns zur Verfügung stehen. Es handelt sich dabei jedoch um eine offene Liste; wir werden völlig neue Möglichkeiten der Erzeugung von Sinn immer erst dann in unsere Liste aufnehmen können, wenn wir bei der Interpretation eines noch nicht untersuchten Textes auf sie gestoßen sind und sie verstanden haben. Es gibt kein mechanisches Verfahren, alle denkbaren Möglichkeiten "aufzuzählen" oder gar "vorherzusagen". In der impliziten Leugnung dieses Sachverhalts liegt auch, wie bereits angedeutet [cf. Exkurs in 1.1.], eine der Schwächen der antiken Rhetorik, die die Texte gerade als Produkte einer vollständig aufzählbaren Menge von Erzeugungsverfahren auffaßte und daher mit dem impliziten Anspruch auftrat, eine universell gültige Methode der Textproduktion und Textinterpretation anbieten zu können.

Sollte man nun nicht, zumindest wenn man von der Richtigkeit des soeben Vorgetragenen überzeugt ist, angesichts der Unmöglichkeit, eine allgemeingültige Technik der Textinterpretation auszuarbeiten, auf alle weiteren Bemühungen um eine Textlinguistik verzichten und sich lieber Gegenständen zuwenden, die einer wirklich "wissenschaftlichen" Behandlung zugänglich sind? Wollte man diese Konsequenz ziehen, so dürfte man auch keine Erforschung der Einzelsprachen mehr betreiben, denn wie bei den Texten handelt es sich auch bei den historischen Einzelsprachen nicht um verschiedene Spezies einer Gattung, sondern um Individuen. Bei der Erforschung der Einzelsprachen befindet man sich genau in der gleichen Lage wie bei der Interpretation von Texten. Man kann Listen der bereits bekannten und erkannten Verfahren zusammenstellen, die zweifellos bei der weiteren Arbeit hilfreich sein werden, man kann jedoch nicht anhand eines Inventars nicht-empirischer "Universalien" alle denkbaren einzelsprachlichen Funktionen "aufzählen" oder "vorhersagen". Genauso wie es keine universell gültige Textproduktions- oder Interpretationsverfahren geben kann, sind auch "blind arbeitende Entdeckungsverfahren" zur Analyse von Sprachen nicht möglich. Es gibt keine allgemeinen Regeln für das Verständnis oder gar die "Herstellung" des Individuellen.

Aus diesem Sachverhalt läßt sich nun aber überhaupt kein Argument dafür ableiten, daß es nicht sinnvoll und wünschenswert sein könne, auf dem Gebiet der Textlinguistik zu arbeiten. Man muß sich zunächst nur von jenem unwissenschaftlichen Begriff von "Wissenschaft" zu befreien suchen, der dazu auffordert, etwas zu suchen, was man niemals wird finden können. Es gibt im üblichen Verständnis des Begriffs nur eine Wissenschaft vom Allgemeinen, keine Wissenschaft des Individuellen. Eine Methode, die sich dadurch der Wissenschaftlichkeit zu versichern sucht, daß sie Individuen als Spezies behandelt, mag "exakt" sein, sie ist jedoch vor allem unwirksam, denn sie erreicht den Gegenstand nicht, auf den sie angeblich ausgerichtet ist.

In bezug auf Individuen gibt es nur ein Wissen, keine Wissenschaft. Hieraus folgt jedoch nicht, daß es keine vernunftgeleitete, methodische Beschäftigung mit Individuen geben kann. Man kann sie beschreiben, man kann sie interpretieren und man kann ihre Geschichte erforschen. Dabei werden einem die Erfahrungen, die man bei bereits vorausgegangenen Beschreibungen, Interpretationen und historischen Forschungen direkt oder indirekt gemacht hat, hilfreich sein, und sie werden einen vor manchem Umweg bewahren. Diese Erfahrungen werden uns jedoch nicht der Mühe entheben können, gegebenenfalls unser Inventar von Beschreibungskategorien um genau die Elemente zu erweitern, die ein neuer Untersuchungsgegenstand erfordert.

Es besteht also ein Parallelismus zwischen den verschiedenen Ebenen der Betrachtung der Sprachen und der Betrachtung der Texte, ein Parallelismus, der sich schematisch folgendermaßen darstellen läßt:

Theorie der Texte		Sprachtheorie
Allgemeine Textlinguistik	$\triangleq$	Allgemeine Grammatik
Textlinguistik		Grammatik einer Sprache

Die Theorie der Texte sagt uns, welche Stellung den Texten innerhalb des Sprachlichen zukommt, so wie die Sprachtheorie die theoretische Begründung für die Abgrenzung der Ebene der Einzelsprachen und damit auch den theoretischen Rahmen für die allgemeine Grammatik zu liefern hat. Auf der Ebene der allgemeinen Textlinguistik geht es um das, was ich hier gerade in den Grundzügen zu tun versuche, nämlich um die Aufstellung einer Liste von möglichen Verfahren und um ihre Abgrenzung gegenüber anderen Verfahren, so wie die allgemeine Grammatik die möglichen einzelsprachlichen Verfahren erfaßt, erläutert und eventuell auch auf ihr tatsächliches Vorkommen in bestimmten Sprachen hinweist. Die Textlinguistik als Forschung besteht dann in der Beschreibung, Interpretation und eventuell in der Darstellung der Geschichte eines besonderen Textes, sie ist die "Grammatik" des betreffenden Textes.

2.5.2. Es gibt eine angemessene Methode der Textinterpretation

Die Tatsache, daß es keine allgemeingültige Technik der Textinterpretation gibt, die, sofern sie nur explizit formuliert worden ist, mit
absoluter Sicherheit zum gewünschten – oder besser, zum wün-
schenswerten – Ergebnis führt, bedeutet jedoch nicht, daß es überhaupt keine Methode der Textinterpretation gibt. "Methode" ist
schließlich nicht synonym mit "automatisches Problemlösungsverfah-
ren".

Wir haben uns zu fragen, welches die Methode sein kann, die auf
der Ebene anzuwenden ist, auf die sich die Textlinguistik (in dem in
diesem Kapitel intendierten Sinn) tatsächlich bezieht. Nun, es handelt
sich um genau dieselbe Methode, die auch in der "Linguistik ohne
Bindestrich", in der Sprachwissenschaft als Beschreibung der Einzelsprachen angewendet wird. Bei jeder Sprachanalyse geht man implizit
oder explizit von der bereits verstandenen Funktion aus und stellt dann
fest, wie diese Funktion in der betreffenden Sprache ausgedrückt wird
und wie sich die verschiedenen Funktionen zueinander verhalten. Die
Methode, die dabei benötigt wird, gilt für den gesamten Bereich des
Zeichenhaften: Man ersetzt Teile des Ausdrucks eines Zeichens, um
festzustellen, ob sich der Inhalt dabei ändert oder nicht. Man wendet,
wissentlich oder unwissentlich, die sog. K o m m u t a t i o n s -
m e t h o d e an.[58]

Diese Methode wird sowohl auf der Ebene der Texte als auch auf
der Ebene der Einzelsprachen in der Regel unreflektiert verwendet.
Wir verstehen eine Ausdrucksabsicht in einem Text unmittelbar, wir
haben dabei nicht den Eindruck, als würden wir uns fragen, ob unser

---

[58] [Der Terminus *Kommutation* im hier gemeinten Sinn wird vor allem in der
Glossematik verwendet (cf. *Prolegomena*, op. cit., Index). Vgl. ebenfalls vom
Verf.: *Einführung in die Strukturelle Linguistik* (Vorlesung gehalten im WS
1967/68 in Tübingen; autorisierte Nachschrift von G. Narr und R. Windisch),
Tübingen 1969, insb. S. 118ff. Die *Kommutation* in der Glossematik entspricht
der *Substitution* in der Prager Schule; Hjelmslev versteht dagegen unter
Substitution den Austausch von Varianten einer Variablen der einen Ebene
(Inhalt oder Ausdruck) ohne Konsequenzen auf der anderen Ebene (vgl. J.
Albrecht: *Europäischer Strukturalismus*, Tübingen 1988, S. 125.]

Verständnis noch dasselbe wäre, wenn dies oder jenes im Text geändert würde. Entsprechend verhält es sich auf der Ebene der Einzelsprachen: Wenn wir ein Wort wie *Haus* spontan verstanden haben, so glauben wir nicht, daß unser Verständnis durch eine probeweise Konfrontation der zu verstehenden Form mit *Laus, Maus, raus, Haut* usw. gefördert worden ist. Bewußt wird die Kommutationsprobe immer nur auf der ersten Metaebene, auf der Ebene des Sprechens über die Sprache und des Sich Beschäftigens mit der Sprache angewandt. Es gibt allerdings Situationen, in denen die Kommutationsprobe auch auf der Ebene der zu beschreibenden Objekte selbst erscheint, in denen sie zum Sprechen bzw. zur Textproduktion selbst gehört. Ich denke an die Mißverständnisse und Fehlleistungen, die in der Regel durch ein Verfahren aufgedeckt und behoben zu werden pflegen, das der Kommutationsmethode entspricht, wenn es natürlich auch nicht so konsequent und systematisch angewendet wird wie in der Wissenschaft: "Wie bitte, du kannst die *Ratten* nicht mehr bezahlen?" "Unsinn, die *Raten*, nicht die *Ratten*!" Präzisierungen der eigenen Ausdrucksabsicht können mitunter den in der Linguistik verwendeten Techniken sehr nahekommen.

Korrekturen dieser Art werden selbstverständlich auch auf der Ebene der Texte durchgeführt, z.B. bei der Vorbereitung eines Artikels oder Buches für den Druck oder bei den Korrekturen, die bei Neuauflagen eines Werks ausgeführt werden. Es geht in diesem Fall natürlich nicht um die orthographischen oder grammatischen Fehler, es geht um die T e x t f e h l e r , um die einzelsprachlich durchaus "korrekten" Segmente des Textes, die jedoch dem gemeinten Sinn nicht entsprechen und deshalb ersetzt werden müssen. Daß es sich bei der Korrektur von Textfehlern um eine komplexere Operation handelt als bei der Korrektur von Sprachfehlern folgt aus dem in Abschnitt 1.6. behandelten semiotischen Status der Textzeichen. Wir hatten gesehen, daß die Bedeutung und die Bezeichnung der sprachlichen Zeichen auf einer höheren semiotischen Ebene das *signifiant* für das *signifié* "Sinn" darstellen. Zum vollen Verständnis der Entstehung des Sinns gehört dann noch eine Berücksichtigung jenes Gefüges von Relationen, das wir "Evokation" genannt und in den vorangegangenen

Abschnitten ausführlich besprochen haben. Die gewöhnlich intuitiv durchgeführte Kommutationsprobe hat also auf der Ebene der Texte mehr Faktoren Rechnung zu tragen als auf der Ebene der Sprachen.

Im Prinzip kann diese Methode jedoch durch den Textinterpreten genauso bewußt und systematisch durchgeführt werden wie die Technik der minimalen Paare im Bereich der Phonologie. Man könnte sich z.B. fragen, was sich ändern würde, wenn man in Kafkas *Verwandlung* das Ausgangs- oder das Endprodukt der geschilderten Metamorphose durch etwas anderes ersetzen würde: Was würde sich ändern, wenn Gregor Samsa nicht in ein Ungeziefer, sondern in einen Araberhengst verwandelt würde? Hätten wir noch den gleichen Sinn, wenn nicht Gregor Samsa, sondern der König von Thailand in ein Ungeziefer verwandelt würde? Nun, ohne einer methodischen Analyse vorgreifen zu wollen, läßt sich jetzt schon sagen, daß sich in beiden Fällen der Sinn ändern würde. Es hat schon seinen Sinn, daß sich die Menschen bei Kafka eher in Ungeziefer als in edle Pferde verwandeln, und es liegt ebenfalls ein besonderer Sinn darin, daß dergleichen bei Kafka gerade Menschen wie Gregor Samsa widerfährt und nicht dem König von Thailand.

2.5.3. Der Sinn ist zwar objektiv gegeben; es gibt jedoch kein allgemeingültiges Verfahren zu seiner Aufdeckung

Dies bedeutet jedoch zugleich, daß der Sinn etwas Objektives ist, daß er objektiv durch die betreffenden Verfahren im Text ausgedrückt wird und daß alles, was man als Sinn des Textes verstanden hat, einschließlich der Kontexte, auf die sich der Text bezieht, objektiv gegeben ist. Es ist natürlich jederzeit möglich, daß der Sinn nicht voll verstanden wird in dem Maße, in dem man auch eine Äußerung in rein sprachlicher Hinsicht nicht vollständig verstehen kann. Dabei handelt es sich jedoch nur um eine empirische Einschränkung, die sich von der Tatsache herleitet, daß es keine "zuverlässige" Methode zur Entdeckung des Sinns gibt, daß es keine Technik des Verstehens geben kann, die nach Art eines Algorithmus zum gewünschten Ergebnis führt. Es gibt nur eine E r z i e h u n g zum Verstehen, im Bereich der Texte ebenso wie im Bereich der Sprachen.

Das ändert jedoch nichts daran, daß alles, was wir tatsächlich verstanden haben, objektiv auf die sinnkonstituierenden Relationen zurückgeführt werden kann. Die Textanalyse besteht in der nachträglichen kontrollierenden Rechtfertigung des bereits Verstandenen, und insofern ist sie keineswegs willkürlich, kann sie keineswegs zu beliebigen Ergebnissen gelangen. Daß man dabei immer damit rechnen muß, nicht alles verstanden zu haben, weniger als ein anderer verstanden zu haben, tut der allgemeinen Gültigkeit dieses Prinzips keinen Abbruch; schließlich werden auch unsere rein sprachlichen Analysen aufgrund eines genaueren Verständnisses des Ausgedrückten ständig verfeinert. Der Unterschied zwischen der Ebene der Einzelsprachen und derjenigen der Texte liegt nur darin, daß die einzelsprachlichen Verfahren, auf die sich das rein sprachliche Verständnis zurückführen läßt, für alle Redeakte gelten, bei deren Ausübung man sich der betreffenden historischen Technik des Sprechens bedient, während der Text in gewisser Hinsicht den Endpunkt einer Folge fortschreitender Determinierung darstellt. Die in einem Text funktionierenden Verfahren können nur in eben diesem Text selbst festgestellt werden.

2.5.4. *Was man dennoch tun kann: Die deskriptiven und die historischen Aufgaben im Bereich der Textlinguistik*

Das bisher Gesagte darf nicht als Aufforderung zum Defaitismus verstanden werden. Wenn man erst einmal klar erkannt hat, welche Ziele *rationaliter* nicht erreichbar sind, kann man sich umso unbeschwerter den Aufgaben zuwenden, deren Inangriffnahme Erfolg verspricht. Die Individualität der Texte schließt nämlich keineswegs aus, daß es Gemeinsamkeiten zwischen verschiedenen Texten geben kann, wie auch die Individualität der Einzelsprachen Gemeinsamkeiten zwischen ihnen durchaus nicht ausschließt.

Aus diesem Sachverhalt ergibt sich eine erste mögliche und sinnvolle Aufgabe der Textlinguistik: die Erfassung und Einordnung der unendlichen Vielfalt konkreter Texte aufgrund von Merkmalen, die mehreren, u.U. sehr vielen Texten gemeinsam sind. Auf diesem Wege gelangt man zu den *Textsorten*. Nehmen wir z.B. den *Zeitungsartikel*. Es ist ziemlich naheliegend, von einer Textsorte "Zeitungsartikel" zu sprechen, denn die Gemeinsamkeiten zwischen konkreten Exemplaren dieser Art von Texten sind sehr viel zahlreicher als etwa im Bereich der Literatur. Aber auch zwischen literarischen Texten gibt es genügend Gemeinsamkeiten, um zu einer sinnvollen und begründbaren Aufstellung von Textsorten zu gelangen. Eine solche Textsorte kann freilich keinen einzigen der konkreten Texte, der ihr zugeordnet wird, vollständig "erklären, sie kann seinen Gehalt nicht voll "ausschöpfen", aber sie stiftet Ordnung in der schwer übersehbaren Vielfalt des zu Sichtenden und erspart unnötige interpretatorische Um- und Irrwege.

Es gibt übrigens eine analoge Tätigkeit auf dem Gebiet der Einzelsprachen: die *Sprachtypologie*. Sprachtypen wie der "isolierende", der "agglutinierende" oder der "flektierende" Typ (um nur einige traditionelle Termini aufzuführen) verhalten sich zu den Einzelsprachen wie die "Textsorten" zu den konkreten Texten. Sie gliedern die Vielfalt der historisch überlieferten "Techniken des Sprechens", ohne jedoch eine einzige von ihnen so erschöpfend zu charakterisieren, wie etwa die Definition des "gleichseitigen Dreiecks" die unter sie fallenden Gegenstände charakterisiert.

Es muß betont werden, daß wir uns bisher nur im Bereich der Synchronie bewegen. Es werden zu einem gegebenen Zeitpunkt Gemeinsamkeiten festgestellt, die die Kriterien für eine Klassifikation zu liefern haben. Es versteht sich von selbst, daß in gewissen Fällen, ja sogar in vielen Fällen, sich dergleichen Gemeinsamkeiten genealogisch erklären lassen, bei den Sprachen z.B. mit Hilfe der Hypothese, daß sich zwei Sprachen durch "Dialektspaltung" aus einer gemeinsamen Vorstufe entwickelt hätten, bei den Texten mit Hilfe der Annahme, daß sich die festgestellten Ähnlichkeiten auf ein gemeinsames älteres Vorbild zurückführen lassen. Damit sind wir jedoch bereits bei einer anderen Fragestellung angelangt. Die methodische Unterscheidung zwischen synchronischer und diachronischer Betrachtungsweise, die Ferdinand de Saussure so eindringlich für die Beschreibung der Einzelsprachen gefordert hat, findet ihr Analogon natürlich auch bei der Analyse und Beschreibung der Texte. Genau wie bei den Sprachen lassen sich auch bei den Texten Gemeinsamkeiten feststellen, die auf historischer Kontinuität beruhen. Genau wie bei den Sprachen läßt sich ein einzelner Text historisch untersuchen – z.B. von den ersten bruchstückhaften Entwürfen über mehrere vom Autor zu einem gegebenen Zeitpunkt gebilligten Fassungen hinweg bis hin zur sog. "Ausgabe letzter Hand". Genau wie bei den Sprachen lassen sich Texte jedoch auch genealogisch zu "Textfamilien" zusammenschließen und historisch untersuchen. Der sog. "Sprachfamilie" der historisch-vergleichenden Sprachwissenschaft entspricht die literarische Gattung in der Textwissenschaft. Eine literarische Gattung ist keineswegs eine Textsorte, wie sie in der Synchronie erscheinen kann, wenn man ihre Entwicklung nicht kennt oder wenn man ausdrücklich von der Kenntnis der Entwicklung absieht, genausowenig wie ein bestimmter Sprachtyp mit einer Sprachfamilie zusammenfällt. Sprachfamilien und "Textfamilien" sind in historischer Hinsicht wiederum Individuen (wie auch eine richtige Familie, z.B. "die Habsburger", in historischer Hinsicht als Individuum aufgefaßt werden muß). Für die Beschreibung und für die Historiographie der Sprach- und Textfamilien gilt somit dasselbe wie für die Einzelsprachen und die einzelnen Texte. Deshalb kann es auch in dem vorhin erläuterten Sinn keine "wissenschaftliche" Theorie der literarischen Gattungen geben, sondern nur eine Geschichte der Gattungen. Eine literarische Gattung kann zu einem späteren Zeitpunkt etwas völlig anderes sein als das, was sie anfangs war. Einige Züge mögen zwar gleich bleiben, es sind dies jedoch nicht unbedingt diejenigen, die für die Gattung im üblichen Sinn maßgebend sind. Wirklich wichtig für die Geschichte der Gattungen ist, wie sich diese Züge aus anderen entwickelt haben, wie z.B. ein bestimmter Text zum Modell für spätere Texte geworden ist, die nun aber den ursprünglichen Text nicht einfach imitiert, sondern etwas anderes aus ihm gemacht haben. Es sei in diesem Zusammenhang nur auf die Gattung der *novela picaresca*, des sog. "Schelmenromans" verwiesen. Die letzten Werke, die diese Gattung in ihrer Geschichte hervorgebracht hat, haben nur noch wenige gemeinsame Züge mit jenen, die an ihrem Anfang standen.

2.5.5. Zur "Abweichungsstilistik"

An dieser Stelle müssen wir uns nun etwas eingehender mit einem Problem beschäftigen, zu dem ich bereits kurz und etwas apodiktisch Stellung genommen habe, zum Problem der sog. "Abweichungsstilistik".[59] Aus den bisher vorgetragenen Thesen folgt, daß die sog. "Abweichungsstilistik" abgelehnt werden muß, weil ihre Grundhypothese unannehmbar ist. Die vorausgegangenen Überlegungen erlauben es uns nun jedoch auch, das Zustandekommen der "Abweichungshypothese" besser zu verstehen. Denn diese Abweichungshypothese ist natürlich nicht in der Hinsicht unsinnig, daß es überhaupt nichts im Bereich der Fakten gäbe, was die Aufstellung einer solchen Hypothese rechtfertigen könnte. Irrtümer sind gewöhnlich keine "reinen" Irrtümer, keine vollkommenen Konversen, keine totalen Negierungen der Wahrheit, sondern Teilwahrheiten, unvollständige Annäherungen an die Wahrheit.

Die Hypothese von den sog. "poetischen Abweichungen", die, seitdem der "Sänger" nicht mehr im Zentrum der Gesellschaft steht, tief in unserer Alltagskultur verwurzelt ist, mag als Musterbeispiel hierfür gelten. Richtig an dieser Auffassung ist zunächst einmal das schwer zu bestreitende Faktum, daß es bedeutsame Unterschiede zwischen den Verfahren des dichterischen und denen des alltäglichen Sprechens gibt. Nun geht jedoch der Begriff der Abweichung, wie bereits angedeutet [vgl. 2.0.], hinsichtlich seines deskriptiven Anspruchs weit über die schlichte Feststellung eines "Andersseins"

---

[59] [Vgl. 2.0 und 2.4. Vgl. ebenfalls: J. Trabant, "Poetische Abweichungen", *Linguistische Berichte* 32 (1974), SS. 45-59. Dort findet man auch bibliographische Hinweise zu verschiedenen technischen Ausarbeitungen der "Abweichungshypothese", die hier zurückgewiesen wird.]

hinaus. Wer den Unterschied zwischen zwei vergleichbaren Gegenständen oder Sachverhalten als "Abweichung" auffassen möchte, muß
wissen oder wenigstens Argumente dafür anführen können, welcher
der beiden als der "normale" anzusehen ist. Die Abweichungsstilistik
in allen ihren Spielarten beruht offenbar auf der Grundannahme, daß
die Alltagssprache die "normale", die dichterische Sprache eine "nicht-
normale" Art des Sprechens repräsentiere. Eine solche Annahme ist
jedoch nur in rein statistischer Hinsicht akzeptabel, nicht im Hinblick
auf das Wesen der Sprache. Wir haben bereits gesehen, daß in der
dichterischen Sprache, abgesehen von der Dimension der Alterität, die
Gesamtheit der Funktionen des Sprechens verwirklicht ist und daß
andere Formen des Sprachgebrauchs ihr gegenüber Ent-
aktualisierungen und Automatisierungen enthalten. Die unbestreitbare
Tatsache, daß diese unvollständigen Realisierungen der Möglichkeiten
der Sprache in der Praxis häufiger in Erscheinung treten als die vollständigen, berechtigt nicht dazu, die letzteren an den ersteren zu
messen.

Ich glaube behaupten zu dürfen, daß dies in Wirklichkeit auch
niemand ernstlich tut, auch diejenigen nicht, die vorgeben, es zu tun
und imponierenden Scharfsinn und große intellektuelle Anstrengungen
auf die technische Ausarbeitung von Modellen zur Operationali-
sierung ihrer vorgeblichen Grundannahmen verwenden. In der Praxis
gibt es eben doch keine Stilistik, die nichts anderes tun würde, als
Abweichungen gegenüber einem festgestellten und normierten
Sprachgebrauch zu entdecken und zu registrieren. Auch die sog.
"Abweichungsstilistik" richtet ihr Augenmerk nicht auf die
"Abweichungen" als solche, sondern auf die R e g e l m ä ß i g k e i -
t e n innerhalb dieser angeblichen Abweichungen. Und diese Regelmäßigkeiten der Abweichung sind nichts anderes als das, was im Text
unmittelbar auffällt. Niemand würde sich z.B. systematisch für mehr
oder weniger zufällig auftretende Sprachfehler aller Art interessieren
(auch dabei handelt es sich schließlich um "Abweichungen"), es sei
denn, gewisse Regelmäßigkeiten im Auftreten dieser "Fehler" legten
die Vermutung nahe, es könne sich in ihnen eine Ausdrucksabsicht offenbaren.

Dazu kommt noch etwas anderes: Das "Abweichende" gegenüber einem Sprachgebrauch kann seinerseits Sprachgebrauch, Technik des Sprechens sein. Durch "sekundäre Abweichungen" dieser Art lassen sich jedoch nicht eigentlich Texte, sondern nur "Sprachen" charakterisieren, genauer gesagt, Techniken des Sprechens, die aus historischen Gründen speziell für bestimmte Texte gelten, in speziellen Texten auftreten. In diesem eingeschränkten Sinn gibt es tatsächlich so etwas wie eine "Sprache der Dichtung". Es handelt sich dann jedoch nicht um die Sprache der Dichtung schlechthin, sondern um eine bestimmte "Dichtersprache", um eine in einer spezifischen Tradition stehende "Dichtungssprache". Es mag durchaus zutreffen, daß es z.B. für die dichterische Sprache im Deutschen bestimmte Traditionen gibt und daß diese Traditionen, wenn man so will, von der Gesamtheit der Verfahren "abweichen", die in der "alltäglichen Sprache" üblich, die für das praktische Sprechen einer gegebenen historischen Gemeinschaft charakteristisch sind. Bei den "Abweichungen" dieser Art handelt es sich jedoch nicht um Abweichungen der dichterischen Sprache von einer vorgeblichen 'Normalsprache' schlechthin, sondern um Charakteristika einer "funktionellen Sprache" innerhalb der jeweiligen "historischen Sprache", um die Besonderheiten eines bestimmten "Sprachstils" [cf. 2.2.1.,3)]. Mit "Abweichungen" dieser Art hat man beim Umgang mit Texten ständig zu rechnen; sie betreffen jedoch nicht die Ebene der Texte, sondern die Ebene der Sprachen, genauer gesagt, die Sprachstile einer historischen Sprache.

Zurück zur Abweichungsstilistik im engeren Sinn: Vor einiger Zeit ist eine Theorie des dichterischen Sprechens entwickelt worden, die vor allem in den romanischen Ländern viel Anklang gefunden hat. Ihr Urheber, der Spanier Carlos Bousoño, nennt sie "Theorie des dichterischen Ausdrucks".[60] Es handelt sich dabei um einen Entwurf, der die Abweichungsstilistik theoretisch zu begründen versucht. Im Sinne dieses theoretischen Entwurfs hätte man die dichterische Sprache als eine Art von systematischer Ersetzungstechnik zu verstehen; bei je-

---

[60] C. Bousoño, *Teoría de la expresión poética*, erstmals Madrid 1952, jetzt in auf zwei Bänden angewachsener "versión definitiva" Madrid ⁵1970. Zum hier Gesagten vgl. vor allem das 2. Kapitel.

dem dichterischen Ausdruck sei eine Art von Austausch vorgenommen worden, wobei etwas "So-Gesagtes" durch etwas "Anders-Gesagtes" ersetzt worden wäre.

Diese Auffassung entspricht einem Eindruck, der sich tatsächlich häufig beim Umgang mit poetischen Texten einstellt. Wenn etwa Empedokles vom *Lebensuntergang* spricht, so haben wir den Eindruck, dieser Ausdruck sei eine "poetische Abweichung" gegenüber dem "normalerweise zu erwartenden" Wort *Alter*.[61] Es ist dies ein falscher Eindruck. Was sich uns hier als "Ersetzung" bzw. als "Abweichung" darstellt, entspringt gar nicht mehr dem unmittelbaren Aufnehmen des Textes, sondern der unzulässigen Reifizierung einer intuitiv beherrschten Methode des Verstehens von Texten. Ich meine die Kommutationsprobe. In einem poetischen Text gibt es keine "Abweichungen", in der Dichtung wird alles genau so gesagt, wie es gesagt werden muß. Wenn wir nun dennoch den Eindruck haben, es sei hier oder dort etwas ersetzt worden, so tragen wir etwas an den Text heran, was nicht ihm angehört, sondern uns selbst. Wir haben bereits gesehen, daß die Kommutationsprobe unbewußt beim Verstehen eines Textes angewendet wird. Wir fragen uns, was geschehen würde, wenn ein Segment des Textes durch ein anderes ersetzt würde, und diese meist unbewußt an den Text herangetragene Fragestellung ist ein Teil der komplexen Operation des Verstehens. Das berechtigt uns jedoch nicht dazu, in dem betreffenden Textsegment selbst das E r g e b n i s eben dieser Teiloperation zu sehen.

Es ist nun, wie ich hoffe, etwas klarer geworden, warum die sog. "Abweichungsstilistik" von ihren theoretischen Ansprüchen her abgelehnt werden muß, obwohl nicht alle Behauptungen falsch sind, die im Zusammenhang mit dieser Methode vorgetragen werden. Die Grundannahme, auf der die Abweichungsstilistik beruht, entspricht einer verzerrten Intuition der Kommutationsprobe. Daraus erklärt sich, daß ihre Ergebnisse in rein praktischer Hinsicht durchaus einen Sinn haben können. Es ist z.B. richtig, daß im Text – dies gilt übrigens für jeden Text und nicht nur für poetische Texte – etwas "unmittelbar auffällt" und daß ein wesentlicher Zusammenhang zwischen diesem

---

61 [Beispiel aus Aristoteles, *Poetik*, 1457b.]

Auffälligen und dem Sinn des Textes besteht. Diese Auffälligkeit ist jedoch nicht so motiviert, wie die "Abweichungstheoretiker" uns glauben machen wollen. Der Sinn entsteht nicht als Konsequenz einer Abweichung von einem Sprachgebrauch, sondern die Tatsache, daß uns etwas auffällt, ist eine Konsequenz unseres Verständnisses. In gewissen Fällen läßt sich dies besonders leicht zeigen. Wenn z.B. Spitzer auffällt, daß bei Cervantes ständig Namen diskutiert werden, daß ein und dieselbe Person immer wieder mit neuen Namen belegt wird, und wenn er diesen Sachverhalt interpretiert [vgl. w.u.], so geschieht dies wohl kaum in der Folge der Entdeckung einer Abweichung von einem Sprachgebrauch, denn es gibt überhaupt keinen diesbezüglichen Sprachgebrauch.

Es ist bereits angedeutet worden [cf. 2.0.], und wir werden auf die hier nur wiederholte Andeutung ausführlicher zurückkommen [cf. 2.6.], daß das Auffällige im Text u.U. sogar in einer außerordentlich großen Übereinstimmung mit dem alltäglichen Sprachgebrauch bestehen kann. In diesem Fall entstünde dann – in Termini der "Abweichungsstilistik" ausgedrückt – der Sinn durch "Verzicht auf Abweichung".

2.5.6. Es gibt eine entwicklungsfähige Vorform der Textlinguistik: Die "integrale" Stilistik Leo Spitzers

Zu Beginn dieser Vorlesung [cf. Exkurs in 1.1.] bin ich schon einmal auf meine zuerst in *Determinación y entorno* vorgetragene Ansicht zu sprechen gekommen, daß man in der Stilistik Leo Spitzers eine Art von Textlinguistik *ante litteram* zu sehen habe. Diese Ansicht soll nun etwas ausführlicher dargelegt werden.[62]

Es ist des öfteren darauf hingewiesen worden, daß Spitzer kein großer Theoretiker war, daß er in erster Linie praktisch gearbeitet und

---

[62] [Zu diesem Komplex liegt inzwischen eine gründliche Untersuchung einer Schülerin des Verf. vor: Heidi Aschenberg: *Idealistische Philologie und Textanalyse. Zur Stilistik Leo Spitzers*, Tübingen 1984; vgl. insb. SS. 243-248.]

erst sehr spät versucht hat, der bereits geleisteten Arbeit nachträglich einige Prinzipien unterzuschieben. Das ist alles durchaus richtig. Wie viele andere schöpferische Menschen hat sich Spitzer mit sicherem intuitiven Wissen seines Gegenstandes angenommen, ohne dabei schon wirklich zur Bildung einer Theorie zu gelangen. Spitzer interpretiert die Texte auf der Ebene des Sinnes, und zwar auch dann, wenn er der Meinung ist, rein sprachliche Analysen vorzulegen. Es scheint mir daher durchaus berechtigt, in der Stilistik Leo Spitzers einen vielversprechenden Ansatz zu einer "Linguistik des Sinnes" zu sehen, zu jener Form der Textlinguistik also, mit der wir uns hier beschäftigen und die ich für die "eigentliche" Textlinguistik halte. Es handelt sich bei dieser Stilistik jedoch, wie gesagt, nur um einen entwicklungsfähigen Ansatz, nicht um eine ausgereifte Methode. Um zu einer wirklichen Textlinguistik im hier intendierten Sinn zu werden, muß die Spitzersche Stilistik in dreierlei Hinsicht erweitert und damit zugleich auf eine systematischere Grundlage gestellt werden:

a) Was ich in den vorangegangenen Abschnitten nur exemplarisch vorgeführt habe, muß in sehr viel größerem Umfang und mit mehr System betrieben werden: die Aufstellung einer umfangreichen Liste sinnkonstituierender Verfahren, die Bereitstellung eines deskriptiven Instrumentariums für die Textinterpretation. Bisher sind auf diesem Gebiet die Forschung und die Theorie zumeist in einem betrieben worden; der Praktiker auf dem Gebiet der Textanalyse ist *nolens volens* meist zur selben Zeit auch Interpret der von ihm entdeckten Verfahren gewesen.

b) Der Spitzerschen Stilistik fehlt eine Komponente, die man "Theorie der Artikulation des Sinns" nennen könnte. Aus der Erforschung und Beschreibung der Einzelsprachen wissen wir, daß sprachliche Inhalte an die jeweilige "Schicht" [cf. 1.3.] gebunden sind, innerhalb derer sie auftreten, daß es für die Ebenen der einzelsprachlichen Strukturierung spezifische Inhalte gibt. So läßt sich z.B. die Bedeutung eines Satzes nicht einfach als Summe der Bedeutungen der in ihm kombinierten Wörter darstellen. Es ist anzunehmen, daß es sich auf der Ebene des

Sinns genauso verhält. Auch die Textzeichen, auf deren komplexen semiotischen Status mehrfach hingewiesen wurde, lassen sich vermutlich nicht einfach zu größeren Sinneinheiten "aufsummieren". Man müßte einmal gründlich untersuchen, welches die "Bausteine" komplexer Sinneinheiten sind und wie sich diese Bausteine zu höheren Sinneinheiten zusammenfügen lassen. Man würde dabei von einer noch zu definierenden minimalen Einheit zum "Abschnitt", vom "Abschnitt" zum "Kapitel", vom "Kapitel" zum gesamten Werk gelangen. (Die hier verwendeten Termini gehören, wie man sieht, zur traditionellen vorwissenschaftlichen Vorstellung davon, wie Texte gegliedert sind und sollten daher nicht als Normierungsvorschläge verstanden werden). Es würde sich dabei wahrscheinlich auch zeigen, daß selbst der abgeschlossene Text noch nicht die größtmögliche Einheit des Sinnes verkörpert, sondern daß es sich in bestimmten Fällen als notwendig erweisen wird, über das einzelne Werk hinaus die gesamte Tätigkeit eines Schriftstellers in Betracht zu ziehen – eine Sinneinheit, für die es übrigens ebenfalls bereits einen traditionellen Ausdruck gibt: das *OEuvre.*

Die "Gliederung des Sinns" ist schon in rein praktischer Hinsicht kaum untersucht worden, und es ist daher nicht verwunderlich, daß wir nur über äußerst spärliche theoretische Einsichten auf diesem Gebiet verfügen. Auch die in ihrem Ansatz so vielversprechende Stilistik Leo Spitzers macht da keine Ausnahme. Spitzer weist zwar gelegentlich darauf hin, daß gewisse von ihm an einer Stelle des Textes festgestellte Fakten in einem wesentlichen Zusammenhang mit anderen Fakten stehen, die an einer ganz anderen Stelle des Textes erscheinen. Es ist ihm jedoch nicht gelungen, diesen Weg zuende zu gehen, einen Text so ausführlich zu kommentieren, daß größere Zusammenhänge sichtbar werden. Er wäre sonst wohl auch zu der Erkenntnis gekommen, daß eine Dimension des Sinns, die im Text in Erscheinung tritt, nicht unbedingt mit dem Sinn des gesamten Textes oder gar des gesamten Werkes des Autors zusammenzufallen braucht. Hierauf werde ich gleich zurückkommen [vgl. die beiden Exkurse].

c) Auf die dritte Erweiterung, die ich für notwendig halte, habe ich bereits wiederholt hingewiesen: Eine Textlinguistik als "Linguistik des Sinns" kann sich zwar in erster Linie, darf sich jedoch nicht ausschließlich mit literarischen Texten beschäftigen. Antonino Pagliaro, in dessen *critica semantica* ich, wie bereits erwähnt, ebenfalls eine Textlinguistik *ante litteram* sehe [cf. *Vorbemerkungen*], kann in dieser Hinsicht als Vorbild dienen. Zwar setzt auch er sich in erster Linie mit literarischen Texten auseinander; darüber hinaus hat er jedoch klar erkannt, daß das Problem der Entstehung des Sinns in den Texten kein spezifisch literarisches Problem ist. Daher hat er seine Methode auch auf philosophische, religiöse und sogar juristische Texte angewendet.[63]

Soviel zu den m.E. notwendigen Erweiterungen der Spitzerschen Stilistik. Um dies alles etwas plastischer hervortreten zu lassen, werde ich mich nun bemühen, eine berühmte Spitzersche Interpretation im Sinne der hier vorgeschlagenen Erweiterung zu relativieren und zu korrigieren. Es kann sich dabei freilich nur um die Skizze einer Korrektur handeln, denn es liegen noch zu wenige Forschungen zum Problem der Artikulation des Sinnes vor, um eine gründliche Analyse in Angriff nehmen zu können.

---

[63] [Cf. "Formule di confessione meridionali in caratteri greci", in: *Saggi*, op. cit., Nr. 10; "Due ricette in volgare siciliano del secolo XIII", in: *Nuovi saggi*, op. cit., Nr. 6; "La formula «paricidas esto»" und "La formula «ite, missa est»" in: *Altri saggi*, op. cit., Nr. 2 und 4.]

1. Exkurs: Spitzers Interpretation des "Don Quijote"

Im Einklang mit seiner intuitiv entwickelten Methode geht Spitzer bei der Interpretation des *Don Quijote*[64] von einem Faktum aus, das im Text "unmittelbar auffällt", von der – wie er es nennt – "Polyonomasie", von der "Unbeständigkeit der Namen". Schon im ersten Kapitel des Romans stellt sich nämlich heraus, "daß die Hauptfigur in den Quellen «dieser so wahrheitsgetreuen Geschichte» abwechselnd Quixada, Quesada, oder Quixana genannt wird, wobei letzteres nach Cervantes die wahrscheinlichste Vermutung ist" (S. 55). Die "Unsicherheit der Namen" ist ein merkwürdiger Zug, der an den verschiedensten Stellen im Roman auftritt; es herrscht ein seltsamer Relativismus und Skeptizismus hinsichtlich der Benennungen vor, eine sonderbare Abneigung, eine Benennung einfach als gegeben hinzunehmen. Diese Abneigung äußert sich in der Bereitschaft, hartnäckig über die Richtigkeit der Namen zu diskutieren, und sie ist dazu angetan, "das Vertrauen des Lesers auf den feststehenden Wortgebrauch zu erschüttern" (S. 68).

Nebenbei gesagt – als Exkurs im Exkurs – ist die Bedeutung der Eigennamen in einem Text ein Thema, das einer gründlicheren Untersuchung wert wäre. Eigennamen können durch ihr Verhältnis zu einem Kontext oder allein durch die Tatsache, daß sie in einer bestimmten sozialen Schicht besonders häufig sind[65], zur Charakterisierung und zur Situierung der Gestalten dienen. Bei zwei Autoren scheint mir die Neigung besonders ausgeprägt, die Namensgebung gezielt als expressives Mittel zu verwenden, bei Charles Dickens und bei Thomas Mann. Beide Schriftsteller haben eine Vorliebe für etymologisch analysierbare Namen wie *Dotheboys* (*do the boys*), *Murdstone*, *Copperfield* oder *Langhals*, *Schweigestill* und – so heißt ein junger Münchner Hausdiener – *Xaver Kleinsgütl*. Beide Autoren arbeiten vorzugsweise mit frei erfundenen Namen, so daß die evokatorische Wirkung nicht auf die konkreten Namen selbst, sondern auf die Verfahren zurückgeführt werden muß, nach denen sie gebildet sind.

---

64 "Linguistic perspectivism in the Don Quijote" in: *Linguistics and literary history*, op. cit., SS. 41-85. In dt. Übers. von G. Wagner in: L. Spitzer, *Texterklärungen. Aufsätze zur europäischen Literatur*, München 1969, SS. 54-83. Die in Klammern angegebenen Seitenzahlen nach Zitaten beziehen sich auf diese Übersetzung.

65 ["Die Möwen sehen alle aus, als ob sie *Emma* hießen" heißt es in diesem Zusammenhang in den *Galgenliedern* von Christian Morgenstern.]

Nun aber zurück zu Spitzers Interpretation des *Don Quijote*. In immer wieder neuen Variationen nimmt sich Spitzer seines Themas an und versucht zu zeigen, daß in der Unsicherheit der Namensgebung ein besonders wichtiges Indiz für den Sinn des ganzen Romans zu sehen ist. Das *signifiant* dieser Komponente des Textes nennt er "sprachlichen Perspektivismus". Natürlich bemüht sich Spitzer auch, das entsprechende *signifié*, den "Sinn" dieses sprachlichen Perspektivismus ausfindig zu machen. Dies geschieht unter Bezugnahme auf die mittelalterliche Vorstellung, daß sich das wahre Wesen, das So-Sein alles Geschaffenen durchaus in den "richtigen" Namen dafür ausdrücken müsse, daß jedoch die Erkenntnis dieses wahren Seins für die begrenzte Subjektivität des Menschen unmöglich ist. Gott allein kennt die "richtigen" Namen der Dinge, "die Welt, wie sie sich dem Menschen darbietet", ist "für viele Deutungen offen", "so wie auch für Namen viele Etymologien möglich sind ..." (S. 62). Der Mensch kann das Wesen der Dinge selbst nicht erfassen; insofern er als Subjekt selbst ein Geschaffener ist, kann er alles nur relativ, "aus seiner Perspektive", betrachten. Man müsse erkennen, meint Spitzer, "daß wir von einer Überfülle an Namen, Wörtern, Sprachen, also von Polyonomasie, Polyetymologie und Polyglottismus zum sprachlichen Perspektivismus des Künstlers Cervantes geführt worden sind, der weiß, daß die Sprache nur für Gott allein durchsichtig ist." (S. 79). Eine Konsequenz dieser Interpretation ist es dann auch, daß weder in Don Quijote noch in Sancho Panza, sondern im Dichter selbst "der wahre Held dieses Romans" (S. 79) gesehen wird und daß die Metamorphose vom *loco* zum *cuerdo*, vom *ingenioso hidalgo Don Quijote de la Mancha* zum *bourgeois rangé* Alonso Quijano am Ende als eine Art von "Heilung" angesehen wird (S. 55f.).

Ich bin der Ansicht, daß Spitzer die Vielfältigkeit der Namen im *Don Quijote* richtig als einen besonders auffallenden Zug des Romans erkannt und daß er diesen Zug auch bis zu einem gewissen Punkt hin richtig interpretiert hat. Ich frage mich allerdings, ob diese Interpretation schon die für das gesamte Werk gültige ist, ob es sich dabei wirklich um den "Sinn des Romans" oder nicht vielmehr um den "Sinn einer Komponente des Romans" handelt, einer Komponente, die ihrerseits nur ein Glied des auf einer höheren Ebene artikulierten Sinns repräsentiert.

In einem Ende der fünfziger Jahre gehaltenen und noch nicht veröffentlichten Vortrag über die Sprache von Cervantes habe ich die Meinung vertreten, daß es im *Don Quijote* um etwas anderes geht, daß die "Unsicherheit der Namen" e i n Faktum unter anderen ist, auf das wir unsere Aufmerksamkeit zu lenken haben, und daß es nur im Zusammenhang mit anderen Fakten richtig verstanden werden kann.

Ein weiterer hervortretender Zug des Romans ist eine "Obsession" des Protagonisten: die ständige Beschäftigung Don Quijotes mit dem Thema der Freiheit, Beschäftigung in theoretischer wie in praktischer Hinsicht; es gehört zu den Lieblingsbeschäftigungen Don Quijotes, jemanden zu befreien. Die Tatsache, daß die Befreiten von der neu gewonnenen Freiheit einen Gebrauch machen, der nicht im Sinne des Befreiers gelegen haben kann (vgl. z.B. *Teil I*, Kap. 22), beeinträchtigt die Freiheitsbegeisterung unseres Helden ebensowenig wie der offenkundig begrenzte Wille zur Freiheit bei so manchem Unterdrückten. Don Quijote spricht auch viel von der Freiheit. In seiner Begeisterung für die Gerechtigkeit und für die Freiheit wirkt er keineswegs lächerlich. Nicht umsonst bringen andere Gestalten des Romans immer wieder ihr Erstaunen darüber zum Ausdruck, daß der sinnreiche Junker einen so ausgezeichneten Verstand (*bonísimo entendimiento*) an den Tag lege, wenn er zufällig einmal nicht über Fragen des Rittertums räsonniere. Und besonders überzeugend wirkt er in der sehr kurzen, aber sehr schönen Rede über die Freiheit, in der er Sancho Panza das Wesen der Freiheit erklärt (*Teil II*, Kap. 58). Zum Thema der Freiheit gehört schließlich noch ein anderer Handlungsstrang des Romans, eine, wenn man so will, burleske Variation über das traditionsreiche literarische Thema der Utopie, der Schilderung des idealen Staates: Sancho Panzas seltsame Statthalterschaft über das "Eiland" (*ínsula*) Barataria, die dann ein so unrühmliches Ende findet.

Dies veranlaßte mich dann dazu, auch die "Unsicherheit der Namen" in einem neuen Licht zu sehen. In der Vielfältigkeit der Benennung muß nicht notwendigerweise ein Moment der Unsicherheit zum Ausdruck kommen. Auch hierin kann man ein Moment der Freiheit sehen: Wir sind frei in unserer Benennung der Dinge, es steht uns frei, einen Gegenstand so oder so zu benennen, weil jede Benennung einer bestimmten Vision entspricht, einer besonderen Art, die Dinge zu sehen.

Ich glaube behaupten zu dürfen, daß der *Don Quijote* ein Gedicht über die Freiheit ist, daß die Freiheit das eigentliche Thema dieses Romans darstellt. Das Tragische – denn der *Don Quijote* ist zugleich eine Tragödie – liegt darin, daß die Möglichkeiten des Kampfs für die Freiheit begrenzt sind, daß die Freiheit untrennbar mit dem Wahnsinn des Helden verknüpft ist und daß dieser gerade in dem Augenblick die Suche nach der Freiheit für sich und andere aufgibt, in dem er, der endgültig Besiegte, selbst glaubt, wieder gesund geworden zu sein. Mit seiner Gesundheit hat er gleichzeitig wieder zu der unendlichen Monotonie des Lebens zurückgefunden, aus der er am Anfang aufgebrochen war, erfüllt von jener "irrsinnigen" Begeisterung für die Freiheit, die sein eigentliches Wesen ausmacht. Nun wird er niemanden mehr befreien, nie wieder für die Gerechtigkeit kämpfen. Er würde wieder seine tägliche Fleischsuppe essen, Eier und Speck am Samstag, Linsen am Freitag und als Zugabe jeden Sonntag ein Täubchen – wenn ihn der Tod nicht daran hindern würde.

Es kann hier nicht um eine ausführliche Begründung und Rechtfertigung meiner Interpretation des *Don Quijote* gehen. Meine kurze interpretatorische Skizze stellt den Versuch dar, in Verbindung mit der m.E. zu kurz greifenden Interpretation Spitzers einen Begriff davon zu vermitteln, worin das Problem der "Artikulation des Sinns" liegt. Ich war von der Annahme ausgegangen, daß es im Bereich der Texte ebenso "Ebenen der Strukturierung" gibt wie im Bereich der Einzelsprachen. Daraus folgt, daß wir beim Verstehen eines Textes genauso vorgehen wie beim Verstehen eines Satzes mit dem einzigen Unterschied, daß wegen der größeren Komplexität die Gefahr, Fehler zu machen, auf der Ebene der Texte ungleich größer ist als auf der Ebene der Sätze.

Die Aussage eines einfachen Satzes wie *Hans ist dumm* ist eine völlig andere, je nachdem, ob dieser Satz für sich allein behauptet wird, oder ob er als Gliedsatz in einem Satzgefüge erscheint: *Es stimmt nicht, daß Hans dumm ist*. Das Beispiel scheint trivial, aber triviale Beispiele sind zuweilen nützlich. Wie in diesem simplen Fall haben wir uns im Bereich der Texte immer zu fragen, ob ein verstandener Sinn als die vollständige "Aussage" oder nur als ein Glied einer möglicherweise noch nicht verstandenen "Aussage" aufzufassen ist. Analog zu gewissen Darstellungsverfahren, die für Sätze entwickelt worden sind, ließe sich diese Hypothese von der Artikulation des Sinns schematisch und stark vereinfachend folgendermaßen darstellen:

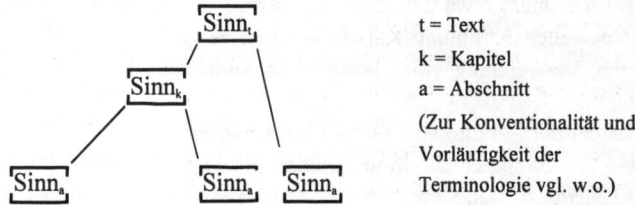

t = Text
k = Kapitel
a = Abschnitt
(Zur Konventionalität und
Vorläufigkeit der
Terminologie vgl. w.o.)

Auf den konkreten Fall unserer "Korrektur" der Spitzerschen Interpretation des *Don Quijote* angewendet, könnte dies folgendermaßen aussehen:

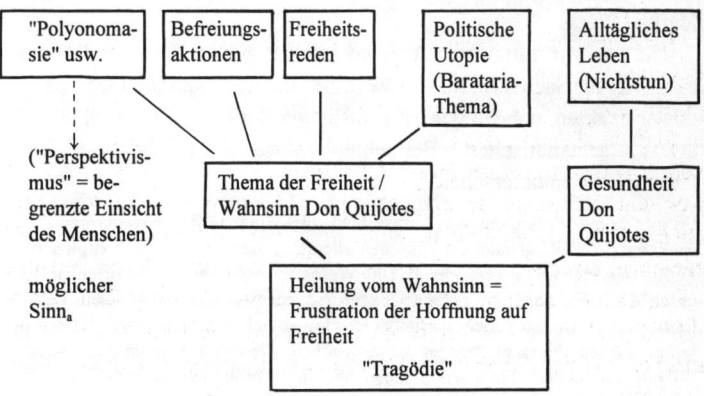

Ende des ersten Exkurses.

2. Exkurs: Die "Konnotation" eines Sprachstils als
sinnkonstituierender Faktor im Werk Franz Kafkas

Wir hatten an anderer Stelle gesehen [cf. 2.2.1.,3)], daß bestimmte Varietäten einer Einzelsprache das "Milieu" evozieren ("konnotieren" im Sinne Hjelmslevs) können, in dem diese Varietät normalerweise gesprochen wird, und daß diese Evokation zum Sinn eines Textes beitragen kann. Das läßt sich anhand von Kafka besonders gut zeigen. Es geht hier nicht etwa um einen begrenzten "veristischen" Effekt in einer speziellen Erzählung Kafkas, sondern es geht um den Stellenwert der Verwendung eines bestimmten Sprachstils in seinem Gesamtwerk.

Was bei der Lektüre von Kafka immer wieder auffällt, ist eine besondere Art zu sprechen: ein nüchterner, präziser, ja präzisionsbesessener Kanzleistil, eine streng berichtende, fast wissenschaftliche Art von "Verwaltungssprache". Gelegentlich wird sogar ausdrücklich betont, daß der Text als Bericht über Festgestelltes aufzufassen sei; eine Erzählung heißt dementsprechend *Ein Bericht für eine Akademie*. Soviel zunächst zur Verwendung eines bestimmten Sprachstils in Kafkas Werk.

Richten wir nun unsere Aufmerksamkeit auf das *Was* des Berichteten. Was für Sachverhalte und Vorfälle sind denn nun die Gegenstände dieser exakten, nahezu wissenschaftlichen Berichte? Es lassen sich bei etwas schematischer Betrachtungsweise zwei Klassen von Geschehnissen unterscheiden:

Da gibt es ein Wesen, das von weitem betrachtet wie eine flache sternartige Zwirnspule aussieht, bei genauerem Hinsehen allerdings von einer etwas komplizierteren Zusammensetzung zu sein scheint. Das Wesen ist recht beweglich, offenbar völlig unschädlich und kann auf einfache Fragen zufriedenstellende, wenn auch wenig informative Antworten geben. Es heißt *Odradek*, soviel ist sicher. Über die Herkunft seines Namens herrscht dagegen keine Klarheit; die einen nehmen ein slawisches Etymon an, andere hingegen glauben an ein ursprünglich deutsches Wort, das nachträglich slawisiert worden ist.

Oder es ist von einem neuen Rechtsanwalt die Rede, der eine Kanzlei in der Stadt eröffnet hat. Er heißt Dr. Bucephalus, erinnert aber in seinem Äußeren wenig an die Zeit, als er noch Streitroß Alexanders des Großen war. Es bestehen bei der Anwaltskammer im großen und ganzen keine Vorbehalte gegen die neuen beruflichen Aktivitäten von Dr. Bucephalus. Angesichts seiner weltgeschichtlichen Bedeutung müsse man Verständnis für seine schwierige Lage aufbringen. In unserer Zeit sei es vielleicht wirklich besser, sich in Gesetzesbücher zu vertiefen als Indien zu erobern – ein Vorhaben, für dessen erfolgreiche Durchführung derzeit die Voraussetzungen nicht gegeben seien.

Ein anderes Mal geht es um einen alltäglichen Vorfall. A begibt sich in wichtigen Angelegenheiten zu B, trifft B jedoch nicht an, weil dieser sich in derselben Angelegenheit auf den Weg zu jenem gemacht hat. A begibt sich daraufhin auf den Heimweg, um B bei sich zu Hause anzutreffen. Dort wartet B noch auf ihn. Infolge einer plötzlichen Beeinträchtigung seiner Bewegungsfähigkeit gelingt es A jedoch nicht mehr, den in seinem Zimmer wartenden B rechtzeitig zu erreichen. Ohnmächtig muß er mit anhören, wie dieser unter Unmutsbezeugungen das Haus verläßt.

Es geschehen jedoch auch eine Reihe von ganz andersartigen Dingen:

Ein Handelsvertreter wacht eines Morgens auf und stellt fest, daß er in ein ungeheures Ungeziefer verwandelt worden ist. Diese Metamorphose wird nicht ohne Einfluß auf sein weiteres Leben bleiben. Es wird zu einem länger andauernden Meinungsbildungsprozeß in seiner näheren Umgebung kommen, dessen Ergebnis die Herausbildung einer Überzeugung sein wird, der gerade er selbst sich am Ende am wenigsten wird verschließen können: Für Ungeziefer gibt es letztlich doch keine artgerechten Lebensbedingungen in einer bürgerlichen Familie.

Oder ein Mann vom Lande bittet um Eintritt in das Gesetz. Ein Türhüter mit langem, dünnen, schwarzen tatarischen Bart bedeutet ihm, sich noch etwas zu gedulden. Bestechungsversuche schlagen fehl und scheinen auch deshalb wirkungslos zu sein, weil viele Türhüter, in gestaffelter Anordnung, einer mächtiger als der andere, das Gesetz vor Zudringlichen beschützen. Die Zeit verstreicht, und das Leben des einfachen Mannes neigt sich dem Ende zu. Ohne Hoffnung, sein Ziel noch zu erreichen, fragt er, vom Tode gezeichnet, warum er in der langen Zeit der einzige gewesen sei, der Eintritt in das Gesetz begehrt habe. Aus dem einfachen Grunde, wird ihm geantwortet, weil der Eingang, vor dem er sich befinde, nur für ihn bestimmt gewesen sei. Mit seinem Tode habe dieser Eingang nun keine Funktion mehr und könne endgültig geschlossen werden.

Ein anderes Mal kommt ein Geschwisterpaar in einer unbekannten Ortschaft an einem Hoftor vorbei. Es ist nicht mit Sicherheit auszuschließen, daß die Schwester dabei, sei es aus Mutwillen, sei es aus Zerstreuung, an das Tor geklopft hat. Der Vorfall, für dessen Stattfinden sich keine unumstößlichen Beweise beibringen lassen, wird von zufälligen Zeugen mit allen Anzeichen des Befremdens zur Kenntnis genommen: Ein Prozeß werde sich nicht mehr vermeiden lassen, und dessen unglücklicher Ausgang sei so gut wie sicher. Es gelingt dem selbstlosen Bruder zwar, mit Hilfe eines Vorwandes seine Schwester im letzten Augenblick dem Zugriff der Exekutive zu entziehen; für ihn selbst gibt es jedoch nicht die geringste Aussicht, die ihm zugedachte lebenslange Haft vorzeitig zu beenden.

Ein weiteres Mal befinden wir uns in einer Strafkolonie, in der sinnreiche Apparaturen von großer technischer Ausgereiftheit für eine zeitgemäße Urteilsvollstreckung sorgen. Die Verurteilten kennen dabei ihr eigenes Urteil nicht; sie werden sogar über den Tatbestand einer stattgehabten Verurteilung im unklaren gelassen und erhalten natürlich auch keine Gelegenheit, sich zu verteidigen, denn der Grundsatz, nach dem hier entschieden wird, lautet: "Die Schuld ist immer zweifellos".

In einem nicht unähnlichen Fall wird ein bislang unbescholtener Bankangestellter in einen langwierigen Prozeß verwickelt. Ein ganzes Jahr hindurch gelingt es ihm nicht, Näheres über die Hintergründe des Prozesses zu erfahren oder auch nur dem obersten Richter vorgeführt zu werden. Schließlich wird er von zwei förmlich gekleideten, wortkargen Herren auf eine überraschend informelle Art exekutiert – umgebracht wie ein Hund, für eine Schuld, die er nicht kennt.

Wir befinden uns also teils in einer unerklärlichen, teils in einer grausamen Welt – im Wirkungsbereich jeweils unterschiedlicher Gesetzmäßigkeiten. Die unerklärliche Welt ist bevölkert von Wesen wie Odradek und Dr. Bucephalus, über die nicht genügend Informationen zu beschaffen sind, um einigermaßen einleuchtende Erklärungen oder gar verläßliche Prognosen hinsichtlich ihres Verhaltens abgeben zu können. In ihr ereignen sich auch letztlich nicht vollständig aufzuklärende Begebenheiten, wie die nicht zustande gekommene Begegnung von A und B. Es handelt sich um eine verwirrende, jedoch verhältnismäßig ungefährliche Welt. In der grausamen Welt hingegen kann der unbewiesene Tatbestand des Anklopfens an ein Tor ein schweres Verbrechen darstellen; dort kann jemand in ein ungeheures Ungeziefer verwandelt werden oder in das unerbittliche Räderwerk einer Justiz geraten, die er nur von der Exekutive her kennenlernt – die Judikative und vor allem die Legislative bleiben rätselhaft und unzugänglich.

Nun stellt, für sich betrachtet, weder die unerklärliche noch die grausame Welt eine furchtbare Welt für den Menschen dar, oder wenigstens nicht für die Menschheit. Mit unzureichender Erklärbarkeit wird man sich abfinden können, solange keine ernsthafte Gefährdung damit verbunden ist. Auf eine grausame Welt wird man sich einstellen können, solange sie rational durchschaubar bleibt. Einzelne Individuen mögen an ihr zugrunde gehen, der Menschheit als Spezies betrachtet wird es hingegen gelingen, den Bedrohungen durch die grausame Welt systematisch zu begegnen.

Zu einer furchtbaren Welt wird das Ganze erst dadurch, daß die beiden Teilwelten gerade n i c h t so säuberlich voneinander getrennt sind, wie es aufgrund unserer schematischen Darstellung den Anschein haben könnte. Die "unerklärliche" und die "grausame" bilden zusammen eine fragmentarische und dadurch eine furchtbare Welt, in der es keine Hilfe gibt. Die verschiedenen Sektionen dieser Welt durchdringen einander, so daß wir nie wissen können, in welcher Sektion wir uns gerade befinden. Verbirgt sich hinter der Mitgliedschaft des Pferdes Alexanders des Großen in der Anwaltskammer am Ende doch eine Gefahr? Ist die Verwandlung eines Handelsvertreters in einen Käfer ein zwar unerklärlicher, aber letztlich doch harmloser, da reversibler Vorgang? Das eben weiß man in einer solchen fragmentarischen Welt nicht.

Diese Welt wird nun keineswegs mit der leidenschaftlichen Anteilnahme eines Betroffenen, sondern in jenem nüchternen, um äußerste Genauigkeit bemühten Stil geschildert, den man als "Sprache des Berichts" bezeichnen könnte. Dabei wird die verwendete Sprache manchmal selbst zum Gegenstand sachlicher Erörterung, wie etwa im Fall von *Odradek*, wo Hypothesen zur Herkunft der verwendeten Bezeichnung kritisch diskutiert und verworfen werden. Der sachliche Bericht wird also gelegentlich auf der Ebene der Metasprache weitergeführt.

Die Personen, die in diesen sorgfältig formulierten Beobachtungsprotokollen vorkommen, entsprechen in mancherlei Hinsicht der Art, in der über sie berichtet wird. Es sind keine außergewöhnlichen Menschen von auffälligem Äußeren, die von starken Leidenschaften bewegt oder mit überdurchschnittlichen Fähigkeiten begabt wären. Es sind einfache, pflichtbewußte Menschen, die oft nur mit Initialen benannt werden oder gänzlich anonym bleiben und die untergeordneten, wenn auch nützlichen Berufen nachgehen: Landvermesser, Bankangestellte, Handelsvertreter, die, wenn sie selbst zu Wort kommen, sich meist nicht weniger sachlich ausdrücken als der Erzähler, der über sie berichtet.

Da liegt dann die Vermutung nahe, daß diese Welt, die aus Stücken gemacht ist, innerhalb derer unterschiedliche Gesetzmäßigkeiten gelten, keine erfundene Welt ist, sondern unsere eigene: Hier ist es, wo man in ein ungeheures Ungeziefer verwandelt werden kann, hier wartet man sein ganzes Leben vergebens vor dem Gesetz, vor seinem eigenen Gesetz, hier gibt es in jedem Haus, auf jedem Dachboden Gerichte und hier ist damit zu rechnen, daß man, ohne die Möglichkeit zur Verteidigung und ohne auch nur die eigene Schuld zu kennen, am Ende schließlich umgebracht werden kann wie ein Hund.

Das folgende Schema erhebt nicht den Anspruch, in komprimierter Form die vollständige Struktur des Sinns des Kafkaschen Werks wiederzugeben; es ist in erster Linie dazu gedacht zu zeigen, wie der "konnotative" Gebrauch eines bestimmten Sprachstils zum Aufbau des Sinns im Gesamtwerk eines Autors beitragen kann:

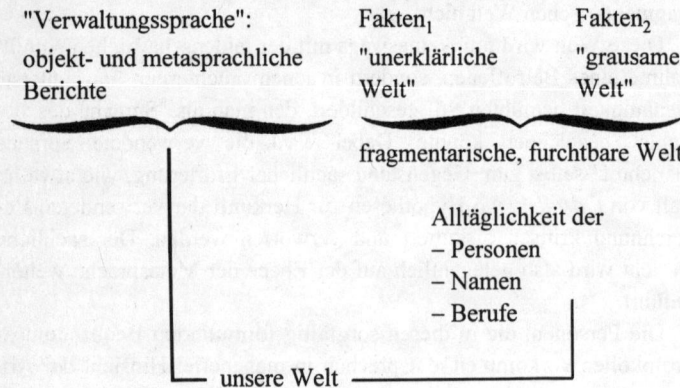

"Verwaltungssprache":   Fakten$_1$ Fakten$_2$

objekt- und metasprachliche   "unerklärliche   "grausame

Berichte   Welt"   Welt"

fragmentarische, furchtbare Welt

Alltäglichkeit der
– Personen
– Namen
– Berufe

unsere Welt

Ende des zweiten Exkurses.

2.6. Der Sinn als Resultante verschiedener Zeichenrelationen. Interpretatorische Skizzen zu Texten aus der "hohen" und "niederen" Literatur

Nachdem wir uns einen Einblick in die Probleme der Artikulation des Sinns im Bereich des abgeschlossenen Textes bzw. des *OEuvres* eines Schriftstellers verschafft haben, wollen wir nochmals zu den einfachen "Bausteinen" des Sinns zurückkehren. Ich werde versuchen, Ihnen anhand einiger kurzer ausgewählter Beispiele zu zeigen, wie der Sinn als Resultante der verschiedensten Zeichenrelationen im Text entsteht. Im Unterschied zu den vorangegangenen Ausführungen [cf. 2.2. - 2.3.2.] geht es jedoch hier weder um die "Theorie der Texte" noch um die "allgemeine Textlinguistik", sondern um die Textlinguistik als *explication de texte*, um die Textlinguistik als Erstellung der "Grammatik" eines gegebenen Textes [cf. 2.5.1.].

2.6.1. Alkaios: Darstellung eines Sturms

Beim ersten Text handelt es sich um eine Strophe aus einem Gedicht von Alkaios[66]. Sie soll als Beispiel dafür stehen, wie man die Sprache in malerischer Funktion verwenden kann, nicht im Sinne einer Nachahmung durch die Substanz der Zeichen, sondern durch die Form, in unserem Fall durch den *numerus* und durch die *Dimension* [cf. 2.2.3.,2)].

'Ασυννέτημι τᾶν ἀνέμων στάσιν,   Asynnétēmi tôn anémōn stásin;
τὸ μὲν γὰρ ἔνθεν κῦμα κυλίνδεται,   tò mèn gàr énthen kŷma kylíndetai,

---

[66] [Mit geringfügigen orthographischen Abweichungen nach: M. Treu (Hrsg.), *Alkaios. Griechisch und Deutsch*, München ²1969, S. 40.]

τὸ δ'ἔνθεν· ἄμες δ'ὂν τὸ μέσσον   tò d'énthen; ámes d'òn tò mésson
ναῖ φορήμεθα σὺν μελαίναι   nâi phorēmetha sỳn melaínai.[67]

Das bedeutet etwa:

> Ich bin bestürzt über der Winde Aufruhr,
> denn eine Welle kommt rollend von dieser Seite heran,
> von dort eine andere. Wir in der Mitte
>   werden dahingeschleppt auf schwarzem Schiffe.

In dieser Übersetzung, die mehr oder weniger wörtlich zu sein versucht, erscheint so gut wie nichts von dem, was hier mit der Sprache eigentlich "gemacht" wird. Im ersten Vers wird die Situation knapp eingeführt: Es herrscht Sturm. Und nun der zweite Vers: τὸ μὲν γὰρ ἔνθεν κῦμα κυλίνδ εται; durch die Länge dieses Verses sehen wir die Welle kommen, sie nimmt unsere ganze Aufmerksamkeit gefangen, wir finden keine Zeit, auf die andere Seite zu achten, und schon ist es geschehen: τὸ δ'ἔνθεν "von dort eine andere", was auf deutsch viel zu lang ist, um eine vergleichbare Wirkung zu erzeugen. Wir selbst aber befinden uns auf dem Schiff in der Mitte, ἄμες δ'ὂν τὸ μέσσον. Das Bedrohliche der Lage wird durch das Phonische selbst evoziert, vor allem durch die zunächst fallenden Akzente, denen dann, nach dem "Tiefpunkt", wieder ein steigender Akzent folgt. Das Dahingeschlepptwerden wird durch den schnellen Rhythmus des letzten Verses evoziert: ναῖ φορήμεθα σὺν μελαίναι.

---

[67] Die Transkription ist als Hilfe für Leser ohne Kenntnis des Griechischen gedacht: ē und ō stehen für η bzw. ω, also für die langen Vokale mittleren Öffnungsgrades (bei den übrigen Vokalen wird die Länge in der traditionellen griechischen Orthographie nicht bezeichnet). H steht für ᶜ, den *spiritus asper*, und wird ähnlich wie im Deutschen gesprochen; die prosodischen Zeichen geben den musikalischen (melodischen) Akzent des Altgriechischen wieder: ´ = *Akut*, steigende Betonung, ` = *Gravis*, fallende Betonung, ~ bzw. ^ = Zirkumflex, steigend-fallende Betonung (nur auf langen Vokalen und Diphthongen).

2.6.2. Aischylos: Agamemnon

Unser zweiter Text ist ein sehr kurzer Ausschnitt aus der Klage Kassandras in Aischylos' *Agamemnon*. Er soll als Beispiel dienen für ein allgemeines Verfahren, auf dessen Bedeutung für die Dichtung Roman Jakobson hingewiesen hat: die Verwandlung von Relationen *in absentia* in Relationen *in praesentia*. Jakobson spricht in diesem Zusammenhang von der Projektion der paradigmatischen Achse auf die syntagmatische Achse. Was damit gemeint ist, läßt sich am leichtesten anhand des *Reims* oder der *Alliteration*, des *Stabreims*, verdeutlichen: Die Sprachen enthalten vielfältige "Paradigmen" von Wörtern, die entweder am Ende oder am Anfang phonisch ähnlich oder gleichklingend sind. Im stabreimenden Vers oder in der reimenden Strophe werden nun diese paradigmatischen Beziehungen im Syntagma aktualisiert [cf. 2.2.1.,1a)]. Der Reim oder der Stabreim sind jedoch nur spezifische, innerhalb einer bestimmten literarischen Tradition besonders häufig verwendete Ausprägungen eines viel allgemeineren Verfahrens. Eine andere Möglichkeit, dieses Verfahren anzuwenden, finden wir in unserem zweiten Text:

ὀτοτοτοτοῖ πόποι δᾶ.[68]   Otototototoî pópoi dâ;
"Ἀπολλον, "Ἀπολλον.   Ápollon, Ápollon!

Der erste Vers hat keine sprachliche Bedeutung; es handelt sich um eine Kette von interjektionsartigen Klagerufen, in denen sich das noch unbestimmte, noch nicht mitteilbare Leiden Kassandras undeutlich artikuliert. Doch schon im zweiten Vers formt sich ein Name aus diesem nur auf der phonematischen Ebene gestalteten Schall: *Apollon, Apollon*, und dieser Name wird auch vom Chor aufgenommen; Chor und Chorführer drücken ihr Befremden über diesen Klageruf aus, in dem sie eine Beleidigung gerade dieses Gottes erblicken. Dann spricht Kassandra weiter:

---

[68] [Zitiert nach O. Werner (Hrsg.), *Aischylos. Tragödien und Fragmente*, München [2]1969, S. 70.]

"Απολλον, "Απολλον,   Ápollon, Ápollon!
ἀγυιᾶτ', ἀπόλλων ἐμός ,   agyiât', apóllōn emós:
ἀπώλεσας ...   apólesas ...

Apollon, Apollon, ἀγυιᾶτ', "Wegführer", ἀπόλλων ἐμός, "mein Verderber", d.h. "du, der mich hättest führen sollen, bist mein Verderber",
ἀπώλεσας ..., "du hast mich zugrundegerichtet". Es liegt also eine
immer weiter gehende Determinierung vor. Aus dem nur phonema-
tisch gestalteten Lautmaterial formt sich zunächst der Name des
Gottes Apoll, und dieser Name wird dann "volksetymologisch", d.h.
aufgrund einer phonischen Ähnlichkeit "in der Sprache", mit dem
Verb ἀπ-όλλυμι, ἀπ-όλλυμαι "zugrunderichten", "zugrundegehen"
in Verbindung gebracht.[69]

2.6.3. Sappho: Epithalamia

Unser drittes Beispiel, eine Strophe aus einem Lied von Sappho, wird
zeigen, wie der Sinn in Verbindung mit dem *kulturellen Außer-Rede-
Kontext* entsteht, wie bestimmte kulturelle Traditionen als sinnkonsti-
tuierende Faktoren in Erscheinung treten können. Die Strophe lautet
folgendermaßen:

"Εσπερε, πάντα φέρεις, ὅσα φαίνολις   Éspere, pánta phéreis, ósa phaínolis
           ἐσκέδασ' Αὔως   eskédas' Aúōs,
φέρεις ὄιν,   phéreis óin,
φέρεις αἶγα, φέρεις ἄπυ μάτερι παῖδα.[70] phéreis aîga, phéreis ápy máteri paîda.

Eine Übersetzung, die wegen des Fehlens einer entsprechenden kulturellen Tradition in unserer Gemeinschaft kaum etwas zum Verständnis beitragen kann, könnte etwa folgendermaßen lauten:

O Abenddämmerung, du bringst alles zurück, was die
                        Morgendämmerung zerstreut hat,

---

[69] [In der Übersetzung des Historikers und Hegel-Schülers J.G. Droysen wird
diese "volksetymologische" Assoziation mit Hilfe eines etwas gequälten
Wortspiels nachgeahmt: "O Apollon! Du Wegführer! O Abholder mir! Abhold
verdirbst du gar mich ..."]

[70] Zitiert nach: Treu (Hrsg.), *Sappho*, op. cit., S. 88.

    bringst das Schaf zurück,
    bringst die Ziege zurück, bringst zur Mutter das Kind.

Die Übersetzung könnte den Eindruck erwecken, es handle sich hier um ein naturseliges Stimmungsbild, um eine Beschwörung des Abendfriedens. Eine solche Interpretation würde in den Bezeichnungen *Hesperos* und *Eos*[71] personifizierte Naturerscheinungen sehen. Dabei wird die kulturelle Tradition, in der dieses Gedicht steht, nicht in Betracht gezogen, bzw. es wird ihr eine völlig andere kulturelle Tradition "untergeschoben". Am Anfang der Strophe steht ein Vokativ, Ἕσπερε, der Gott *Hesperos* wird unmittelbar angeredet; er liegt in ewigem Streit mit der "strahlenden" *Eos*; jetzt hat er gerade gesiegt, aber morgen wird *Eos* siegen, das Schaf, die Ziege, das Kind wird sie wieder in alle Winde zerstreuen. Es geht also nicht nur um die Ruhe am Abend, es geht zugleich um die Unruhe, die aus dem Wissen um einen ewigen Rhythmus erwächst: Zwei Götter liegen in einem fortwährenden Streit, der unser Leben mitbestimmt und auf dessen Ausgang wir keinen Einfluß haben.

2.6.4. Sappho: "Das fünfte Buch"

Das vierte Beispiel stammt ebenfalls von Sappho; es zeigt uns, wie bestimmte sprachliche Verfahren in Verbindung mit den Dingen, von denen die Rede ist, einen bestimmten Sinn ergeben. Es geht also hier nicht in erster Linie um die Relationen des sprachlichen Zeichens im Text, sondern um den Aufbau des "Textzeichens" mit der *Bedeutung* und der *Bezeichnung* als *signifiant* und dem *Sinn* als *signifié* [cf. 1.6.]. Es ist eine ziemlich alte, wenn auch selten klar artikulierte Erkenntnis der Übersetzungstheorie, daß eine sog. "wörtliche" Übersetzung dann besonders Gefahr läuft, "sinnwidrig" zu werden, wenn in der Zielsprache nur völlig anders gestaltete Inhalte zur Bezeichnung des

---

[71] Dies sind die ionischen Entsprechungen der bei Sappho erscheinenden äolischen Namen. Im Äolischen ist der *spiritus asper* zum *spiritus lenis* geworden (*Psilose*), daher erscheint in der Transkription bei *Éspere* und bei *ósa* kein *h*.

im Original mitgeteilten Sachverhalts zur Verfügung stehen. Das wird sich zeigen, wenn wir nun die Strophe Sapphos zunächst mit einer ziemlich "wörtlichen" deutschen Übersetzung konfrontieren:

Δέδυκε μὲν ἀ σελάννα   Dédyke mèn a selánna
καὶ Πληίαδες· μέσαι δὲ   kaì Plēíades; mésai dè
νύκτες, πάρα δ' ἔρχετ' ὦρα· nýktes, pára d'érkhet' óra;
ἔγω δὲ μόνα κατευδω[72]   égō dè móna kateúdō.

Nun ist der Mond schon untergegangen
und auch die Plejaden. Es ist Mitter-
nacht; die Zeit vergeht.
Allein liege ich.

Das wäre eine brauchbare Übersetzung, wenn es allein um die Bezeichnung ginge und nicht zugleich um die Bedeutung, um die "Art des Gegebenseins"[73] des Bezeichneten. Der besondere Sinn dieses Gedichts entsteht in Verbindung mit zwei im Griechischen sehr geläufigen Verfahren, die zur Bezeichnung der in unserer deutschen Übersetzung erscheinenden Sachverhalte angewendet werden. Dabei wird einmal mehr deutlich, daß die dichterische Sprache keineswegs mit "ausgefallenen" Mitteln zu arbeiten braucht – in dieser Strophe zeigt die Dichterin, was man mit den einfachsten Instrumenten des Griechischen alles machen kann.

Das erste der beiden einzelsprachlichen Verfahren, die für die Entstehung des Sinns dieser Strophe von Bedeutung sind, besteht in der Opposition von μέν und δέ. Es sind dies zwei Partikeln, die man im Deutschen mit *einerseits - andererseits* wiedergeben könnte. Durch die beiden Partikeln werden die in der Strophe genannten Sachverhalte gewissermaßen in zwei Kategorien eingeteilt:

---

[72] Zitiert nach Treu (Hrsg.), *Sappho*, op. cit., S. 72.
[73] [Diese Formulierung stammt aus Gottlob Freges berühmtem Aufsatz "Über Sinn und Bedeutung" und bezieht sich dort auf den "Sinn". Die Fregesche Unterscheidung entspricht jedoch der hier durchgeführten von *Bedeutung* und *Bezeichnung*: *Bedeutung* (bei Frege) = *Bezeichnung*, *Sinn* (bei Frege) = *Bedeutung*.]

μέν	δέ
δέδυκε ἀ σελάννα (σελήνη) καὶ Πληίαδες "Der Mond ist untergegangen und das Siebengestirn"	μέσαι νύκτες "Mitternacht" παρέρχετ' ὤρα "die Zeit vergeht" ἔγω μόνα κατεύδω "ich liege allein"

Auf der einen Seite steht also das, was am Himmel geschieht, auf der anderen das, was sich auf der Erde ereignet. Dadurch erhält das mitternächtliche Alleinsein Sapphos eine kosmische Dimension; die Bewegungen der Himmelskörper werden zum Maßstab ihrer Einsamkeit.

Das andere sprachliche Verfahren besteht in einer Möglichkeit, die im Griechischen, ganz besonders aber im Äolischen, der Mundart Sapphos, allgemein üblich ist, nämlich in der fakultativen Trennung der zusammengesetzten Verben im Syntagma. Im dritten Vers unserer Strophe wird das Verbalkompositum παρέρχομαι "vorübergehen" durch eingeschobenes δέ gewissermaßen in seine Bestandteile zerlegt: πάρα δ'ἔρχετ'. Dabei erhält das Präfix nicht nur seine volle Form πάρα, sondern auch seine selbständige Bedeutung wieder: "daneben", "vorbei". Wenn man sich das vergegenwärtigt, erkennt man sofort, daß "die Zeit vergeht" eine "blasse" Übersetzung ist, die nur der abstrakten Bedeutung des Kompositums Rechnung trägt. Die Zeit vergeht nicht nur, sie geht an Sappho vorbei, die verblaßte Metapher wird remotiviert. Sappho ist schon so lange einsam, daß die Zeit zu einem spürbaren Fließen geworden ist, an dem sie nicht teilhat: Sie bleibt "neben" der Zeit.

2.6.5. Aischylos: Die Perser

Unser fünftes Beispiel, auf das ich bereits mehrfach in Andeutungen zu sprechen gekommen bin, ist vielleicht das interessanteste. Es handelt sich um wenige Verse aus den *Persern* von Aischylos, um das Lied, das die Griechen am Morgen vor der Seeschlacht bei Salamis gesungen haben. Was an diesem kleinen Lied auffällt, ist seine außerordentliche Einfachheit. Wenn ich von "Auffälligkeit" spreche, so meine ich natürlich ein Auffallen im Text, nicht etwa "in der Sprache"; in dieser Hinsicht hat Michael Riffaterre richtig gesehen: "Auffälligkeit" ist eine Kategorie, die sich auf die Ebene der Texte bezieht, nicht auf die "Sprache",[74] es geht hier nicht um die "Sprache von Aischylos", sondern es geht um das, was Aischylos an einer bestimmten Stelle seines Werks mit dem Griechischen gemacht hat.

Das Lied lautet folgendermaßen:

»ὦ παῖδες Ἑλλήνων, ἴτε
ἐλευθεροῦτε πατρίδ', ἐλευθεροῦτε δὲ
παῖδας, γυναῖκας θεῶν τε πατρῴων ἕδη
θήκας τε προγόνων· νῦν ὑπὲρ πάντων ἀγών.«[75]

"Ô paîdes Hellénōn, íte
eleutheroûte patríd', eleutheroûte dè
paîdas, gynaîkas theōn te patrǭōn hédē
thēkas te progónōn: nŷn hypèr pánton agṓn".

"O Kinder der Hellenen, geht voran,
befreit die Heimat. Auf! Befreit
die Kinder, Frauen, den Sitz (die Tempel) unserer Götter,
die Gräber unserer Ahnen. Um all dies geht jetzt der Kampf".

Worin besteht nun hier das besondere Verfahren? Es besteht in der elementaren Schlichtheit dieser Verse, die in starkem Kontrast zum mittelbaren Redekontext steht. Aischylos ist ein Dichter, der über alles in endlosen Ketten von Metaphern redet – hier verwendet er keine einzige, er beschränkt sich auf die einfachsten sprachlichen Mittel.

Diese sprachliche Schlichtheit ist jedoch nur eine der Komponenten, die für die Genese des Sinns bedeutsam ist. Um die Funktion des sprachlichen Ausdrucks bei der Entstehung des Sinnes richtig einschätzen zu können, müssen wir uns einige Faktoren des *Kontexts* [im weitesten Sinn: cf. III im Schema unter 2.2.5.] vergegenwärtigen, in dem dieses kurze Kampflied steht:

Griechenland ist bis zum Isthmus von Korinth von den Persern besetzt. Athen war auf Themistokles' Rat hin geräumt worden, die Perser haben die Akropolis zerstört und die Stadt in Brand gesteckt. Auch

---

74 [Vgl. Riffaterre, *Strukturale Stilistik*, op. cit., insb. 3. Kap.]
75 [Zitiert nach Werner (Hrsg.), *Aischylos*, op. cit., S. 284.]

Peiraieus (Piräus), Athens Hafen, ist in der Hand der Perser. Auf dem Aigaleos, einem Höhenzug gegenüber von Salamis, hat sich Xerxes einen goldenen Thron errichten lassen, um dieses letzte Schauspiel so genießen zu können, wie es dem Herrscher eines asiatischen Riesenreiches zukommt. Die Griechen befinden sich in einer nicht im etymologischen, sondern im modernen Sinne des Wortes *agonischen* Situation. Die einzigen noch freien Griechen sind diese Männer auf den Schiffen in der Meerenge am Ausgang der Bucht von Eleusis; von ihnen hängt jetzt alles ab. In einer solchen Situation wird man auf kunstvolle Rhetorik verzichten. Man wird die für uns Menschen unverzichtbaren Dinge aufzählen, um die es jetzt noch geht: die Heimat, die nächsten Angehörigen, d.h. das, was uns mit unserer Nation verbindet; die Tempel der Götter, die uns mit dem Himmel verbinden, und die Gräber der Ahnen, die uns unserer Vergangenheit versichern.

Das ist aber noch nicht alles. Aischylos, der schon zehn Jahre früher bei Marathon mitgekämpft hatte, war auch bei Salamis mit dabei; man hätte also eine Art von Erlebnisbericht erwarten können mit dem Tenor: "Seht her, was w i r damals für Männer waren! In einer aussichtslosen Situation ist es uns, einer geringen Zahl zum Äußersten entschlossener Männer, gelungen, das größte Reich der Welt zu besiegen". Aber das tut ein Dichter wie Aischylos nicht. Er ist es nicht selbst, der hier als einer, der dabei war, das Lied der Griechen vor der Schlacht wiedergibt, er legt es einem persischen Boten in den Mund, der Atossa, der Mutter des Xerxes, am persischen Hof in Susa von der vernichtenden Niederlage berichtet, die die persische Flotte bei Salamis erlitten hat. Der lange Bericht des Boten ist, wie bei Aischylos üblich, voller "Rhetorik" in der alltäglichen Bedeutung des Wortes, und zu dieser kunstreichen Rede bilden die wenigen, in Form eines direkten Zitats eingefügten Verse einen Kontrast von außerordentlich starker Wirkung: Hier die wortreiche Klage um die unbegreifliche Niederlage, dort der wortkarge Aufruf zum entscheidenden Kampf um die elementarsten und wesentlichsten Güter. "Ihr Kinder der Hellenen! Wenn es um die einfachsten allgemein menschlichen Werte geht, wenn es um die Freiheit geht, dann m u ß die gerechte Sache siegen". Die stilistische "Fraktur" in der langen Rede des persischen Boten stellt, meine ich, ein außerordentliches Textverfahren dar, ein Verfahren, das Aischylos natürlich intuitiv gefunden hat.

2.6.6. Ein argentinisches Lied

Als letztes Beispiel habe ich ein einfaches Gedicht über die südamerikanischen Viehhirten, die *vaqueros*, ausgewählt, das in Argentinien volkstümlich geworden ist:

Las penas y las vaquitas	Die Sorgen und die Kühe
Se van por la misma senda.	Auf demselben Pfade wandern.
Las penas son de nosotros,	Die Sorgen sind die unsern,
Las vaquitas son ajenas.	Die Kühe die der andern.

Ähnlich wie bei unserem vierten Beispiel, beim zweiten Text von Sappho, sind es sprachliche und zugleich nicht-sprachliche Verfahren, die wesentlich am Aufbau des Sinns dieses kurzen Textes beteiligt sind. In den alltäglichen Formen des Sprachgebrauchs wird die *Koordination* auf Gegenstände und Sachverhalte angewendet, zwischen denen innerhalb des *natürlichen Außer-Rede-Kontexts* (cf. *supra*) ein Zusammenhang besteht: *Kummer* und *Sorgen* – *Kühe* und *Schafe* usw. Hier werden nun Wörter koordiniert, die für Dinge stehen, zwischen denen man gewöhnlich keinen "natürlichen" Zusammenhang erkennt: *penas y vaquitas*, Sorgen und Kühe.

Weiterhin wird zur Bezeichnung der Kühe nicht das übliche Wort *vacas*, sondern der Diminutiv *vaquitas* gebraucht. Damit sind offenbar alle Kühe gemeint, die von den Viehhirten über die Feldwege getrieben werden, infolgedessen kann der Diminutiv nicht als Verkleinerungsform, als Ausdruck für "kleine Kühe" interpretiert werden, sondern man hat in ihm hier eine Koseform zu sehen; derjenige, der das Lied singt, hat ein besonderes Verhältnis zu diesen Tieren, die ihm anvertraut sind.

Schließlich – und hierin liegt wieder ein teils sprachliches, teils nicht-sprachliches Verfahren – werden die Sorgen als Konkreta dargestellt. Das erkennt man zunächst daran, daß *penas* syntaktisch wie ein Konkretum behandelt wird: Der prädikative Ausdruck der Possessivität ist im Spanischen (wie in vielen anderen Sprachen) gewöhnlich der Bezeichnung der Besitzrelation im konkreten Verständnis vorbehalten, während der attributive Ausdruck neben Besitz im konkreten Sinn auch Possessivität im "übertragenen" Sinn bezeichnen kann: *Es mi libro, este libro es tuyo, estos libros son de nosotros*, aber *es mi padre* und (üblicherweise, d.h. wenn nicht etwas Besonderes damit gemeint ist; vgl. w.u.) nicht **el padre es mío*; **la madre es de nosotros* usw. [Um möglichen Fehlinterpretationen vorzubeugen: Damit soll nicht behauptet werden, ein Satz wie: "Diese Mutter gehört mir" sei generell "ungrammatisch"]. Wird nun das Possessivverhältnis auch in solchen Fällen prädikativ ausgedrückt, in denen es nicht um "Besitz", sondern um "natürliche" (oder soziale) Zugehörigkeit geht (*meine* Frau, *meine* Tochter, *meine* Hand), so werden die Dinge, die kraft dieses natürlichen Zusammenhangs zum Subjekt des Possessivums gehören, als Objekte eingestuft, die man besitzen kann wie Bücher oder Armbanduhren. Die Herde, die da über den Feldweg getrieben wird, besteht aus koordinierbaren konkreten Lebewesen, aus Kühen und Sorgen, die man "sortieren", d.h. verschiedenen Eigentümern zuordnen kann: Die Sorgen gehören den *vaqueros* und die Kühe anderen, unbekannten Leuten, die diese Kühe vielleicht noch nie gesehen haben.

Es handelt sich also im eigentlichen Sinne des Wortes um ein soziales Gedicht, aber eben um ein Gedicht, nicht etwa um ein sozialkritisches Pamphlet, um ein bloßes Vehikel sozialer Anklage: "Wir, die wir die Kühe am besten kennen, weil wir sie weiden, besitzen selbst keine Kühe. Aber es ist nicht so, daß wir überhaupt nichts hätten; wir haben schließlich unsere Sorgen."

2.7. Der thematische Kontext

Bevor wir uns dem Verhältnis zwischen Textlinguistik und Linguistik im allgemeinen zuwenden, möchte ich noch einige Bemerkungen zum *thematischen Kontext* machen. Der thematische Kontext ist ein Grenzfall des *mittelbaren Rede-Kontexts* (cf. 2.2.5., Schema). In einem Werk bedeutet jedes Kapitel, ja bis zu einem gewissen Punkt sogar jedes Wort, etwas in Verbindung mit dem schon Gesagten, und das bisher Gesagte erhält mit jedem folgenden Abschnitt bis hin zum letzten einen neuen, vollständigeren Sinn. Es geht also um das Verhältnis von *Thema* und *Rhema*, jedoch nicht im Satz, sondern im Text. Auch hier erweist sich der Text wiederum als eine höhere Ebene: Thema *und* Rhema eines Satzes oder mehrerer Sätze können zusammengenommen das Thema *oder* das Rhema eines Textes darstellen.[76]

Es scheint naheliegend, sich bei der Untersuchung des thematischen Kontexts zunächst einmal dafür zu interessieren, was an den "exponierten" Stellen des Textes erscheint. Man wird also gut daran tun, darauf zu achten, wie ein Text anfängt und wie er aufhört, denn diese im Text besonders ausgezeichneten Stellen können für den Aufbau des thematischen Kontexts von entscheidender Bedeutung sein.

Ein allgemein übliches Verfahren besteht darin, mit der Vorstellung des Themas zu beginnen. Zu diesem Zweck gibt es einerseits einzelsprachlich fixierte Formeln, die für bestimmte Textsorten so charakteristisch sind, daß sie geradezu als Erkennungsmerkmale fungieren, und andererseits gibt es Verfahren, die zwar ebenfalls traditionell, aber nicht an fixierte Wendungen gebunden sind.

Zunächst zu den ersteren. Bei ihnen haben wir wiederum zwei Fälle zu unterscheiden, die "eigentliche" und die "übertragene", die metaphorische Verwendung der jeweiligen Introduktionsformel. Bei

---

[76] [Im Rahmen der bereits erwähnten "Funktionalen Satzperspektive" (vgl. w.o. 1.2.) spricht man, wenn man die Ebene des Satzes verläßt und auf die Ebene des Textes übergeht, von "thematischer Progression"; vgl. H.-W. Eroms, *Funktionale Satzperspektive*, op. cit., Kap. 6. Die Thema-Rhema-Gliederung gehört also für den Verf. teils zur transphrastischen Grammatik, teils zur "Linguistik des Sinns".]

den echten Märchen liegt "eigentlicher" Gebrauch der zur Einführung
des Themas bestimmten Formeln vor: *Es war einmal, il était (une
fois)*. Bei spanischen Märchen erscheint in der entsprechenden Formel
ein Element, das in der freien Syntax nicht in dieser Weise auftritt:
érase una vez un rey, "es war einmal ein König". Russische Märchen
beginnen häufig mit der Formel *žil-byl*, "es lebte – es war" wenn eine,
žili-byli "es lebten – es waren" wenn mehrere Personen einzuführen
sind. Besonders interessant ist die Formel, die – mit kleinen, unbedeu-
tenden Variationen – am Anfang vieler rumänischer Märchen steht:

A fost odată	Es war einmal
ca niciodată,	wie keinmal,
că de n-ar fi,	denn wenn dies nicht gewesen wäre,
nu s-ar povesti.	würde man nicht davon erzählen.

Und dann beginnt das Märchen, die Personen werden eingeführt. Es
wird also nicht etwas erzählt, weil es sich so und nicht anders zugetragen hat, das Erzählte m u ß sich vielmehr zugetragen haben, weil
man es sonst ja wohl nicht erzählen würde.

Neben dem "eigentlichen" gibt es natürlich auch den "über-
tragenen" Gebrauch von solchen Introduktionsformeln, die für be-
stimmte Textsorten charakteristisch sind. Auf diese Weise wird der
Text metaphorisch zu etwas gemacht, was er "eigentlich" nicht ist.
Man kann dann z.B. recht prosaischen Dingen einen märchenhaften
Charakter verleihen. So beginnt das bereits erwähnte Kinderlied vom
Schiffchen, das noch nie zur See gefahren war, fast wie ein Märchen:
"Il était un petit navire, qui n'avait jamais navigué ..." Ebenso die
überaus geheimnisvolle Geschichte vom *Bückling* (*Le hareng saur*)
des französischen Dichters Charles Cros:

> Il était un grand mur blanc – nu, nu, nu,
> Contre le mur une échelle – haute, haute, haute,
> Et par terre, un hareng saur – sec, sec, sec.

Wir haben also zunächst eine formelhafte Einführung des Themas: Es war einmal
eine große weiße Wand und die war nackt, nackt, nackt. An dieser Wand lehnte eine
hohe, hohe Leiter und auf dem Boden lag ein Bückling, der war trocken, trocken,
trocken.

Und nun beginnt die eigentliche Geschichte, das Rhematische. Irgendjemand
erscheint mit einem Hammer in schmutzigen Händen, schlägt einen spitzen Nagel in
die nackte Wand, befestigt eine lange Schnur daran und hängt den trockenen

Bückling daran auf. Und wenn ihn niemand weggenommen hat, dann hängt er da noch heute.

Am Ende erfahren wir dann auch, zu welchem Zweck diese Geschichte geschrieben worden ist: um die ernsthaften Leute zu ärgern und den kleinen Kindern einen Spaß zu bereiten:

> J'ai composé cette histoire – simple, simple, simple,
> Pour mettre en fureur les gens – graves, graves, graves
> Et amuser les enfants – petits, petits, petits.[77]

Nun zu den ebenfalls traditionellen, jedoch nicht formelhaften Verfahren zur Einführung des Themas. Es wäre eine faszinierende Aufgabe, einmal gründlich zu untersuchen, wie die großen Werke der Menschheit anfangen und welches der Sinn des jeweiligen Anfangs ist. Ich kann hier natürlich nur auf ganz wenige Beispiele eingehen.

Die *Odyssee* beginnt folgendermaßen:

> Ἄνδρα μοι ἔννεπε, Μοῦσα, πολύτροπον, ὃς μάλα πολλὰ
> πλάγχθη, ἐπεὶ Τροίης ἱερὸν πτολίεθρον ἔπερσε,
>
> Sage mir, Muse, die Taten des vielgewanderten Mannes,
> Welcher so weit geirrt, nach der heiligen Troja Zerstörung ...

(J.H. Voss)

Ganz ähnlich die *Aeneis*:

> Arma virumque cano, Troiae qui primus ab oris
> Italiam fato profugus Laviniaque venit
> Litora ...
>
> Waffentat künde ich und den Mann, der als erster von Troja,
> Schicksalgesandt, auf der Flucht nach Italien kam und Laviniums
> Küsten ...

(J. u. M. Götte)

In beiden Werken wird am Anfang ausdrücklich die Person genannt, von der im gesamten Werk die Rede sein wird. In den *Georgica* ist dies in dieser Form nicht möglich, denn es geht dort nicht um Personen, sondern um – *sit venia verbo* – Ackerbau und Viehzucht; dennoch wird zu Beginn eine Person angesprochen, nämlich der Mann, an

---

[77] [Vgl. Charles Cros, Tristan Corbière, *OEuvres complètes*, Paris (Bibl. de la Pléiade) 1970, S. 138.]

den das Werk angeblich gerichtet ist (und der den Dichter fnanziell unterstützt hat):

> Quid faciat laetas segetes, quo sidere terram
> Vertere, *Maecenas*, ulmisque adiungere vitis
> Conveniat, quae cura boum, qui cultus habendo
> sit pecori, apibus quanta experientia parcis,
> hinc canere incipiam ...

> Was uns üppige Saaten erwirkt, welcher Stern uns die Erde
> Pflügen heißt, Maecenas, an Ulmen binden die Reben,
> Wie wir Rinder uns halten und was der pfleglichen Wartung
> Diene des Kleinviehs, wieviel Erfahrung sparsamen Bienen,
> Davon singe ich jetzt ...

(J. u. M. Götte)

Auch hier, wo es keinen Helden gibt, wird dennoch das Thema zunächst einmal so deutlich und unmißverständlich eingeführt, daß wir sogleich wissen, auf was das Rhematische zu beziehen ist.

Mit Anfängen dieser Art kann die Suggerierung der Authentizität des Mitgeteilten bezweckt werden. Es ist nicht von irgendjemandem die Rede, den sich der Dichter am Ende ausgedacht haben könnte, oder von irgendwelchen phantastischen Aktivitäten – das läge den Intentionen des Dichters fern, der doch nur als getreuer Chronist oder kenntnisreicher Schilderer einer bestimmten Lebensform auftreten möchte.

Eine Variante dieser Authentizitätsfiktion ist im 19. Jahrhundert besonders beliebt: "In M..., einer bedeutenden Stadt im oberen Italien, ließ die verwitwete Marquise von O..., eine Dame von vortrefflichem Ruf ..." usw. usf. – die Vorfälle, über die hier berichtet werden soll, sind so delikat, daß eine vollständige Nennung der beteiligten Personen und des Ortes des Geschehens als Indiskretion betrachtet werden müßte. Wiederum wird der Eindruck erweckt, es gehe hier um das "wirkliche Leben", was natürlich in der Dichtung niemals der Fall ist.

Eine gründlichere Untersuchung würde vermutlich ergeben, daß es eine ganze Reihe solcher entweder formelhaft fixierter oder doch wenigstens traditioneller Verfahren gibt, nach denen der thematische Kontext in groben Zügen gestaltet werden kann. Es handelt sich dabei um mehr oder weniger allgemeine Verfahren, die in ganz unterschiedlichen Texten festgestellt werden können. Es kann jedoch auch vorkommen, daß ein solches Verfahren in einem bestimmten Text mehr darstellt als ein für verschiedene Texte geltendes allgemeines Gliederungsprinzip, daß es vielmehr direkt zum Aufbau des spezifischen Sinns eines besonderen Textes beiträgt.

Das bedeutendste unter den altfranzösischen Heldenepen (*chansons de geste*) ist uns unter dem traditionellen Namen *Rolandslied* (*Chanson de Roland*) überliefert. (Es versteht sich von selbst, daß wir hier auf die schwierigen philologischen Probleme der Überlieferungsgeschichte nicht eingehen können.) Dieser Titel scheint durchaus angemessen, wenn man vom Erzählstoff, von der *Fabel* ausgeht: Im Mittelpunkt der Handlung scheint der heldenmütige Kampf zu stehen, den *Roland*, der Neffe Karls des Großen, als Befehlshaber der Nachhut des fränkischen Heers gegen eine riesige sarazenische Übermacht auszufechten hat; ein Kampf, in dem Roland – zu spät, um sein Schicksal noch zu wenden – in sein Horn *Olifant* stößt, um den Kaiser zurückzurufen, und in dem er dann, als letzter der fränkischen Nachhut, stirbt. Auf dieses Ereignis hin scheint die ganze übrige Handlung ausgerichtet zu sein.

Sehen wir uns aber die besonders wichtigen Stellen im Text, den Anfang und das Ende des Liedes, genauer an, so werden wir diese Auffassung korrigieren müssen. Am Anfang des Lieds ist nicht von Roland, sondern von Karl dem Großen die Rede:

> Carles li reis, nostre emperere magnes,
> Set anz tuz pleins ad estéd en Espaigne

> Karl der König, unser großer Kaiser,
> Sieben volle Jahre ist er in Spanien gewesen

Und am Ende des Gedichts, nachdem Rolands Tod schrecklich gerächt worden ist und nachdem der Kaiser auch sonst einige Dinge wieder ins Lot gebracht hat (*ad faite sa justise*) – der Verräter *Ganelon* ist bestraft, *Bramimunde*, die Gemahlin des feindlichen Sarazenenkönigs ist getauft worden (*en Bramimunde ad crestiëntét mise*) –, möchte Karl sich endlich schlafen legen:

> Passet li jurz, la nuit est aserie.
> Li reis se culcet en sa cambre voltice.

Bevor er jedoch die wohlverdiente Ruhe finden kann, tritt der Erzengel Gabriel in sein Gemach und übermittelt ihm einen neuen Befehl Gottes:

> "Carles, sumun les oz de tun empire!
> Par force iras en la tere de Bire,
> Rei Viviën si succuras en Imphe,
> A la citét que paien unt asise;
> Li crestiën te recleiment e criënt."

Wiederum gilt es, in ein fernes Land aufzubrechen; ein christlicher Herrscher ist dort mit seinem Volk in größter Gefahr, die Heiden belagern die Stadt, und die eingeschlossenen Christen rufen Karl zu Hilfe.

Der Kaiser möchte nun wirklich nicht dorthin gehen; er ist schließlich auch nur ein Mensch und überdies, soviel man weiß, schon über zweihundert Jahre alt (*mien esciëntre plus ad de dous cenz anz*, V. 552). Er beklagt sein qualvolles Leben, weint und rauft sich den weißen Bart:

> Li emperere n'i volsist aler mie:
> "Deus!" dist li reis, "si penuse est ma vie!"
> Pluret des oilz, sa barbe blanche tiret ...

Nun, hier hört die Geschichte auf, die *Turoldus* (von dem wir nicht wissen, ob er der Verfasser oder der Kopist ist), zu Ende erzählt hat[78],

> Ci falt la geste que Turoldus declinet,

aber wir verstehen, über das Ende des Liedes hinaus, daß der Kaiser doch aufbrechen wird, um den Kampf von neuem aufzunehmen; denn darin liegt seine Bestimmung. Er, Karl, ist die Personifizierung des Kampfes gegen die Heiden, er ist der *miles Christi*. Die Roland-Handlung ist nur eine Episode des Liedes, die an seinem Ende vollständig abgeschlossen ist. Der Held der eigentlichen Geschichte, deren Fortgang über das tatsächliche Ende des Werkes hinaus mit Hilfe ei-

---

[78] [Einen umfassenden Überblick über alle diesbezüglichen Hypothesen, vor allem im Zusammenhang mit der rein sprachlichen Interpretation von *declinet*, gibt H.H. Christmann in seinem Aufsatz "*Declinet* und kein Ende", jetzt in: H. Krauss (Hrsg.), *Altfranzösische Epik*, Darmstadt 1978, SS. 355-367.]

nes beliebten erzähltechnischen Kunstgriffs suggeriert wird, ist Karl der Große. Das *Rolandslied* ist eigentlich ein "Karlslied".

Bisher haben wir uns mit Fällen beschäftigt, in denen ein bestimmter Text als mittelbarer Redekontext seines Themas fungiert. Es kommt jedoch auch vor, daß verschiedene Texte sich auf ein und dasselbe Thema beziehen, daß eine Reihe von Texten in ihrer Gesamtheit als thematischer Kontext des jeweils in ihnen erscheinenden Themas anzusehen sind. So bildet z.B. die Gesamtheit der propagandistischen Texte verschiedener Parteien zu einer bevorstehenden Wahl den thematischen Kontext für das Thema, um das es geht und das als reales politisches Faktum außerhalb der Texte selbst steht.

In einer literarischen Gattung wird das Operieren mit einem – zunächst – außerhalb des Textes stehenden Thema besonders gepflegt: im klassischen Kriminalroman (im Sinne von *mystery story*). Es geschehen Dinge und es werden Aussagen gemacht, die wohl mit dem Thema zusammenhängen müssen; es treten jedoch auch andere Fakten auf, die u.U. höchst bedeutsam scheinen (sog. "blinde Motive"), die sich aber am Ende als höchst belanglos erweisen. Was zum Thema gehört und was nicht, erfährt man erst bei der Auflösung.

In weit radikalerer Weise als in der klassischen Kriminalgeschichte bedient sich Edgar Allan Poe, einer der "Ahnherren" der Gattung, der Möglichkeit, das Thema im Text selbst nicht in Erscheinung treten zu lassen:

Im zweiten Teil der *Abenteuer Gordon Pyms* (*The narrative of Arthur Gordon Pym of Nantucket*) wird der Held des Romans als Schiffbrüchiger von einem Handelsschoner aufgenommen, der sich auf der Reise nach dem Süden befindet. Durch Zufall gerät dieses Schiff näher an den Südpol als es zuvor irgendjemandem gelungen war. Dabei stößt die Besatzung auf eine bisher unbekannte Inselgruppe, die von außerordentlich primitiven und – wie sich herausstellen wird – verschlagenen Eingeborenen bewohnt wird. Bei aller zunächst zur Schau getragenen Friedfertigkeit können diese Wilden eine heftige Abneigung gegenüber der Hautfarbe der Europäer nicht verbergen; sie selbst sind vollkommen schwarz und haben auch schwarze Zähne. Sie geben sich sehr zutraulich, schrecken jedoch unbegreiflicherweise vor ganz harmlosen Dingen zurück, etwa vor den Segeln des Schiffs, vor einem Ei, einem offenen Buch oder einem Behälter mit Mehl.

Diese Eingeborenen erweisen sich dann, wie bereits gesagt, als heimtückisch; durch eine Kriegslist wird die gesamte Schiffsbesatzung niedergemacht, das Schiff geplündert und angezündet. Die Explosion der Pulvervorräte, bei der etwa tausend Eingeborene den Tod finden, löst nicht annähernd soviel Schrecken beim Rest der

Bevölkerung aus wie der Anblick eines großen weißen Vogelkadavers, der durch die Detonation vom Schiff an Land geschleudert worden ist. Gordon Pym und sein Gefährte Peters, die dem Massaker durch Zufall entronnen sind, nehmen einen Wilden als Geisel und fliehen mit einem Kanu übers Meer weiter nach Süden. Beim Anblick des aus Hemden hergestellten Notsegels befällt den Eingeborenen ein lähmendes Entsetzen, angstvoll kreischt er: *"Tekeli-li"*. *"Tekeli-li"* rufen auch die immer zahlreicher werdenden riesigen weißen Vögel, die aus einer im Süden ständig höher steigenden hellen Dunstschicht stoßen. Das Meer wird heißer und heißer und nimmt eine milchige Farbe an.

Spätestens an dieser Stelle hat auch der unaufmerksamste unter Poes Lesern begriffen, daß das Thema etwas mit der Farbe *weiß* zu tun haben muß und daß dieses mysteriöse Weiße im Süden zu suchen ist.

Das Boot treibt weiter nach Süden. Ein weißes Taschentuch, das dem bedauernswerten Eingeborenen zufällig ins Gesicht geweht wird, versetzt ihn in eine krampfartige Starre; er stirbt. Ein feiner, weißer, ascheähnlicher Staub beginnt auf das Boot niederzurieseln. Aus der Tiefe des Meeres steigt ein lichter Glanz empor, das Boot rast auf einen riesigen Wasserfall zu, der den ganzen südlichen Horizont wie ein Vorhang verhüllt. Das Boot wird in einen Strudel gerissen, es erscheint eine ungeheure menschliche Gestalt. Die Hautfarbe dieses Wesens hat die vollkommene Weiße von Schnee.

Leider erfahren wir nicht, was es mit dem weißen Grauen im Süden für eine Bewandtnis hat, obwohl die Voraussetzungen dafür gar nicht so schlecht sind. Der Autor des Berichts, A.G. Pym, ist zwar nach seiner glücklichen Rückkehr aus dem Süden eines plötzlichen Todes gestorben, aber sein Gefährte Peters lebt, ist allerdings im Moment unauffindbar. Gordon Pym hatte ursprünglich seine Erlebnisse nicht veröffentlichen wollen, weil er sie nicht durch lückenlose Aufzeichnungen von eigener Hand und glaubwürdige Zeugenaussagen bestätigen konnte. Ein gewisser Herr Poe vom *Southern Literary Messenger* hat ihn jedoch dazu überredet, aus der Not eine Tugend zu machen: Er hat Pym angeboten, die Tagebuchaufzeichnungen stilistisch so zu überarbeiten, daß man sie für Fiktion halten werde.

Nun, dieser Herr Poe war offensichtlich am Geheimnisvollen an sich als Thema mehr interessiert als an der Auflösung des Geheimnisses selbst. Das ironische Spiel mit der Authentizitätsfiktion im "Vorwort" und im "Anhang", das hier etwas vereinfacht wiedergegeben wurde, hat übrigens dazu beigetragen, daß das Buch bei seinem Erscheinen von einem Teil der Kritik als Tatsachenbericht aufgenommen und besprochen wurde.

2.8. Textlinguistik und allgemeine Linguistik

Die Dinge, mit denen wir uns in den vorangegangenen Abschnitten zu beschäftigen hatten, haben uns tief in einen Bereich hineingeführt, über den man in der Literatur zur allgemeinen Linguistik kaum etwas zu erfahren pflegt. Ich könnte mir daher vorstellen, daß sich einige unter Ihnen schon insgeheim eine Frage gestellt haben, die ich für außerordentlich wichtig im Zusammenhang mit der hier behandelten Art von Textlinguistik halte: Inwiefern gehört die Textlinguistik als "Linguistik des Sinns" zur allgemeinen Linguistik? Handelt es sich bei der hier skizzierten Art der Textlinguistik nicht um eine Disziplin, die nur ziemlich marginale Beziehungen zur Sprachwissenschaft im traditionellen Verständnis aufweist?

Ganz so locker sind die Beziehungen zwischen den beiden Disziplinen nun doch nicht. Es ist jedoch klar, daß die Art von Textlinguistik, deren Entwurf hier vorliegt, der Wissenschaft von der Sprache im allgemeinen, nicht der Wissenschaft von den Sprachen zuzurechnen ist. Die Sprachwissenschaft, die, auch wenn sie als "allgemeine Sprachwissenschaft" auftritt, als Wissenschaft von d e n Sprachen im allgemeinen, nicht von d e r Sprache (oder dem Sprachlichen) anzusehen ist, kann für unsere Textlinguistik nur eine H i l f s w i s s e n s c h a f t sein. Als solche kann sie allerdings in einzelnen Fällen eine entscheidende Rolle spielen. Wir hatten schon im zweiten Beispiel von Sappho [2.6.4.] gesehen, daß zwei sprachliche Verfahren, die Opposition zwischen μέν und δέ und die fakultative Trennung der Verbalkomposita, den Schlüssel zum richtigen Verständnis des Sinns darstellen. Auf einen vergleichbaren Fall hat Antonino Pagliaro hingewiesen: Das richtige Verständnis des *Cantico di Frate Sole* (*Sonnengesang*) von Franz von Assisi, eines der wichtigsten Texte der ältesten italienischen Literatur, hängt von der Interpretation der Präposition *per* in diesem Text ab.

Der Sonnengesang (auch als *Cantico delle creature* bekannt) besteht, abgesehen von der Eingangs- und Schlußformel, aus assonierenden Strophen (*"Laissen"*) ungleicher Länge, die alle mit derselben Formel beginnen: "Laudatu si', mi signore (...) per ..." (Gelobt seiest du, mein Herr, *per* ...). Traditionell wurde dieses *per* als kausale Präposition interpretiert (lat. *propter*), und auch in verschiedenen deutschen

Übersetzungen erscheinen kausale Präpositionen (*um ... willen*, bei Vossler *für*). Das hieße also, daß Gott um seiner Geschöpfe willen gelobt werden soll, dafür, daß er sie geschaffen hat.

Gestützt auf Argumente, die hier nicht berücksichtigt werden können, spricht sich dagegen Benedetto Croce für eine Interpretation im Sinne einer Agentivum-konstruktion aus: "Gelobt seiest du, Herr, *von* deinen (*durch* deine) Geschöpfe(n)" (lat. *ab*, modern. it. *da*, frz. *par*).

Andere Kritiker haben Kompromißvorschläge gemacht; die Präposition sei sowohl kausal als auch instrumental zu verstehen: "Gelobt seiest du, von deinen Geschöpfen und um deiner Geschöpfe willen.".

Nach sorgfältiger Prüfung lehnt Pagliaro alle diese Interpretationen ab und entscheidet sich für eine neue: In *per* habe man einen Reflex von griech. διά zu sehen; es handele sich um einen frühen kirchenlateinischen Gebrauch der Präposition, der auf eine Nachahmung des Gebrauchs von διά in den Briefen Paulus' zurückzuführen sei: "Sei gelobt, o Herr, *durch* (*attraverso*) die Sonne bzw. *in der* Sonne (*nel* sole)". M.a.W.: "Indem wir die Sonne, den Mond, alle deine Geschöpfe loben, loben wir dich.".

Pagliaro gelangt also auf dem Wege einer sorgfältigen Untersuchung der Bedeutung der Präposition *per* zu einer "augustinischen" Interpretation des Gedichts. Gleichzeitig nimmt er auch mit Entschiedenheit zu einem literarhistorischen Problem Stellung: In den beiden letzten Strophen (von der Schlußstrophe abgesehen), wo von der Vergebung und vom Tod die Rede ist, könne *per* nur kausal im Sinne von *propter* interpretiert werden; dadurch werde die alte Ansicht, wonach man in diesen beiden Strophen spätere Zusätze zu sehen habe, in ihren Grundzügen bestätigt.[79]

In vielen anderen Fällen spielen jedoch spezifisch einzelsprachliche Fakten eine weniger wichtige, nicht selten sogar eine untergeordnete Rolle. In unserem Beispiel von Alkaios [2.6.1.] wird die griechische Sprache nur als Stoff gebraucht; die Nachahmung durch die Form der Zeichen kann im Prinzip – wenn auch nicht genau auf diese Art – in jeder Sprache erreicht werden. Im ersten Beispiel von Sappho [2.6.3.] ist das Mythologische für die Genese des Sinnes entscheidend, die Einzelsprache nur indirekt insofern, als im Griechischen die Einheit von Natur und Götterwelt dadurch zum Ausdruck kommt, daß Naturerscheinungen und Götter jeweils mit ein und demselben Wort bezeichnet werden.

Eine ebenfalls eher untergeordnete Rolle spielt die Einzelsprache bei Cervantes und Kafka; die Sprache, in der die Werke dieser Schriftsteller verfaßt sind, trägt nur aufgrund eines universellen Cha-

---

[79] Cf. "Il cantico di Frate Sole", in: *Saggi*, op.cit., SS. 203-228.

rakteristikums a l l e r Sprachen zum Sinn bei, nämlich aufgrund der Tatsache, daß man sich in jeder Sprache auf Nicht-Sprachliches beziehen kann. Der *Don Quijote* und das Gesamtwerk von Kafka (und natürlich auch andere, hier nicht behandelte Texte) lassen sich daher besonders leicht in andere Sprachen übersetzen, weil die für den Aufbau des Sinns in diesen Werken besonders wichtigen sprachlichen Fakten, die "Unsicherheit der Namen" bzw. die "Sprache des Berichts, die Verwaltungssprache" nicht an eine bestimmte Sprache gebunden sind. Sie sind sogar als Träger des Sinns von so wenig ausgeprägter Bedeutung, daß sich der Sinn dieser Texte weitgehend auf völlig andere Ausdrucksmittel übertragen läßt. Dies gilt natürlich nicht für die Artikulation des Sinns in allen Einzelheiten, jedoch für die allgemeinen Züge des Sinns im Text. Texte dieser Art lassen sich z.B. "sinnadäquat" verfilmen (was man mit Sicherheit nicht von allen Werken der Weltliteratur behaupten kann), und wesentliche Komponenten ihres Sinns lassen sich möglicherweise mit den Mitteln der Malerei ausdrücken. Es kommt auch durchaus vor, daß ein von einer Ausdrucksidee besessener Künstler sich in verschiedenen Medien versucht und diese eine Idee mit ganz verschiedenen Mitteln des Ausdrucks zu verwirklichen sucht. Man könnte z.B. zeigen, daß es in der Dichtung, in der Malerei, in der Bildhauerei und in der Architektur Michelangelos eine Einheit des Sinns gibt, die sich – natürlich nicht in allen Einzelheiten – in einem Parallelismus der eingesetzten Ausdruckselemente manifestiert, und zwar solcher Ausdruckselemente, die zu unterschiedlichen semiotischen Systemen gehören.

Wenn nun die Sprache nur als eine erste Schicht am Aufbau des Sinns in den Texten beteiligt ist, wenn der Sinn auch durch das Mitgeteilte selbst entsteht, wenn die Sprache nur ein semiotisches System unter anderen ist, mit dessen Hilfe Sinn entsteht und vermittelt wird, dann kann die Textlinguistik, wenn sie wirklich vollständige Interpretation von Texten sein will, sich nicht ausschließlich im Bereich der Sprachwissenschaft bewegen. Die Textlinguistik bleibt zwar noch immer eine Teildisziplin der Semiotik, sie beschäftigt sich mit Zeichen, wenn auch die s p r a c h l i c h e n Zeichen dabei in der Regel nur als *signifiants* fungieren. Sie ist jedoch keineswegs nur Linguistik, sondern weit eher *Philologie* (in einem heute etwas in Vergessenheit geratenen Sinn). Früher verstand man unter Philologie die Kunst der Interpretation von Texten einerseits aufgrund der Kenntnis der Sprache, in der diese Texte verfaßt sind, andererseits aber auch aufgrund der durch Studium erworbenen Vertrautheit mit der materiellen und geistigen Kultur, innerhalb derer diese Texte entstanden sind. So hat auch Pagliaro völlig richtig gesehen, wenn er seine *critica semantica* (eine Textlinguistik *ante litteram*) als eine neue, erweiterte Form der philologischen Kritik bezeichnet hat.[80]

Dies heißt natürlich nicht, daß die Textlinguistik völlig auf die Hilfe der allgemeinen Linguistik verzichten könnte. In zweierlei Hinsicht bleibt die Sprache unumgänglicher Ausgangspunkt aller interpretatorischer Bemühungen:

Einmal in jenem besonderen Sinn, auf den hier durch einige wenige Beispiele verwiesen worden ist, insofern nämlich, als ein tatsächlich spezifisch einzelsprachliches Verfahren der eigentliche Schlüssel und weiterführende Hinweis für die Interpretation des Textes sein kann (2.6.4., 2.6.6. und *Sonnengesang*). Man hätte natürlich viele weitere ähnliche Beispiele anführen können.

Zum anderen in jenem allgemeinen Sinn, auf den ebenfalls bereits hingewiesen wurde: Insofern die Sprache (eine oder mehrere Sprachen) in jedem Text als Zeichenträger, als Instrument der Vermittlung der Inhalte dient, um die es eigentlich geht, stellt sie in jedem Fall das semiotische "Rohmaterial" dar, in dem sich der Sinn artikuliert. Mag die Einzelsprache auch in vielen Fällen keinen wesentlichen Anteil am Zustandekommen eines Sinnes haben, der sich aus dem Dargestellten selbst ergibt, so erscheint doch dieses Dargestellte in einem Text, nicht auf einem Bild oder in einem Film und ist somit nur auf dem Wege des Verständnisses der s p r a c h l i c h e n Zeichen überhaupt zugänglich.

---

[80] Cf. "La critica semantica", in: *Nuovi saggi*, op.cit., S. 408.

2.9. Konklusion

Nach einem so langen Kapitel über die Textlinguistik als Linguistik des Sinns (dem ein sehr viel kürzeres über die Textlinguistik als transphrastische Analyse folgen wird) scheint es angezeigt, die wichtigsten wissenschaftstheoretischen Schlußfolgerungen hinsichtlich des Status dieser Textlinguistik und hinsichtlich ihres Verhältnisses zu benachbarten Disziplinen nochmals knapp zusammenzufassen.

1) Die Textlinguistik, mit der wir uns in diesem Kapitel beschäftigt haben, betrifft die *Texte als solche*, unabhängig von den Einzelsprachen und unbeschadet der Tatsache, daß die Texte gewöhnlich in einer (oder wenigen) bestimmten Sprache(n) verfaßt sind.

2) Der Bezugspunkt dieser Textlinguistik ist die Unterscheidung von drei Ebenen innerhalb der Manifestation des Sprachlichen überhaupt, der Ebene des *Sprechens im allgemeinen*, der Ebene der *Einzelsprachen* und der Ebene der *Texte*, drei Ebenen, denen wiederum drei Arten des Inhalts entsprechen: die *Bezeichnung*, die *Bedeutung* und der *Sinn*.

3) Die Aufgabe dieser Textlinguistik besteht in der *Feststellung und Rechtfertigung des Sinns der Texte*. Das entspricht genau der Tätigkeit, die man auf dem Gebiet der allgemeinen Linguistik Beschreibung, Sprachbeschreibung nennt. Beschreiben heißt aber auch im Bereich der Einzelsprachen nichts anderes, als die Sprachfunktionen festzustellen und ihre Existenz durch den Nachweis einer entsprechenden Kategorie auf der Ebene des Ausdrucks zu rechtfertigen. Den Sinn im Text zu rechtfertigen, bedeutet dementsprechend, den bereits verstandenen Inhalt auf einen bestimmten Ausdruck zurückzuführen, zu zeigen, daß dem *signifié* des Makrozeichens im Text ein spezifischer Ausdruck entspricht. In dieser Hinsicht ist also die hier behandelte Textlinguistik Interpretation, Hermeneutik.

4) Da die literarischen Texte in höchstem Maße der vollen Entfaltungsmöglichkeit des Sinns entsprechen, ist der Gegenstand dieser Textlinguistik an erster Stelle die *Literatur*, der *literarische Text*. A l l e Texte haben jedoch Sinn, nicht nur die literarischen; deshalb muß die "Linguistik des Sinns" auch nicht-literarische Texte berücksichtigen, und zwar insbesondere im Hinblick auf die in ihnen erkennbare Reduzierung der Entfaltungsmöglichkeit des Sinns.

5) In dieser Hinsicht fällt diese Textlinguistik mit der *Stilistik der Texte* zusammen, besser gesagt, sie u m f a ß t diese Art der Stilistik, wie sie alle anderen Arten des Umgangs mit Texten, den ganzen methodischen Komplex der herkömmlichen Philologie, umfaßt.

6) Wie jede Hermeneutik muß auch diese Textlinguistik über eine *Heuristik* verfügen, die ihr das zu Erwartende wenigstens teilweise bereitstellt. Diese Heuristik besteht in der Identifikation der Verfahren zum Ausdruck des Sinns, die man in den Texten antreffen kann. Die heuristische Komponente unserer Textlinguistik besteht also in der Erstellung einer möglichst erschöpfenden Liste von bereits festgestellten Verfahren dieser Art. Man darf dabei jedoch nicht vergessen, daß eine solche Liste offen bleiben muß, daß wir nicht sicher sein können, in einem Text ausschließlich auf bereits identifizierte und registrierte Verfahren zu stoßen.

7) Die Textlinguistik als "Linguistik des Sinns" kann in rationaler Hinsicht keine *Allgemeinheit "nach unten"* für sich in Anspruch nehmen, denn ihr Gegenstand bildet die unterste Stufe jeder möglichen Klassifizierung der Manifestationen des Sprachlichen überhaupt. Der Text ist etwas Individuelles. Hierin unterscheidet sich diese Textlinguistik von der Linguistik im allgemeinen und damit auch von der zweiten Art der Textlinguistik, von der transphrastischen Grammatik. Die Wissenschaft von den Einzelsprachen kann eine gewisse Allgemeingültigkeit sowohl "nach unten" als auch "nach oben" für sich geltend machen. "Nach unten" insofern, als die festgestellten und gerechtfertigten einzelsprachlichen Verfahren für viele oder auch für alle

Redeakte einer bestimmten Art gelten. "Nach oben" insofern, als diese Verfahren einigen, vielen oder auch allen Sprachen gemeinsam sein können. Im letzteren Fall würde es sich um empirische Universalien handeln. Für unsere Textlinguistik, deren Gegenstand die individuelle Ebene des Sprachlichen ist, kann es nur eine *Allgemeinheit "nach oben"* geben. Man kann nur feststellen, was verschiedenen Texten gemeinsam sein kann; die Allgemeingültigkeit, die diese Textlinguistik für sich in Anspruch nehmen kann, betrifft also die möglichen Gemeinsamkeiten einiger, vieler oder, im Grenzfall, aller Texte. Die Skala dieser möglichen Gemeinsamkeiten reicht von den völlig fixierten und in sich abgeschlossenen Textverfahren zum Ausdruck des Sinns bis hin zu Makrostrukturen, die auf der Ebene des Ausdrucks nicht mehr im strengen Sinn einheitlich zu sein brauchen. Wir haben also zunächst einzelsprachlich völlig fixierte Texte wie *Guten Morgen, je vous en prie, vale* usw. Wir stoßen dann auf ebenfalls völlig fixierte Formeln, die jedoch nicht mehr mit dem gesamten Text zusammenfallen und somit mehreren Texten gemeinsam sein können, Formeln wie *es war einmal, il était une fois* oder *érase una vez.* Auf einer höheren Stufe finden wir noch allgemeinere Verfahren, die auf der Ebene des Ausdrucks keine vollständige Homogenität mehr aufweisen, z.B. verschiedene Techniken, einen Text beginnen zu lassen, etwa mit der Einführung des Themas oder auch mit dem Einstieg *in medias res*, wobei u.U. der Eindruck erweckt wird, das Thema sei bereits bekannt, der betreffende Text sei nur ein Kommentar unter anderen zu einem mehreren Texten gemeinsamen Thema. Auf einer noch höheren Stufe finden wir dann mögliche einheitliche Makrostrukturen, die auch hinsichtlich der Verfahren im einzelnen nicht mehr übereinzustimmen brauchen: Wir befinden uns nun auf der Ebene der *Gattungen*, innerhalb derer schon eine sehr ausgeprägte Variation "nach unten" festgestellt werden kann. Und schließlich verlassen wir den Bereich der empirisch feststellbaren Gemeinsamkeiten; für die Texte im allgemeinen gibt es nur die Gemeinsamkeiten, die für die Ebene der Texte definitorisch sind.

8) In dieser Hinsicht, d.h. in der Wahrnehmung der Ansprüche, die sie hinsichtlich der Allgemeingültigkeit "nach oben" *rationaliter* geltend machen kann, fällt unsere Textlinguistik mit der Theorie und der Erforschung der Textsorten und der Gattungen zusammen. Besser gesagt (genau wie beim "Zusammenfallen" mit der Stilistik, vgl. 5)), sie fällt nicht einfach mit der Gattungstheorie zusammen, sondern sie u m - f a ß t sie.

9) Ihr *Berührungspunkt mit der anderen Art von Textlinguistik*, die an Einzelsprachen gebunden ist und der das nächste, abschließende Kapitel gewidmet sein wird, ergibt sich aus der Tatsache, daß viele Einzelsprachen, ja sogar alle uns bekannten Sprachen, über besondere Verfahren "jenseits des Satzes" zum Ausdruck von Sinneseinheiten verfügen. Eine sicherlich nicht sehr interessante Formel wie *guten Morgen* ist gleichzeitig Gegenstand einer Textlinguistik als "Linguistik des Sinns" und einer Textlinguistik als "transphrastischer Grammatik", denn es handelt sich einerseits zweifellos um einen (potentiell abgeschlossenen) Text und andererseits um ein Verfahren der deutschen Sprache zum Ausdruck eines bestimmten Sinns, nicht etwa um eine Technik zur einheitlichen Gestaltung einer Reihe von Redeakten.

10) In dem Maße, in dem der Sinn in den Texten nicht nur sprachlich, sondern auch außersprachlich ausgedrückt wird – und dies geschieht in erheblichem Maße –, muß diese Textlinguistik, die ich für die "eigentliche" halte, *über das Sprachliche hinausgehen*.

3. Textlinguistik als "transphrastische Grammatik"

Wir wollen uns nun nochmals jener Art von Textlinguistik zuwenden, die ich für zwar durchaus berechtigt und notwendig halte, in der ich jedoch nicht die eigentliche Textlinguistik sehe, sondern eher eine Ausweitung der herkömmlichen Grammatik einer Sprache über die Satzsyntax hinaus. Es gibt eine Reihe von konkurrierenden Fachausdrücken für diese Art der wissenschaftlichen Beschäftigung mit dem Text. lch habe eingangs [cf. 1.4.] die Termini *Textgrammatik, transphrastische Grammatik* und *transphrastische Analyse* genannt. Wichtiger als verbindliche Vorschläge zur terminologischen Normierung zu unterbreiten, scheint es mir in der gegenwärtigen Situation, mit aller gebotenen Deutlichkeit darauf hinzuweisen, daß der Gegenstand dieser Art von Textlinguistik der *Text als Ebene der einzelsprachlichen Strukturierung* ist und daß somit diese Textlinguistik nicht mit der "Linguistik des Sinns" zusammenfällt, deren Gegenstand der *Text als Ebene der Sprache im allgemeinen* ist. Gerade auf dem Gebiet dieser einzelsprachlich orientierten Textlinguistik ist in den letzten Jahren Beachtliches und, was das Niveau der technischen Elaboration betrifft, sehr Anspruchsvolles geleistet worden. Sie werden sich davon überzeugen können, wenn Sie – wie ich hoffe – den zu Beginn der Vorlesung gegebenen bibliographischen Hinweisen nachgehen.[1] Leider entspricht dem hohen technischen Niveau der geleisteten Forschungsarbeit nicht immer eine klare theoretische Abgrenzung

---

[1] [In den vergangenen Jahren sind gerade zu diesem Gebiet höchst beachtliche neuere Arbeiten erschienen (vgl. die Fortsetzung der ursprünglichen Bibliographie am Anfang dieses Bandes). Zusätzlich wären zu nennen: F. Cornish: *Anaphoric Relations in English and French,* London 1986. M. Kęsik: *La cataphore*, Paris 1989. R. Koeppel: *Satzbezogene Verweisformen,* Tübingen 1993. D. Kong: *Textsyntax,* Würzburg 1993. S. Moirand: *Une grammaire des textes et des dialogues*, Paris 1990.]

des Gegenstandes, den man eigentlich untersuchen möchte. Wir werden auf dieses Problem in einem kurzen Abschnitt [3.2.] dieses Kapitels zurückkommen.

Dieses letzte Kapitel unserer Vorlesung wird im Vergleich zum vorhergehenden unverhältnismäßig kurz ausfallen. Das liegt in erster Linie an der Gesamtkonzeption dieser Vorlesung. Ich bin im einführenden Kapitel besonders ausführlich auf die Probleme der Textlinguistik als transphrastischer Grammatik eingegangen; ich habe ihre Heuristik in Umrissen skizziert und kann mich nun hier knapp resümierend auf meine diesbezüglichen Ausführungen berufen. Die Disproportion des Umfangs der beiden Kapitel spiegelt jedoch andererseits auch meine eigenen wissenschaftlichen Präferenzen wider. Es ist zwar durchaus richtig, daß die transphrastische Grammatik "Texte" zum Gegenstand hat, genauer gesagt, diejenigen einzelsprachlichen Verfahren, die auf den Text hin orientiert, die für Texte bestimmt sind. Ich bin jedoch der Ansicht, daß man den Terminus "Textlinguistik" der Beschäftigung mit dem Text als einer autonomen, nicht an eine Einzelsprache gebundenen Ebene der Sprache im allgemeinen vorbehalten sollte, dem Text als Träger des Sinns.

Wir haben im einführenden Kapitel [1.3.] gesehen, daß es verschiedene Ebenen der einzelsprachlichen Strukturierung gibt: die *minimalen Elemente*, das *Wort*, die *Wortgruppe*, die *Klausel*, den *Satz* und den *Text*. Nur zwei dieser Ebenen sind rational notwendig, die *minimalen Elemente* und der *Satz*, mit ihnen haben wir *a priori* in jeder Sprache zu rechnen. Was die übrigen Ebenen betrifft, so handelt es sich nur um allgemeine Möglichkeiten der einzelsprachlichen Strukturierung, die in einer bestimmten Sprache realisiert sein können oder auch nicht. Es ist ein empirisches Problem herauszufinden, ob eine solche Ebene in einer gegebenen Sprache existiert oder nicht. Sie existiert dann, wenn die betreffende Sprache über spezielle Funktionen verfügt, die an die jeweilige Ebene gebunden und von den höheren Ebenen unabhängig sind. Werden in einer Sprache bei jedem im Redeakt verwendeten Lexem gleichzeitig Satzfunktionen ausgedrückt, wie z.B. im Lateinischen, so ist dies als Indiz dafür zu werten, daß es in dieser Sprache (im Gegensatz zu vielen modernen Sprachen) das

Wort als autonome Ebene der grammatischen Strukturierung nicht gibt (was, wie gesagt, nicht heißen soll, daß das Wort im Lateinischen nicht als lexikalische Einheit existiert). Permutiert man die Lexeme im Satz *venator occidit leonem* und läßt alles übrige unverändert, so werden durch diese Operation die Satzfunktionen nicht berührt. Verfährt man entsprechend mit dem französischen Satz *le chasseur tue le lion*, so ändern sich die jeweiligen Satzfunktionen – ein Indiz dafür, daß das Wort als autonome grammatische Schicht existiert, denn die Satzfunktion wird offenbar n i c h t schon automatisch mit der bloßen Verwendung des Lexems im Redeakt ausgedrückt. Ebenso wird in span. *casas* "Häuser" der Plural auf der Ebene des Wortes ausgedrückt und zwar unabhängig von der Funktion dieses Wortes im Satz, während lat. *casae* bzw. *casas* zusätzlich im Hinblick auf die jeweilige Satzfunktion determiniert ist. Entsprechende Beispiele habe ich bereits für die Wortgruppe (*l'homme pauvre ≠ le pauvre homme* etc.) und für die Klausel (**natürlich** *hat er es getan ≠ er hat es auf natürliche Art und Weise getan* etc.) gegeben [1.3.]. Was nun den Text betrifft, die Ebene, die uns hier zu interessieren hat, so wurde ebenfalls bereits eine grundsätzliche Feststellung getroffen: Beim Text handelt es sich nicht um eine rational notwendige Schicht der grammatischen Strukturierung einer Sprache; eine Sprache bliebe immer noch Sprache, wenn sie über keine spezifischen Verfahren zur Konstituierung von Texten, zum Ausdruck von Textfunktionen verfügen würde. In allen bisher bekannten Sprachen scheinen sich jedoch solche Verfahren nachweisen zu lassen, die Existenz des Textes als einer Ebene der einzelsprachlichen Strukturierung darf also bis auf weiteres als ein "empirisches Universale" gelten.

Wenn der Text hier ausdrücklich als eine rational nicht notwendige Schicht der einzelsprachlichen Strukturierung bezeichnet wird, so bedarf dies eines erläuternden Zusatzes. Diese Bemerkung bezieht sich natürlich nicht auf den Text schlechthin; denn es versteht sich von selbst, daß die Existenz des Textes als konkreter und zugleich individueller Manifestation des Sprachlichen überhaupt rational notwendig ist. Es gibt keine Realisierung des Sprechens, keinen Redeakt, der nicht einen Text darstellen würde, auch wenn er nur aus einem Satz, einem Wort oder sogar einem minimalen Element besteht [cf. 1.4., *Exkurs*]. Aber es ist theoretisch denkbar, daß Texte unabhängig von spezifisch "transphrastischen" Verfahren gebildet werden, unter Zuhilfenahme nur solcher Verfahren, die für die Bildung von Sätzen unabhängig von deren Verwendung in einem Redeakt gelten. Ein solcher Text könnte dann z.B. aus einer additiven Reihung von Sätzen entstehen, die nur nach "Satzbauregeln" gebildet sind, ohne daß ein einzelsprachliches (in anderen Sprachen evtl. n i c h t anzutreffendes) Verfahren zur Organisation dieser Sätze in eine Einheit höherer Ordnung und zu ihrer Ausrichtung auf eine bestimmte Sprechsituation hin dazuträte.

Die Existenz des Textes als einer zwar rational nicht notwendigen, aber empirisch möglichen und sogar allgemein anzutreffenden Ebene der einzelsprachlichen Strukturierung bildet das eigentliche Fundament des theoretischen Gebäudes der transphrastischen Grammatik. Das "Untergeschoß" besteht dann aus vier Eigenschaften, die für die Ebenen der einzelsprachlichen Strukturierung konstitutiv sind. Ich werde diese vier Eigenschaften hier zunächst anhand von Beispielen aus verschiedenen dieser Ebenen darstellen und später nochmals in anderem Zusammenhang auf die Rolle zu sprechen kommen, die diesen Eigenschaften speziell im Zusammenhang mit der Ebene des Textes zukommt [cf. 3.1.5. und 3.3.1.].

3.1. Die vier Eigenschaften der Ebenen der einzelsprachlichen Strukturierung

Alle Ebenen der grammatischen Strukturierung einer Sprache weisen grundsätzlich vier Eigenschaften auf: 1) die *Super-* oder *Hyperordinierung*, d.h. die Möglichkeit, daß Einheiten, die konstitutionell zu einer niedereren Schicht gehören, auf einer höheren Schicht "vertretungsweise" funktionieren können, z.B. ein Wort als Satz; 2) die *Sub-* oder *Hypoordinierung*, d.h. die Möglichkeit, daß Einheiten, die konstitutionell zu einer höheren Schicht gehören, "vertretungsweise" auf

einer niedereren Schicht funktionieren können, z.B. die Wortgruppe
als Wort; 3) die *Koordinierung*, d.h. die Möglichkeit, daß Einheiten
einer Schicht miteinander verbunden werden können, z.B. ein Wort
mit einem anderen Wort oder ein Satz mit einem anderen Satz und
4) die *Substitution* oder *Ersetzung*, d.h. die Möglichkeit, daß eine Einheit einer Schicht durch eine entsprechende "Proform" vorweg-
nehmend (kataphorisch) oder wiederaufnehmend (ana- bzw. epi-
phorisch) ersetzt werden kann, z.B. ein Nomen durch ein Pronomen
oder ein Verb durch ein *verbum vicarium* wie dt. *tun*. Schematisch
kann man die vier Eigenschaften folgendermaßen darstellen:

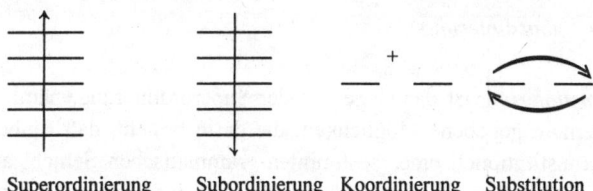

Superordinierung   Subordinierung Koordinierung   Substitution

Nun zu den vier Eigenschaften im einzelnen:

3.1.1. Die Superordinierung

Bei der *Superordinierung* geht es um die allgemeine Möglichkeit des
Erscheinens von Einheiten einer niedereren Ebene in Vertretung von
Einheiten einer höheren Ebene. Diese Eigenschaft ließe sich natürlich
auch als eine Kombination mit einem Nullelement auffassen. So ist es
z.B. möglich, daß minimale Elemente den Rang von Wörtern einnehmen, wie z.B. die nicht in Wortgruppen inkorporierten unflektierbaren
Wörter. Minimale Elemente können darüber hinaus als ganze Sätze
oder sogar als Texte funktionieren, wie etwa im Fall von lat. *i* [cf. 1.4.,
Exkurs]. Es ist eine empirische Aufgabe der transphrastischen Analyse
festzustellen, welche Elemente gegebenenfalls auf der Ebene des
Textes funktionieren können und welche nicht. Im Verb *bejahen*
erscheint *ja* als minimales Element, im Satz *Du bist ja verrückt* als

Wort (und möglicherweise als Klausel), in der bejahenden Antwort auf eine Frage als Satz und Text, und zwar, wie wir gleich noch sehen werden, aufgrund der vierten Eigenschaft der grammatischen Schichten, der Substitution. Die spanische Verbform *llueve* "(es) regnet" kann den Rang eines Satzes oder eines Textes einnehmen, die entsprechende deutsche Form *regnet* hingegen nicht, es muß in jedem Fall die Leerstelle des Subjekts besetzt werden, wenn ein Satz oder ein Text entstehen soll.

3.1.2. Die Subordinierung

Die *Subordinierung* ist das Gegenteil der Superordinierung, nämlich eine allgemein gegebene Möglichkeit, die darin besteht, daß Einheiten, die konstitutionell einer bestimmten grammatischen Schicht angehören, "im Rang zurückgestuft" werden und auf einer niedereren Ebene funktionieren.

Im Bereich der Makrosyntax, der Syntax der Satzperiode, spricht man traditionell von koordinierenden ("nebenordnenden") und subordinierenden ("unterordnenden") Konjunktionen. Diese Unterscheidung ist aus verschiedenen Gründen nicht annehmbar. Die Koordinierung ist eine Relation zwischen gleichrangigen, die Subordinierung *per definitionem* eine Relation zwischen verschiedenrangigen Elementen. Wenn die Subordinierung also wirklich in direktem Gegensatz zu einem anderen Verfahren steht, so zur Superordinierung und nicht zur Koordinierung. Die unterordnenden (subordinierenden) Konjunktionen sind im übrigen eher als eine Art von Präpositionen anzusehen, was man auch auf dem Wege des Aufweisens von Paraphrasebeziehungen zeigen könnte, jedoch handelt es sich dabei um ein Problem, das im Rahmen einer Syntaxvorlesung diskutiert werden müßte.[2] Wir wollen uns nun einige Beispiele für die Subordinierung ansehen. In Sätzen wie:

---

2 [Vgl. hierzu vom Verf.: "Grundzüge der funktionellen Syntax", art. cit., insb. § 6.1.2.]

Rhodum Ciceronum *causa* puerorum accessurum puto (Cicero)
(Nach Rhodus werde ich wohl der beiden Ciceros wegen gehen)

Q. Curius ... quem censores senatu probri *gratia* moverant (Sallust)
(... den die Zensoren einer Schandtat wegen aus dem Senat entfernt
hatten)

erscheinen die Ablative der Substantive *causa* "Grund" und *gratia*
"Dank" in der Funktion von minimalen Elementen, von Präpositionen
(oder besser: Postpositionen). Ähnliches kennen Sie aus dem Deutschen, wo der in der Übersetzung der lateinischen Beispiele
erscheinende Dativ Plural *wegen,* Genitive wie *mittels, zwecks, kraft*
und Nominative wie *dank* und *trotz* ebenfalls als Präpositionen fungieren können. Eine einfache Kommutationsprobe zeigt, daß Wortgruppen wie *mit Hilfe von, au moyen de, dans le but de, allo scopo di*
als minimale Elemente, d.h. genauso wie *mit, par, pour* oder *per,*
funktionieren können.

Angesichts von Syntagmen wie *the King of England's army* (*castles*
etc.) oder *The one who spoke to me's sister* wurde lange über den
Status des Elements *'s* als einer sog. *unmittelbaren Konstituente*
(*immediate constituent*) im Satz diskutiert.[3] Dabei ist der Status dieses
's eigentlich überhaupt kein Problem, es handelt sich in jedem Fall um
ein minimales Element; die Konstruktionen dieser Art zeigen nur, daß
im Englischen in gewissen Fällen Wortgruppen syntaktisch "subordiniert" und genau wie Wörter behandelt werden können.

In vielen anderen Sprachen ist das gerade nicht möglich. Es gehört
mit zu den Aufgaben der grammatischen Beschreibung einer Sprache
herauszufinden, was subordiniert werden kann und was nicht, was
n o r m a l e r w e i s e subordiniert wird und wie die Subordinierung
vorgenommen wird. So unterscheiden sich die Einzelsprachen z.B.
erheblich hinsichtlich des Ausmaßes, in dem sie Wortgruppen zum
ständigen Gebrauch als einfache Wörter – sog. Komposita – bereit-
stellen.

---

[3] [Vgl. u.a. H.A. Gleason, *An Introduction to Descriptive Linguistics*, New York
²1961, § 10.18 und A. Martinet, *Eléments de linguistique générale*, Paris 1960,
§ 4-16.]

3.1.3. Die Koordinierung

Bei der *Koordinierung* geht es um die allgemeine Möglichkeit, Einheiten gleichen Rangs zu einer komplexeren Einheit zu verbinden, die dann weiterhin auf derselben Ebene funktioniert wie ihre Bestandteile. Auch hier gibt es interessante Unterschiede zwischen verschiedenen Sprachen. In Syntagmen wie:

> *plus* ou *moins* heureux
> *für* oder *gegen* mich
> *con* e *senza* libri

werden z.B. minimale Elemente des Französischen, Deutschen und Italienischen in einer Weise koordiniert, die im Spanischen nicht ohne weiteres möglich ist; in einer Übersetzung des italienischen Beispiels ins Spanische müßte – zumindest nach den Regeln der normativen Grammatik – eine explizitere Konstruktion erscheinen:

> ?*con* y *sin* libros →
> *con* libros y *sin ellos*

Im Deutschen werden Sätze wie "Sie können mit oder ohne Bücher kommen" weitgehend akzeptiert, obwohl die Konstruktion wegen der unterschiedlichen Rektion der Präpositionen satzgrammatisch inkorrekt ist. Aus diesen Beispielen wird auch deutlich, daß die Eigenschaft der Koordinierung nicht eine Funktion des jeweiligen Verbindungselements, sondern eine Eigenschaft ist, die die Verbindung im ganzen aufweist. So stehen sich z.B. im Deutschen nicht *und* vs. *oder* in einem "Paradigma koordinierender Konjunktionen" gegenüber, sondern Koordinierungen wie *a und b* vs. *a oder b*. In dem beliebten Scherzwort: "Lieber *reich und gesund* als *arm und krank*" erscheinen die beiden Kombinationen in einer Relation *in absentia* (cf. *infra*) zu den adversativen Koordinierungen *reich aber krank* und *arm aber gesund*.

Gewisse Sprachen, wie z.B. das Lateinische, machen feine Unterschiede innerhalb verschiedener Typen von Koordinierungen, wie Ihnen aus der Schulgrammatik bekannt sein dürfte:

Kopulative Koordinierung

Mars *et* Venus laus *et* gloria bene *et* commode exire	*et*	allgemeines Zeichen für die Addierung ohne nähere Charakterisierung des Addierten
urbs *atque* imperium sacrificia publica *ac* privata dulcia *atque* amara	*atque,* *ac*	Zeichen für die Addierung des eng Zu- sammenhängenden, das zwar zum sel- ben semantischen Feld gehört, aber nicht logisch äquivalent ist (Hinzufü- gung, Steigerung)
senatus populus*que* terra mari*que* arma virum*que*	*-que*	Zeichen für das "paarweise Auftreten- de" (z.B. ein *Hendiadyoin*); bezeichnet enge Zusammengehörigkeit auf dem- selben klassifikatorischen Niveau.[4]

Disjunktive Koordinierung

victoria *aut* honesta mors hic vincendum *aut* moriendum est	*aut*	Zeichen für die strenge Alternative, die Ausschließung: nur eines von beiden kann der Fall sein.
novem *vel* decem annis in Italia *vel* in Graecia *Vel* adest *vel* non	*vel*	(zu *velle*): bezeichnet die nicht zur Entscheidung zwingende Auswahl un- ter mehreren; mindestens eines ist der Fall, man wird dann schon sehen.
duabus tribus*ve* horis plus minus*ve*	*-ve*	wie *vel*, jedoch nur für das "von Natur aus" eng Zusammengehörige (cf. *-que*)
fatum *sive* fortuna vocabulum *sive* appellatio	*sive* *(seu)*	überläßt dem Leser/Hörer die Entschei- dung (beides gilt); vgl. dt. *oder auch* und das von den präskriptiven Gram- tiken getadelte *beziehungsweise*.

---

4 Cf. vom Verf. "Coordinación latina y coordinación románica", in:*Actas del III Congreso Español de Estudios Clásicos (Madrid 1966)*, Bd. III,*Coloquio de estudios estructurales sobre las lenguas clásicas*, Madrid 1968, SS. 35-57, und in dt. Üb. von H. Bertsch in: E. Coseriu, *Sprache. Strukturen und Funktionen*, Tübingen ²1971, SS. 157-178.

3.1.4. Die Substitution

Die vierte Eigenschaft, die *Substitution*, wird in der traditionellen Grammatik nur im Zusammenhang mit der *Pronominalisierung* im engeren Sinn behandelt. Bei der Lektüre knapp gefaßter Schulgrammatiken könnte beim Leser der Eindruck entstehen, als betreffe die Ersetzung als allgemeine Möglichkeit nur einen Teil der Ebene des Wortes. Die Ersetzung ist jedoch eine viel umfassendere Funktion der Sprachen, sie betrifft nicht nur die Formen, die die traditionelle Grammatik [teils zu Unrecht; cf. 1.2.] als *Pronomina* klassifiziert hat, sondern eine ganze Reihe von weiteren Verfahren, durch die ein Element des Gesagten, ohne einfach in seiner gesamten Ausdehnung wiederholt zu werden, vorweg- oder wiederaufgenommen wird. Die Möglichkeit der Ersetzung besteht grundsätzlich auf allen Schichten bis hin zum Satz [vgl. das kontrastive Paradigma der Textpronomina vom Typ *ja-nein-doch* unter 1.2.]. Über die Art und Weise, wie die Ersetzung in verschiedenen Sprachen vorgenommen werden, wissen wir nur wenig (sehr wertvolle Hinweise gibt in dieser Hinsicht, wie bereits erwähnt, das Kapitel *Substitution* in Bloomfields *Language*). Auch für sonst sehr gut erforschte Sprachen, wie z.B. die romanischen, fehlen gründliche Untersuchungen über die Grenzen der Anwendbarkeit verschiedener, an sich wohlbekannter Ersetzungsverfahren. Im Französischen ist z.B. die Wiederaufnahme durch Personalpronomina im Text dann problematisch, wenn diese Pronomina mit Präpositionen konstruiert werden und auf Namen für unbelebte Gegenstände oder Abstrakta verweisen. Wiederaufnahmen vom Typ *la mollesse* (die Verweichlichung) ... *vaincu par elle* (*durch sie, von ihr* besiegt) werden von den Grammatikern des 18. Jahrhunderts aufgrund von erkennbaren Tendenzen in der Gebrauchsnorm verurteilt.[5] Dies gilt bis zu einem gewissen Grad auch für das Deutsche. Otto Jespersen bemerkt mit Recht, daß Fügungen wie *mit ihm*, *mit ihr* vermieden und

---

5 Cf. J.-P. Seguin, *La langue française au XVIIIᵉ siècle*, Paris 1972, S. 107f.

durch *damit* ersetzt werden, wenn sich das Pronomen auf unbelebte Gegenstände bezieht.[6]

Die Wiederaufnahme in Subjektsfunktion vor allem über stärkere Sinneinschnitte hinweg, ist, zumindest auf der Ebene der Norm, im Deutschen leichter möglich als im Französischen:

> ... die Konsulin, Onkel Justus, Senator Buddenbrook ... waren gegenüber diesem flüchtigen Büromenschen ... zu taktvoller *Nachsicht* bereit. *Sie* war vonnöten ...
>
> (Th. Mann)

> ... étaient disposés à une courtoise *indulgence* ... *Cette indulgence* était bien nécessaire ...

Beim Vergleich französischer Übersetzungen mit ihren deutschen Originalen stößt man nicht selten auf dergleichen Fälle.[7]

Interessant sind auch die Unterschiede in bezug auf die "Abstraktivität" der Ersetzungsverfahren in verschiedenen Sprachen. Manche Sprachen verfügen über sehr "abstrakte" Proformen, bei denen viele Kategorien, die am Ersetzten ausgedrückt werden, bei der ersetzenden Form zusammenfallen; andere Sprachen sind in dieser Hinsicht "konkreter":

er ist gekommen

sie sind gekommen $\longrightarrow$ *wer* ist gekommen?

vino ———— *¿quién* vino?

vinieron ———— *¿quiénes* vinieron?

---

6   Cf. *The philosophy of grammar*, London, Nachdruck 1975, S. 237. [Die im allgemeinen nicht sehr präskriptiv orientierte *Duden-Grammatik* rät vom anaphorischen Gebrauch von Syntagmen aus Präposition + Pronomen ausdrücklich ab, ganz besonders im Falle von *es*: Nicht "die sich *auf es* stützen müssen", sondern "*darauf* stützen müssen" (DUDEN, *Grammatik der deutschen Gegenwartssprache*, Mannheim ⁴1984, § 612).]

7   [Dieser Komplex ist inzwischen von einem Schüler des Verf. aus gesamtromanischer Perspektive untersucht worden: Harald Thun, *Personalpronomina für Sachen. Ein Beitrag zur romanischen Syntax und Textlinguistik*, Tübingen 1986. Es geht dort allerdings um sehr viel mehr als um Anaphorik.]

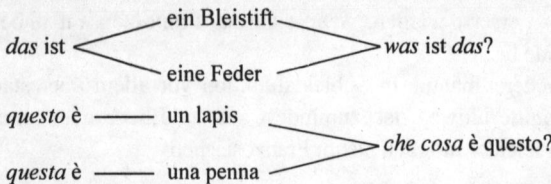

Ferner sei darauf hingewiesen, daß es neben den Pronomina im engeren Sinne auch *lexikalische Proformen* gibt, die ähnliche Funktionen erfüllen wie die Pronomina.[8] Recht häufig sind z.B. Wiederaufnahmen durch Synonyme (*ein Professor – der Hochschullehrer*) oder Hyperonyme (*ein Auto – das Fahrzeug*). Im Deutschen besteht außerdem die Möglichkeit, durch lexikalische Mittel und durch Mittel der Wortbildung eine Wiederaufnahme mit einer Präzisierung zu verbinden; ein Verfahren, das typisch für die Zeitungssprache ist:

> *Hans Müller* kam herein. *Der 44-jährige Schlosser* war müde.

Oder:

> *Hans Müller* kam herein. *Der 44-jährige* sagte: "..."[9]

Inwiefern es in anderen Sprachen ähnliche Präzisierungsmöglichkeiten gibt, wäre zu untersuchen.

Einen Sonderfall der Substitution stellt die *implizite Wiederaufnahme*[10] dar. Hier zunächst ein oft zitiertes Beispiel:

> Wir kamen in *ein Dorf. Die Kirche* war geschlossen.

Vertreter der sog. Prototypensemantik argumentieren in diesem Zusammenhang folgendermaßen: Man könne in diesem Fall *die Kirche* mit dem bestimmten Artikel verwenden, da das Merkmal "eine Kirche haben" zu den 'prototypischen' Eigenschaften von *Dorf* gehöre und

---

8 Zur Unterscheidung von Pronomina ("nicht-referentiellen Verweisformen") und lexikalischen Proformen ("referentiellen Verweisformen") vgl. Kallmeyer et al., *Lektürekolleg*, op. cit., Bd. 1, S. 251f.

9 Vgl. vom Verf.: *Strukturelle und kognitive Semantik.* Vorlesung WS 1989/90. Nachschrift von Ulrike Maier und Heinrich Weber, Tübingen 1992 (vervielf. Ms.), S. 51f.

10 Vgl. Brinker, *Linguistische Textanalyse*, op. cit., S. 35.

somit etwas wiederaufgenommen werde, das implizit bereits erwähnt worden sei.[11]

3.1.5. Koordinierung und Substitution "diesseits" und "jenseits" der Satzgrenze

Bevor ich nun auf die Bedeutung dieser vier Eigenschaften (genauer gesagt von drei unter ihnen) für den Text als Ebene der einzelsprachlichen Strukturierung zu sprechen komme, möchte ich zunächst darauf hinweisen, daß zwei dieser Eigenschaften *per definitionem* über die Grenze des Satzes hinausgehen.

Innerhalb neuerer Sprachtheorien ist verschiedentlich die alte These wieder ausgegraben worden, daß es die Koordinierung überhaupt nur auf der Ebene des Satzes gebe, auch dort, wo scheinbar nur Wörter addiert werden:

Hans liest

Hans und Maria lesen   ←

+ Maria liest

Demnach würde die Koordinierung, zumindest "in der Tiefe", grundsätzlich über die Satzgrenze hinausverweisen. Diese These ist aus verschiedenen Gründen, auf die wir hier nicht im einzelnen eingehen können, unannehmbar.[12] Es sei hier nur kurz erwähnt, daß Koordinierungen vom Typ *Hans und Maria sind Geschwister*, *Jean et Pierre sont inséparables* (Hans und Peter sind unzertrennlich), *Hans flucht und schimpft den ganzen Tag*, *er ist mit Sack und Pack weggezogen*, *Marie a mis sa robe blanche et noire* (Maria hat ihr schwarzweißes Kleid angezogen) nicht auf Addierungen von Sätzen zurückgeführt werden können. Nicht umsonst gibt es Sprachen wie das Lateinische, die besondere Koordinationszeichen für Koordinierungen innerhalb der Satzgrenze kennen (cf. *supra*: -*que*). Immerhin stellt die

---

11 Vgl. *Strukturelle und kognitive Semantik.* op. cit., S. 51.
12 [Vgl. vom Verf. "Grundzüge der funktionellen Syntax", art. cit., S. 164ff.]

Koordinierung ein Verfahren *par excellence* des einzelsprachlich geregelten Übergangs von Satz zu Satz dar.

Ähnliches gilt für die Substitution. Die traditionelle Lehre von den Pronomina hat ihr Hauptaugenmerk der Substitution innerhalb des Satzes gewidmet; da es jedoch, wie wir gesehen haben, auch Proformen für Sätze und Texte gibt, führt auch die Ersetzung schon *per definitionem* über die Satzgrenze hinaus. Das ist bei der Subordinierung nicht der Fall; wir werden jedoch später noch sehen, daß auch die Subordinierung eine Eigenschaft der Ebene des (einzelsprachlich strukturierten) Textes darstellen kann.

3.2. Über die Notwendigkeit einer klaren Unterscheidung der beiden Arten von Textlinguistik

Aus meinen Ausführungen zu den Ebenen der einzelsprachlichen Strukturierung und zu den vier Eigenschaften, die diese Ebenen aufweisen, dürfte den Kennern auch nur eines Teils der neueren Literatur zur Textlinguistik klar geworden sein, daß sich diese Disziplin, auch wenn sie in erster Linie als eine Art von transphrastischer Grammatik auftritt, nicht mit dem hier vorgeschlagenen Ansatz in Übereinstimmung bringen läßt. Ich habe erhebliche Einwände gegen die transphrastische Grammatik, so wie sie heute nahezu überall betrieben wird, weil diese Disziplin mit dem Anspruch auftritt, gleichzeitig Teil der Grammatik einer Einzelsprache u n d Wissenschaft vom Text im allgemeinen zu sein. Ein solches Programm ist undurchführbar und sinnlos. Ich habe mich eingangs [1.5.1.] bemüht zu zeigen, daß den drei Ebenen der Sprache im allgemeinen drei unterschiedliche kulturelle Stufen des sprachlichen Wissens, drei unterschiedliche "Kompetenzen" entsprechen. Die *elokutionelle* Stufe betrifft das Sprechen im allgemeinen unabhängig von jeder historischen Technik des Sprechens, es handelt sich also um eine Kompetenz, die mit den Kategorien der Logik, der Referenztheorie usw. untersucht und beschrieben werden kann. Die *idiomatische* Stufe betrifft die Beherrschung der Regeln einer bestimmten Sprache; diese Sprachkompetenz kann, wie bereits ausgeführt, Regeln der zuerst genannten Kompetenz aufheben. Die *expressive* Stufe betrifft das Sprechen in einer bestimmten Situation, die Organisation von Redeakten zwar auf der Grundlage und z.T. mit den Mitteln der beiden übrigen Kompetenzen, aber dennoch unabhängig von ihnen. Um einen Roman schreiben zu können, muß man freilich zuerst überhaupt einmal sprechen können, und dazu wiederum muß man notwendigerweise eine oder mehrere historische Techniken des Sprechens beherrschen; man muß jedoch darüber hinaus auch ein zumindest intuitives expressives Wissen davon haben, wie man einen Roman schreibt. Und dieses Wissen fällt nicht einfach mit den beiden anderen Stufen des Wissens zusammen. Natürlich setzt die Textkompetenz die beiden anderen Kompetenzen voraus, natürlich lassen sich diese drei Kompetenzen in der Praxis nicht t r e n n e n ; sie lassen sich jedoch sehr wohl u n t e r s c h e i - d e n und müssen sogar, aus praktischen Gründen, unterschieden werden: Es ist möglich, daß jemand ein großartiges Werk in fehlerhaftem Deutsch schreibt und daß dieser Mangel von einem anderen unter Zuhilfenahme fast ausschließlich der Kompetenz für das Deutsche behoben wird. Im übrigen müssen die idiomatische und die expressive Stufe des sprachlichen Wissens auch in historischer Hinsicht unterschieden werden, denn für beide gibt es ganz unterschiedliche Traditionen. Die Geschichte des Sonetts fällt, wie wir gesehen haben, nicht mit der Geschichte des Italienischen zusammen [cf. 1.4.].

Man darf also, wenn man Textlinguistik treiben will, nicht einer der eigentlichen Forschungsarbeit vorausgehenden Entscheidung darüber ausweichen, welchem Gegenstand die Untersuchung gelten soll, dem Text als einer übereinzelsprachlichen Organisation der Redeakte oder dem Text als einer Ebene der einzelsprachlichen Strukturierung, als einer grammatischen Schicht einer oder mehrerer bestimmter Sprachen. Entscheidet man sich für den zweiten Untersuchungsgegenstand, die transphrastische Grammatik von Einzelsprachen, so hat man sich weiterhin zu fragen, ob es für eine bestimmte Textfunktion, die man aufgrund der Textkompetenz kennt, ein Verfahren gibt, das einzelsprachlich geregelt ist. Dies herauszufinden ist, wie in anderem Zusammenhang bereits mehrfach erwähnt, ein empirisches Problem. Die naive (aber bis zu einem gewissen Punkt berechtigte und unvermeidliche) Identifikation von "sprechen können" und "die eigene Muttersprache beherrschen" verleitet uns nicht selten zu der Annahme, es genüge zu wissen, was eine Frage oder eine Aufzählung ist, um in jeder Sprache – idiomatisch korrekt – fragen oder aufzählen zu können. Und man wird dann gegebenenfalls feststellen müssen, daß dem nicht so ist, daß es für einen Teil dessen, was zur Organisation der Redeakte in Form des Textes gehört, was für das Sprechen in einer bestimmten Situation gilt, Verfahren gibt, die in der einen Sprache so und in der anderen so geregelt sind. Die Identifizierung und Rechtfertigung dieser Verfahren stellt den Aufgabenbereich der richtig verstandenen transphrastischen Grammatik dar. Die Aufstellung eines Katalogs von Textsorten und Gattungen wie Erzählung, Bericht, Anekdote, Ode, Drama, Roman usw. usf. (die Aufzählung ist absichtlich ungeordnet) kann nicht Aufgabe dieser Disziplin sein.

Um nicht mißverstanden zu werden, beeile ich mich hinzuzufügen, daß die transphrastische Grammatik selbstverständlich zur Untersuchung solcher Textsorten, zur Bestimmung ihrer Makrostruktur beitragen kann. In dieser Hinsicht stellt die transphrastische Grammatik sogar eine unverzichtbare Hilfswissenschaft für die "Linguistik des Sinns" dar. Die beiden übergeordneten Fragestellungen für ein erfolgreiches Ineinandergreifen der beiden Disziplinen lauten einerseits: "Wie wird das «Angemessene» «korrekt» ausgedrückt?" und andererseits: "Inwieweit trägt das idiomatisch «Korrekte» zur «Angemessenheit» des Ausdrucks bei?" Es handelt sich, wie man unmittelbar einsieht, um das wohlbekannte Wechselverhältnis von Onomasiologie und Semasiologie auf einer höheren semiotischen Ebene. Die Einzelsprache qua Gefüge von Möglichkeiten der Strukturierung der Bedeutung fungiert dabei als "Ausdrucksebene", der Text qua Gefüge von Möglichkeiten der Strukturierung des Sinns als "Inhaltsebene" – jeweils "zweiten Grades" [cf. 1.6., insb. was die Rolle der *Bezeichnung* in der Semiotik des Texts betrifft]. Zwischen diesen beiden Ebenen kann im Prinzip ebenso kommutiert werden wie zwischen der

Ausdrucks- und der Inhaltsebene einer Einzelsprache [cf. 2.5.2.]. Das Verhältnis zwischen den Beiträgen, die die beiden Textlinguistiken zu dieser Operation leisten können, entspricht demjenigen, das zwischen den ausdrucksbezogenen und inhaltsbezogenen Teildisziplinen der einzelsprachlichen Linguistik besteht.

3.2.1. Mutmaßliche historische Ursprünge moderner Mißverständnisse: Die Rolle der unterschiedlichen Stufen des sprachlichen Wissens in der antiken Rhetorik

Kommen wir nochmals kurz auf die antike Rhetorik zurück, die ich schon zu Beginn dieser Vorlesung als eines der älteren Vorbilder der modernen Textlinguistik vorgestellt habe [cf. *Exkurs* in 1.1.]. Die Phasen der Verarbeitung, die zur Konstituierung von Texten in der klassischen Rhetorik unterschieden wurden, waren die folgenden:

> inventio
> dispositio
> *elocutio*
> memoria
> vox (auch *pronuntiatio*)

Eine nähere Erläuterung dieser fünf aufeinanderfolgenden Operationen wird zeigen, daß die Bedeutung, die dabei der Einzelsprache zukommt, von Stufe zu Stufe sehr unterschiedlich ist. Die antiken Rhetoren haben sich wahrscheinlich aus einem allgemeinen kulturellen Grund wenig Gedanken über die Rolle der Einzelsprache in der Redekunst gemacht. Es war von vornherein nur an eine Redekunst in einer der beiden klassischen Sprachen gedacht, die Beherrschung einer dieser beiden Sprachen wurde bis zu einem gewissen Grade implizit mit dem Sprechen-Können im allgemeinen identifiziert, und an eine regelgeleitete Verwendung irgendeiner "barbarischen" Sprache zur Verfertigung von Texten war überhaupt nicht zu denken.

Nun zu den fünf Operationen im einzelnen:

Die *inventio*, die Erfindung des Themas, die Bereitstellung der noch ungegliederten Ideen zu dem, was man sagen will, hat überhaupt nichts oder doch nur sehr indirekt etwas mit einer besonderen Sprache zu tun, nur insofern nämlich, als man sprechen können muß, um ein Vortragsthema zu erfinden und als "sprechen können" immer "eine Sprache können" impliziert.

Die *dispositio*, die Gliederung des thematischen Materials, hat ebenfalls nur sehr wenig mit der Ebene der Einzelsprache zu tun. Die Einteilung kann (in verhältnismäßig geringem Ausmaß) tatsächlich einzelsprachlich organisiert sein, z.B. wenn eine Sprache besondere Regeln der Aufzählung kennt [cf. 1.2.].

Die *elocutio*, der sprachliche Ausdruck dessen, was schon in seinem Gehalt bestimmt und im Hinblick auf den Vortrag gegliedert worden ist, gehört grundsätzlich zu unserer zweiten Textlinguistik, zur transphrastischen Grammatik einer Sprache; sie wurde daher im obenstehenden Schema besonders hervorgehoben.

Die *memoria*, die Gesamtheit der mnemotechnischen Verfahren zum Auswendiglernen des verfaßten Textes, hängt ebenso wie die *inventio* nur indirekt mit der Beherrschung einer Sprache zusammen.

Die *vox* schließlich, der eigentliche Vortrag, hat wiederum bis zu einem gewissen Grad etwas mit der Einzelsprache zu tun. Wir haben bereits gesehen, daß es gewisse Intonationsmuster für bestimmte Textfunktionen geben kann, die von Sprache zu Sprache verschieden sind. Wir haben ebenfalls gesehen, im Fall von *ö* im Italienischen [1.5. C, 2a)], daß gewisse, meist sehr kurze Texte über eine phonische Form verfügen können, die außerhalb dieses besonderen Textes im Phoneminventar oder in den Distributionsregeln der Sprache nicht vorgesehen ist. Etwas Vergleichbares gibt es auch im Deutschen: In den Texten ʔm̄hm "ja" und ʔm̄ ʔm̄ oder ʔn̄ʔm̄ "nein" erscheinen phonische Fakten, die dem Deutschen sonst fremd sind, ein nur durch die Nase aspiriertes *h* und ein Glottisschlag (*glottal stop*) in Verbindung mit Konsonanten – eine Kombination, die deutschen Sprechern sonst (z.B. bei der Erlernung des dänischen *stød*) große Schwierigkeiten bereitet.

Die antiken Rhetoren hatten möglicherweise aus den oben angedeuteten Gründen kein besonderes Interesse daran, die verschiedenen Stufen des sprachlichen Wissens zu unterscheiden. In vielen konkreten Fällen ist eine vorläufige Nicht-Unterscheidung auch für den modernen Sprachwissenschaftler unvermeidlich. Häufig muß man Fakten, die sich später als zur Kompetenz des Sprechens im allgemeinen gehörig herausstellen, zunächst in der transphrastischen Grammatik einer Sprache behandeln, weil man in vielen Fällen nicht von vornherein wissen kann, was einzelsprachlich ist und was nicht. Wenn es aber eindeutig um die Prinzipien des Sprechens im allgemeinen geht, also um Kohärenz, Widerspruchsfreiheit usw., dann sollte die betreffende Unterscheidung auch im voraus getroffen werden. All das, was

zwar zur Konstitution des Textes gehört, aber gleichzeitig als einzelsprachlich geregelt erscheint, kann und soll in der transphrastischen
Grammatik behandelt werden. Ob es sich dabei wirklich um einzelsprachliche Fakten handelt, stellt sich oft erst durch einen Vergleich
zwischen mehreren oder vielen Sprachen heraus.

3.3. Entwurf der Textlinguistik als "transphrastischer Grammatik"

Da ich aus den bereits mehrfach angeführten Gründen mit der allgemeinen Ausrichtung der transphrastischen Grammatik, so wie sie derzeit betrieben wird, nicht einverstanden bin, sind die folgenden Ausführungen nicht als Bestandsaufnahme zu verstehen, sondern als Vorschläge zur Entwicklung der transphrastischen Grammatik zu einer
kohärenten Disziplin mit klar abgegrenztem Untersuchungsbereich.

3.3.1. Subordinierung, Koordinierung und Substitution im Bereich des Texts

Wenn der Text in einer Sprache als besondere grammatische Schicht
existiert, dann muß diese Schicht auch die vier Eigenschaften aufweisen, die wir bereits behandelt haben. Genauer gesagt, er muß drei dieser Eigenschaften aufweisen, denn die *Superordinierung*, das vertretungsweise Funktionieren einer Einheit auf einer höheren Ebene,
kommt für den Text als hierarchisch höchster Schicht ebensowenig in
Frage wie die *Subordinierung* für die minimalen Elemente.

Texte können hingegen durchaus *subordiniert* werden. Man kann
einen *Text im Text* haben; das ist beim *Zitat* der Fall, wo innerhalb
eines Textes ein anderer zitiert wird. Der Text kann auch als *Satz*
funktionieren; das geschieht, wenn die Sätze eines Textes in Form einer Periode einem anderen Text einverleibt werden. Häufiger noch er-

scheint der Text als *Satzglied*, nämlich in der *indirekten* oder in der *erlebten Rede* (*style indirect libre*).

Auf dem Gebiet der Subordinierung von Texten gibt es durchaus Unterschiede von Sprache zu Sprache. Manche Sprachen, wie z.B. das Neupersische, machen keinen Unterschied zwischen Zitat und indirekter Rede; beides wird einfach mit *ke* eingeführt – eine zufällige Übereinstimmung mit den romanischen Sprachen, die die indirekte Rede mit dem nahezu gleichlautenden Zeichen *que* (*che*) in den Text inkorporieren. Auf die indirekte Rede im Deutschen und im Lateinischen bin ich schon am Anfang der Vorlesung kurz zu sprechen gekommen [1.2.]: Im Schriftdeutschen erscheint bekanntlich in der indirekten Rede obligatorisch der Konjunktiv I (der sog. "Konjunktiv Präsens"), auch wenn keinerlei Zweifel am Bestehen des referierten Sachverhalts ausgedrückt werden soll. Diese Besonderheit ist eine ständige Quelle von Fehlern, die Deutsche in dieser Hinsicht in den romanischen Sprachen machen. Im klassischen Latein, das lehrt schon die Schulsyntax, gibt es einen streng geregelten Verfahrenskomplex zur Kennzeichnung der *oratio obliqua*, der indirekten Rede. Was in einem Text Hauptsatz war, erscheint im subordinierten Text als *A.c.I.*, was im Text Nebensatz war, erscheint – unabhängig vom ursprünglichen Modus – im Konjunktiv. Ein direkt wiedergegebener Ausspruch eines Textproduzenten, wie z.B.

> Cicero dixit: "Haec perfecta philosophia *est*, quae de maximis quaestionibus copiose *potest* ornateque dicere"

> (C. sagte: "Das ist die vollkommene Philosophie, die über die wichtigsten Fragen gedankenreich und geschmackvoll handeln kann"),

wird also in der *oratio obliqua* etwa folgendermaßen umgestaltet:

> Cicero *hanc perfectam philosophiam (esse)* iudicavit, quae de maximis quaestionibus copiose *posset* ornateque dicere.

Der ganze ursprüngliche Text wird hier also in den sehr kurzen neuen Text, der dem alten als Rahmen dient, *Cicero iudicavit* ("hielt für"), in Form eines Satzglieds inkorporiert.

Auch für die *Koordinierung* gibt es einzelsprachlich geregelte Verfahren auf der Ebene des Textes. So können z.B. durch Instrumente

wie *einerseits - andererseits* ganze Serien von Sätzen adversativ koordiniert werden [zu griech. μέν - δέ vgl. 2.6.4.].

Über die vierte Eigenschaft, die *Substitution*, habe ich mich auch
speziell in bezug auf die Ebene des Textes bereits mehrfach geäußert.
Wir haben festgestellt, daß die Paradigmen für Textpronomina, durch
die ein Text wiederaufgenommen und gleichzeitig hinsichtlich seines
Inhalts akzeptiert, abgelehnt oder verteidigt wird, in verschiedenen
Sprachen unterschiedlich strukturiert sind. Entsprechendes gilt auch
für andere, mehr oder weniger sprachspezifische Verfahren der Wiederaufnahme wie z.B.:

> A: Dasne aut manere animos post mortem aut morte ipsa interire?
> B: *Do vero.*
> (Gibst du zu, daß die Seelen entweder über den Tod hinaus erhalten
> bleiben oder aber durch den Tod selbst zugrundegehen?
> Gewiß.) [cf. auch 1.2.]

Im übrigen werde ich auf diese Form der Ersetzung nochmals im Zusammenhang mit der Syntagmatik des Textes zurückkommen [cf.
infra].

3.3.2. Paradigmatik und Syntagmatik auf der Ebene des Textes

Wenn der Text in einer Sprache als besonders gestaltete Ebene existiert, dann müssen sich auch auf dieser Ebene zwei Dimensionen
nachweisen lassen, die für alle Schichten kennzeichnend sind: die *pa-
radigmatische* und die *syntagmatische* Dimension. Meine eigenen
Auffassungen von der Paradigmatik und der Syntagmatik der Einzelsprachen weichen z.T. von denen ab, die in verschiedenen ziemlich
verbreiteten Handbüchern vertreten werden; deshalb beginne ich
meine Darstellung nicht gleich auf der Ebene des Textes.

Jede Ebene hat ihre "schichtspezifische" Paradigmatik, d.h. es gibt
auf jeder Ebene der einzelsprachlichen Strukturierung Elemente, die
für diese Ebene den Status von funktionellen Einheiten haben. Diese
Elemente können als Einheiten funktionieren, weil zwischen ihnen
eine Relation *in absentia* besteht, die Nicht-Identität in semiotischer

Hinsicht, m.a.W. eine *Opposition*. Die Existenz der unterschiedlichen grammatischen Schichten einer Sprache kann, wie wir bereits gesehen haben, gerade nur durch den Nachweis gerechtfertigt werden, daß es Oppositionen gibt, die an eine solche Schicht gebunden sind. So stehen z.B. *le pauvre homme* und *l'homme pauvre* auf der Ebene der Wortgruppe in Opposition zueinander. Die Opposition besteht nun gerade nicht zwischen den beiden bei der Analyse dieser Syntagmen festzustellenden Kombinationsverfahren, also nicht zwischen Voranstellung vs. Nachstellung des Adjektivs – das betrifft die Syntagmatik –, sondern zwischen den schon kombinierten Einheiten A+S vs. S+A. Entsprechend verhält es sich auf der Ebene des Wortes. Die spanische Form *casas* wird als Plural interpretiert, weil sie in Opposition zum Singular *casa* steht. Diese Feststellung mag den meisten unter Ihnen trivial erscheinen. Es besteht dennoch Anlaß dazu, auf den betreffenden Sachverhalt hinzuweisen, denn dabei ergibt sich gleichzeitig die Gelegenheit zu zeigen, daß es nicht etwa das sog. *"Plural-s"* ist, dem die Funktion "Plural" zugeschrieben werden kann. Diese Funktion kommt der Kombination *casa + s*, also dem "Pluralisierten" zusammen mit dem "Pluralisierenden" zu, die Kombination als solche steht in Opposition zum Singular. Zwischen dem Pluralisierten und dem Pluralisierenden besteht hingegen innerhalb der *chaîne parlée* eine Relation *in praesentia*, und zwar eine reziproke, denn *a* determiniert *b* und *b* gleichzeitig *a*. Analoges gilt für die Funktion des Artikels. Es gibt strenggenommen kein "Paradigma des Artikels". Die Relation zwischen Artikel und "Artikulat" ist syntagmatischer Natur, Oppositionen gibt es nur auf der Ebene der Wortgruppe zwischen Syntagmen vom Typ *X* vs. *el X* vs. *un X*. Die Funktion des Artikels (wir gehen hier von spanischen Beispielen aus, aber das Gesagte gilt im großen und ganzen für viele Sprachen) ist "«aktualisierend» in bezug auf das «Aktualisierte»"; und erst das gesamte Syntagma *bestimmter Artikel + Substantiv* ist "aktuell" und steht in Opposition zum Substantiv ohne Artikel. Der sog. "unbestimmte" Artikel, der eigentlich "bestimmter" ist als der sog. "bestimmte", denn er aktualisiert nicht nur, sondern partikularisiert noch dazu (wir wollen der Einfachheit halber von Artikel$_1$ und Artikel$_2$ sprechen), steht nicht mit seiner syntagmatischen

Funktion des Partikularisierens in Opposition zum Artikel$_1$; die Oppositionen existieren erst auf der Ebene der Wortgruppe: $\varnothing + S$ vs. *Art$_1$ +S* vs. *Art$_2$ + S.*

Die paradigmatisch funktionierenden Einheiten einer Ebene werden also durch syntagmatische Relationen gestiftet, die zwischen Elementen einer niedereren Ebene bestehen; die Analysierbarkeit einer Einheit ist also ein Korollar des Begriffs der Opposition. Wir wollen uns dies zunächst einmal anhand eines kleinen Schemas verdeutlichen, bevor wir zur Betrachtung der Paradigmatik und der Syntagmatik auf der Ebene des Textes übergehen:

Schicht	Elemente			Art der Relation
Wort bzw.	*casa*$^+$ "Singular"		*casa + s* "Plural"	paradigmatisch, *in absentia*
Wortgruppe	*hombre*$^+$ "inaktuell"	*el hombre* "aktuell"	*un hombre* "partikulär"	"Oppositionen"
minimale Elemente	*casa-* $\longrightarrow$ pluralisiertes Substantiv	$\longleftarrow$	*-s* pluralisierendes Morphem	syntagmatisch, *in praesentia*, einheitstiftend auf der nächst- höheren Ebene
	el aktualisieren- des	*un* partikularisie- rendes	*hombre* aktualisiertes / partikularisier- tes Substantiv	
		Morphem		

Die sog. "Satzfunktionen" wie *Subjekt*, *Prädikat*, *Objekt*, *Adverbiale* usw. sind ihrer Natur nach syntagmatische Relationen, d.h. sie stehen nicht in Opposition zueinander auf der Ebene des Satzes, sondern sie stiften funktionelle Einheiten auf dieser Ebene, nämlich die *Satztypen*. Es ist daher unzulässig, diese Funktionen inhaltlich definieren zu wollen; man kann sie nur relationell definieren: Subjekt ist etwas in bezug auf das, was nicht Subjekt ist usw. usf.

Nachdem wir uns einen Einblick in den Zusammenhang zwischen den syntagmatischen und den paradigmatischen Relationen im allgemeinen verschafft haben, wollen wir uns nun speziell der Ebene des

---

$^+$ [In diesen Fällen könnte man von Kombinationen mit Nullelementen ausgehen, was wir hier nicht tun wollen, um das Schema nicht unnötig zu komplizieren.]

Texts zuwenden. Ich bin davon ausgegangen, daß der Nachweis des Bestehens von paradigmatischen Relationen auf einer bestimmten Schicht, die sich dann gegebenenfalls auf die syntagmatischen Relationen der nächstniedrigeren Schicht zurückführen lassen, den Beweis für die Existenz eben dieser Schicht liefert. Hierin besteht nun die erste Aufgabe der Textlinguistik als transphrastischer Grammatik: Es gilt festzustellen, welche Textfunktionen in einer bestimmten Sprache auftreten und durch welche syntagmatischen Relationen die daran beteiligten funktionellen Einheiten konstituiert werden.

Ich habe am Ende des einführenden Kapitels dieser Vorlesung [1.5.2.] mehr oder weniger beiläufig eine ganz ungeordnete und unvollständige Liste solcher Textfunktionen, d.h. Funktionen des Sprechens in einer bestimmten Situation, aufgeführt. Die Paradigmatik dieser Textfunktionen ist noch nicht erarbeitet worden, weder für die Texte im allgemeinen, noch für die Texte als strukturierte Ebene einer Einzelsprache. Wir haben einerseits mit impliziten Textfunktionen zu rechnen, die aufgrund von *Textpräsuppositionen* (vgl. w.u.) gegeben sind, also mit Funktionen wie:

> Ablehnung, Annahme, Anspielung, Antwort, Aussage, Behauptung, Beispiel, Betrachtung, Beurteilung, Entgegnung, Erwiderung, Feststellung, Frage, Ironie, Meinung, Scherz, Übereinstimmung (bzw. Nicht-Übereinstimmung), Unterstellung, Verneinung, Versicherung, Verwerfung, Zurückweisung,

und wir haben mit expliziten Textfunktionen zu rechnen, die nicht aufgrund von Textpräsuppositionen gegeben sind[13], also mit Funktionen wie:

> Anrede, Anweisung, Aufforderung, Auskunft, jmdm. etwas Ausrichten, Befehl, Berichtigung, Bitte, Einwand, Erklärung, Erläuterung, Gruß, Herausforderung, Hinweis, Mahnung, Präzisierung, Protest, Rat, Versprechen, Wunsch.

---

[13] [Die hier vom Bearbeiter ohne besonderen taxonomischen Ehrgeiz vorgenommene Einteilung ist sicherlich anfechtbar. Zu den "expliziten Textfunktionen" gehören mit Sicherheit die sog. *Performativa* der Sprechakttheorie. Cf. John L. Austin, *How to do things with words*, Oxford 1962, passim, und John R. Searle, *Speech acts*, Cambridge 1969, §§ 2.4. und 6.2.]

Es gibt noch nicht einmal eine auch nur annähernd vollständige Liste von möglichen Funktionen in einer bestimmten Sprache, von einer Klassifikation ganz zu schweigen. Als oberstes Einteilungsprinzip käme wohl die Unterscheidung von *dialogischen* Textfunktionen wie *Frage / Antwort* und *nicht-dialogischen* Textfunktionen in Frage. Innerhalb dieser beiden Gruppen hätte man dann nach den üblichen Prinzipien mit der Klassifizierung fortzufahren; es fehlen jedoch noch die Kriterien dafür. Nehmen wir einmal an, es gäbe eine allgemeine Textfunktion der *Nicht-Übereinstimmung*, die dann auf einer spezielleren Ebene als *Verneinen, Verwerfen, Zurückweisen* usw. erscheinen kann. Welches ist nun das Verhältnis dieser möglichen Funktionen zueinander? Ist z.B. die Zurückweisung eine Form der Verneinung, oder lassen sich Zurückweisung und Verneinung auf den gemeinsamen Nenner einer hierarchisch übergeordneten Funktion bringen?

Was wir mit Sicherheit wissen, ist, daß diese Textfunktionen nicht etwa mit den Satzfunktionen zusammenfallen. Ein Interrogativsatz drückt auf der Ebene des Textes nicht unbedingt eine Frage aus; im Fall der sog. "rhetorischen Frage" wird er z.B. als Behauptung interpretiert. Auch die Verneinung kann u.U. durch einen Interrogativsatz ausgedrückt werden:

A: Du als Positivist würdest hier von "Pragmatik" sprechen.
B: *Ich und Positivist?*

Das bedeutet auch, daß nicht jede Verneinung im Text durch einen Negativsatz ausgedrückt wird (cf. *infra*).[14] Ich möchte an dieser Stelle auf die bereits ausgesprochene Anregung zurückkommen [cf. 1.5.2.], einmal gründlich zu untersuchen, welches die "implizite Textlinguistik" einer Sprache ist, d.h. über welche Benennungen von Textfunktionen sie in ihrem Wortschatz verfügt. Man hätte dabei nach den Prinzipien der strukturellen Semantik vorzugehen. Zunächst wären die primären Strukturen der entsprechenden Sektion des Wortschatzes

---

14 [Um möglichen Fehlinterpretationen vorzubeugen, sei darauf hingewiesen, daß die hier getroffene Unterscheidung zwischen *Satzfunktion* und *Textfunktion* zwar etwas mit der Unterscheidung von *propositionalem Gehalt* und *illokutionärer Rolle* in der Sprechakttheorie zu tun hat, daß die beiden Unterscheidungen jedoch keineswegs koextensiv sind.]

herauszuarbeiten, das Paradigma der primären Lexeme dieses Bereichs der Bezeichnung zu erstellen. Dann hätte man sich den sekundären Strukturen zuzuwenden: Welche Ableitungen gibt es? Ist das primäre Wort ein Verb und die dazugehörige Ableitung ein Nomen oder umgekehrt? Ganz besonders wertvoll wäre eine solche Arbeit, wenn sie konfrontativ und kontrastiv für zwei oder mehrere Sprachen durchgeführt würde.

Um zu zeigen, daß es in dieser Hinsicht tatsächlich Unterschiede zwischen den verschiedenen Sprachen gibt, möchte ich ein etwas ausführlicheres Beispiel aus dem Bereich der impliziten Annahme, der *Präsupposition*, geben:

In einem Aufsatz zitiert Ch. Rohrer eine der allseits beliebten und bekannten *Anfragen an Radio Jerewan* (*Eriwan*); ob es wahr sei, daß Gagarin in Moskau einen Moskwitsch gewonnen habe. Die nach den ebenfalls allgemein bekannten Grundsätzen abgefaßte Antwort lautet: "Im Prinzip ja. Es war aber nicht Gagarin, sondern sein Bruder, und außerdem war es nicht in Moskau, sondern in Minsk. Ferner war der Moskwitsch gar kein Moskwitsch, sondern ein Fahrrad, und der Bruder Gagarins hat es nicht gewonnen, sondern es wurde ihm gestohlen."

Rohrer bemerkt hierzu – und, wie ich meine, mit Recht –, es würden in der Antwort alle Präsuppositionen des Fragenden als falsch bezeichnet.[15] W. Dressler, der diesen Passus in seinem eingangs erwähnten Buch zitiert, bemerkt dazu, die Behauptung Rohrers sei nicht korrekt, denn die Existenz von Gagarin, Moskau, der Automarke Moskwitsch und die Möglichkeit, ein solches Auto zu gewinnen, würden keineswegs geleugnet", sondern nur die gefragte Relation zwischen diesen vier präsupponierten Elementen."[16]

Diesen Einwand Dresslers halte ich für unberechtigt. Es geht hier um *Textpräsuppositionen*, nicht um *Präsuppositionen des Sprechens im allgemeinen*. Für die Frage als Textfunktion gelten nicht automatisch sämtliche Präsuppositionen, die im Zusammenhang mit jedem beliebigen Redeakt überhaupt in Frage kommen könnten. In dieser Hinsicht ist nämlich auch Dresslers Liste der nicht geleugneten Präsuppositionen unvollständig. Es wird nämlich ebensowenig geleugnet, daß es Menschen, Städte und Autos gibt oder daß sich Gagarin in eine bestimmte Stadt, nämlich nach Moskau, begeben kann. Im übrigen beruht die Antwort wiederum auf anderen Präsuppositionen, nämlich daß Gagarin einen Bruder hat, daß es Menschen gibt, die eine Schwäche für fremde Fahrräder haben usw. usf.

---

[15] "Zur Theorie der Fragesätze", in D. Wunderlich (Hrsg.), *Probleme und Fortschritte der Transformationsgrammatik*, München 1971, SS. 109-126, hier S. 114.

[16] Cf. *Einführung*, op. cit., S. 85.

Was uns hier nun eigentlich zu interessieren hat, ist folgendes: Gibt es für die Textfunktion *Frage* einzelsprachlich geregelte Verfahren, die unterschiedlichen Präsuppositionen Rechnung tragen? Im Deutschen scheint dies, zumindest was das soeben angeführte Beispiel betrifft, nicht der Fall zu sein; die Formel *ob es wahr sei* ist eine Form der indirekten Frage, durch die nicht ausgedrückt wird, daß der Fragende mit einer bestimmten Art von Antwort rechnet. Um dies auszudrücken, wären im Deutschen Partikel wie *wohl* oder *doch* erforderlich, die ihrerseits jedoch wiederum eine allgemeinere Funktion haben als die, Fragesätze zu modifizieren. Es gibt jedoch Sprachen, die bis zu einem gewissen Punkt die Präsuppositionen der Frage als solche kennzeichnen, so daß wir schon durch die Frage selbst erfahren, welcher Art die damit verbundene Präsupposition ist. Aus der lateinischen Grammatik kennen wir unterschiedliche Formen der direkten Frage, die eine bestimmte Präsupposition des Fragenden zum Ausdruck bringen. Das bedeutet nicht, daß der Fragende der jeweiligen Antwort völlig sicher wäre, sonst würde er nicht fragen – es handelt sich nämlich nicht um sog. "rhetorische Fragen" –, sondern nur, daß er bestimmte Erwartungen hinsichtlich der Antwort hegt:

Frage	*Präsupposition*
venit*ne*?	
Ist er gekommen?	keine
num venit?	negativ; Annahme des Nicht-
Ist er etwa gekommen?	Bestehens des erfragten Sachverhalts
nonne venit?	positiv; Annahme des Bestehens des
Er ist doch gekommen? oder:	erfragten Sachverhalts
Ist er etwa nicht gekommen?	

Im Spanischen (und in vielen anderen modernen Sprachen) trifft man auf eine andere Einteilung dieser sehr allgemeinen Präsuppositionen. Dem lat. *venitne?* und *num venit?* entspricht *¿vino?* allein, während *nonne venit?* eine ziemlich genaue Entsprechung in *¿no vino?* findet. Es gibt allerdings Varianten zu diesen beiden Verfahren, die im Zusatz von *acaso* "etwa" bestehen. *¿Acaso vino?* entspricht somit, was die übereinzelsprachliche Textfunktion betrifft, recht gut dem lateinischen *num venit?* Dennoch verfügt das Spanische auf diesem Gebiet über ein andersartig gestaltetes Paradigma als das Lateinische, was u.a. auch darin zum Ausdruck kommt, daß *acaso* auch der Form für die positive Präsupposition hinzugefügt werden kann:

venitne?	¿vino?
num venit?	¿(acaso) vino?
nonne venit?	¿no vino?
	¿(acaso) no vino?

Es ist anzunehmen, daß es auch für die Textfunktion der Verneinung, oder allgemeiner: der Zurückweisung, spezifisch einzelsprachliche Verfahren gibt. Ich habe vor einiger Zeit einmal eine Zulassungsarbeit mit dem Thema "Formen des Nicht-Einverstandenseins im Französischen" vergeben. Ein nicht besonders überraschendes Ergebnis dieser Arbeit war, daß es über das bloße Nein-Sagen hinaus eine große Anzahl von Möglichkeiten gibt, diese Funktion im Text auszudrücken. In vielen Fällen (ich gebe hier nur einige wenige Beispiele) handelt es sich möglicherweise um allgemeinsprachliche Möglichkeiten, zumindest besteht ein vollständiger Parallelismus zum Deutschen:

A: Tu l'aimes? B: *Tu es fou.* Oder auch: *Tu es fou?*, *T'es cinglé?*
(Liebst du sie? Du bist wohl verrückt. Oder: Spinnst du?)

A: C'est à cause de son portrait? B: *C'est à cause de ses yeux.*
(Wegen seines Bildes? Wegen seiner Augen.)

A: Vous m'en voulez? B: *Je serais un salaud, si je vous en voulais.*
(Sind Sie mir böse? Ich wäre ein Schuft, wenn ich Ihnen böse wäre; –
was nicht etwa als Selbstcharakterisierung, sondern als eine Form der Zurückweisung zu interpretieren ist.)

A: Américanophile que tu es, tu devrais approuver la position de la Maison Blanche. B: *Américanophile, moi?*
(Als Amerikanophiler müßtest du eigentlich mit der Position des Weißen Hauses einverstanden sein. Ich und amerikanophil?) (cf. *supra*)

Nicht üblich in den übrigen romanischen Sprachen ist die Formel *pensez-vous* als Ausdruck der Zurückweisung. Sie kennen dieses Verfahren in etwas andersartiger Form aus dem Deutschen, wo *denkste!* fast schon lexikalisiert ist. (Im Süddeutschen sind allerdings eher Wendungen vom Typ "Das hättest du wohl gedacht", "Das denkst auch bloß du" gebräuchlich.)

Leider können so ausdrucksstarke Formen der Zurückweisung, wie sie die Heldin des Romans *Zazie dans le métro* von Raymond Queneau stereotyp verwendet, im Hörsaal einer traditionsreichen deutschen Universität nicht erwähnt werden. Man kann gerade noch so weit gehen, ein vergleichbares italienisches Verfahren anzuführen:

> A: Ce la faremo, vedrai! B: *Col cavolo!*
> (Wir schaffen es, du wirst sehen! Einen alten Dreck schaffen wir [es]!
> Wörtlich: "Mit dem Kohl")

Im *français populaire* gibt es eine ganz ähnliche Möglichkeit der Zurückweisung:

> ... tu n'en as pas [des cigarettes]? Non ..., j'en ai fumé cette nuit. *Des clous!* Je t'ai entendu ronfler. (Sartre)

Des clous! (wörtl. "Nägel") dient hier zur energischen Zurückweisung der Schutzbehauptung, mit der ein kriegsgefangener Soldat seine letzten Zigaretten dem Zugriff seiner Zimmergenossen entziehen will.

Das mag als erste Übersicht über die Paradigmatik der Textfunktionen genügen. Was auf diesem Gebiet nottut, ist zunächst einmal eine gründliche Bestandsaufnahme, die möglichst vergleichend für mehrere Sprachen vorgenommen werden sollte.

Gestatten Sie mir nun noch einige letzte Bemerkungen zur Syntagmatik der Ebene des Textes. Dieser Bereich ist sehr viel besser untersucht worden als der der Paradigmatik, wie denn auch in der Linguistik der vergangenen beiden Jahrzehnte die Syntagmatik ganz allgemein zuungunsten der Paradigmatik besonders stark berücksichtigt worden ist.

Ganz allgemein betrachtet können die syntagmatischen Relationen auf der Ebene des Textes nur von dreierlei Art sein: *Vorwegnahme*, *Wiederaufnahme*, *Anreihung*. Da wir viele Fakten, die zur Syntagmatik des Textes gehören, schon bei der Besprechung der Eigenschaften der vier grammatischen Schichten angeführt haben (die *Substitution* ist z.B. ein mögliches Verfahren, durch das die syntagmatische Relation "Wiederaufnahme" ausgedrückt werden kann), genügt hier ein knapper Überblick.

Bei der *Vorwegnahme* oder *Kataphorik* weist ein Element des Textes auf etwas hin, was folgen muß. Im Deutschen dienen hierzu z.B. u.a. Wörter wie *folgendes*, *das Folgende* usw. oder die Wortgruppe *im folgenden*. Ganz ähnlich im Spanischen, wo man die Wahl hat zwischen *en lo que sigue* (wörtl. "in dem, was folgt") und *en lo siguiente* ("im folgenden"). Vom Gesichtspunkt der Satzgrammatik des Spanischen her könnten diese Formeln als synonym angesehen werden; sie sind jedoch nicht synonym in bezug auf ihre Funktion in dem Text, in dem sie als vorwegnehmende Elemente erscheinen: *En lo que sigue* bezieht sich auf den gesamten noch folgenden Text; das, worauf verwiesen wird, kann u.U. tatsächlich unmittelbar danach genannt werden, es kann jedoch auch erst viel später im Text folgen. Die Formel *en lo siguiente* verweist dagegen auf etwas unmittelbar Folgendes, sie hat sozusagen die Funktion eines Interpunktionszeichens, des Doppelpunkts.

Auf die zweite der drei syntagmatischen Relationen, die *Wiederaufnahme*, habe ich, zumindest was ihre allgemeine Form, die Satz- oder Textpronominalisierung durch Elemente vom Typ *ja*, *nein*, *doch* betrifft, schon so oft hingewiesen, daß ich mir an dieser Stelle längere Ausführungen sparen kann. Immerhin sei an diesem Punkt nochmals erwähnt, daß in gewissen Sprachen, wie z.B. im Portugiesischen und im Rumänischen, die Wiederaufnahme durch Satzsubstitute dieses Typs ziemlich unüblich ist und daß vielmehr, in alter lateinischer Tradition, in der Norm der betreffenden Sprachen die Wiederholung des Verbs vorgezogen wird (wobei die entsprechenden Textpronomina evtl. als Begleiter auftreten können):

A menina chama-se Maria? (Heißt du Maria, Kleine?)
Chamo. Oder auch: *Sim, chamo.* (Nicht einfach: *sim* "ja")

Was nun die Wiederaufnahme der periphrastischen Formen des konjugierten Verbs betrifft so haben wir bereits gesehen, daß im Portugiesischen die *anaphorische* Wiederaufnahme (die Wiederholung des A n f a n g s des wiederaufzunehmenden Segments: *tens visto? - tenho!*) üblich ist, während das Italienische und das Rumänische die *epiphorische* Wiederaufnahme (die Wiederholung des E n d e s des wiederaufzunehmenden Segments: *hai visto? – visto!*) kennen. Im Deutschen existieren beide Verfahren als Möglichkeiten, allerdings mit einer starken Präferenz für die Anaphorik in der Norm [vgl. auch 1.2.].

Die dritte der drei allgemeinen syntagmatischen Relationen auf der Ebene des Textes, die *Reihung* oder *Anreihung*, kann ebenfalls verschiedene speziellere Formen annehmen. Ein diesbezügliches Beispiel habe ich bereits angeführt: die Aufzählung im klassischen Latein [1.2.]; daneben wären noch eine Reihe von weiteren Verfahren denkbar, durch die "Textketten" gebildet werden können, z.B. Formen der einzelsprachlich geregelten paraphrastischen Wiederholung.

***

Was ich hier geben konnte, waren nur richtungweisende Vorschläge, an eigentlicher Forschungsarbeit ist noch sehr wenig getan. Der über die Satzsyntax hinausgehende Teil der Grammatik einer Sprache, ihre transphrastische Grammatik, ist noch für keine Sprache wirklich kohärent und einigermaßen vollständig dargestellt worden.[17] Eine solche Darstellung wäre auf verschiedenen Ebenen vorzunehmen, auf derjenigen des *Systems* und auf derjenigen der *Norm*. Zunächst hat man das

---

[17] [Sehr viel Material zum Englischen in diesem Bereich findet sich in einem Werk, das eine ganze "Schule" der Transphrastik begründet hat: M.A.K. Halliday / R. Hasan: *Cohesion in English*, London 1976. Unter *Kohäsion* wird heute im Gegensatz zur *Kohärenz* nicht die aufgrund semantischer Relationen erschließbare, sondern die explizit materiell kodierte Verknüpfung von Sätzen verstanden (vgl. Beaugrande / Dressler, *Einführung*, op. cit., S. 3ff). Brown und Yule werfen Halliday und Hasan (die den Terminus *coherence* nicht verwenden) sowie ihren Nachfolgern zu Recht vor, daß sie diese beiden Typen von Relationen nicht immer in ganz eindeutiger Weise unterscheiden (vgl. G. Brown / G. Yule, *Discourse Analysis*. Cambridge 1983, S. 195).]

systematisch Funktionierende, die notwendigen und regelmäßigen Oppositionen und syntagmatischen Relationen zu identifizieren und zu beschreiben. Dann könnte man zu dem übergehen, was in der jeweiligen Sprache üblich ist. Und dieses Übliche ist einerseits das, was innerhalb des Systems als eines Gefüges von Möglichkeiten auch tatsächlich realisiert worden ist und andererseits das, was ebenfalls fest in der Tradition der betreffenden Sprachgemeinschaft verankert ist, obwohl es das Funktionieren des Systems überhaupt nicht tangiert.

Nicht selten sind es gerade diese normbedingten Fakten auf der höchsten Ebene der einzelsprachlichen Strukturierung, die Texten, die von Anderssprachigen verfaßt wurden, trotz hervorragender Sprachkenntnisse des Textproduzenten, einen letzten Hauch von Fremdartigkeit verleihen. "Seltsam", sagt man sich als Muttersprachler beim Anhören oder bei der Lektüre solcher Texte, "an dieser Ausdrucksweise ist nichts falsch, man könnte das ohne weiteres so sagen. Aber auf deutsch (bzw. auf französisch, auf portugiesisch usw.) sagt man es doch lieber so: «...»".

Literaturverzeichnis

Zitierte Texte[1]

Claudel, P.: *Œuvre Poétique,* Paris (Bibliothèque de la Pléiade) 1957.

Cros, Ch.: *Œuvres Complètes,* Paris (Bibliothèque de la Pléiade) 1970.

Mallarmé, St.: *Œuvres Complètes,* Paris (Bibliothèque de la Pléiade) 1945.

Muscetta, C. / Ponchiroli, D. (Hrsg.): *Poesia del Quattrocento e del Cinquecento,* Turin 1959.

Novalis, *Werke in einem Band,* hrsg. von H.-J. Mähl und R. Samuel, München / Wien 1982.

Treu, M. (Hrsg.): *Sappho. Griechisch und deutsch,* München [3]1963.

id. (Hrsg.): *Alkaios. Griechisch und Deutsch,* München [2]1969.

Werner, O. (Hrsg.): *Aischylos. Tragödien und Fragmente,* München [2]1969.

Sekundärliteratur[2]

Albrecht, J.: *Europäischer Strukturalismus,* Tübingen 1988 (= UTB 1487).

Alonso, D.: *Spanische Dichtung. Versuch über Methoden und Grenzen der Stilistik (Poesía Española. Ensayo de métodos y límites estilísticos),* Bern 1962.

Aristoteles: *Poetik* (beliebige Ausgabe).

id.: *Rhetorik.* München [4]1993 (= UTB 159).

---

[1] Primärquellen werden nur dann aufgeführt, wenn im Text auf eine bestimmte Ausgabe verwiesen wurde.
[2] Verzeichnis der im Text zitierten Werke. Zu weiterführenden bibliographischen Hinweisen vgl. auch die "Vorbemerkungen".

Aschenberg, H.: *Idealistische Philologie und Textanalyse. Zur Stilistik Leo Spitzers*, Tübingen 1984.

Austin, J.L.: *How to do things with words*, Oxford 1962 (dt. Übers.: *Zur Theorie der Sprechakte*, Stuttgart 1972).

Bally, Ch.: *Linguistique générale et linguistique française*, Bern ⁴1965.

Beaugrande, R.-A. de / Dressler, W.: *Einführung in die Textlinguistik*, Tübingen 1981.

Bidu-Vrănceanu, A.: *Systématique des noms de couleurs*, Bukarest 1976.

Birkenmaier, W.: *Artikelfunktionen in einer artikellosen Sprache. Studien zur nominalen Determination im Russischen*, München 1979.

Bloomfield, L.: *Language*. New York 1933, Nachdruck London 1973 (dt. Übers.: *Sprache*. Frankfurt 1980).

Bolinger, D.D.: "On the Passive in English", in: A. Makkai u. V.B. Becker Makkai (Hrsg.), *The first LACUS Forum 1974*, Columbia, South Carolina 1975, SS. 57-77.

Bousoño, C.: *Teoría de la expresión poética*, Madrid 1952, ⁵1970 (2 Bde.).

Brinker, K.: *Linguistische Textanalyse*. Berlin 1985/³1992.

Brown, G. / Yule, G.: *Discourse Analysis*. Cambridge 1983.

Bühler, K.: "Kritische Musterung der neueren Theorien des Satzes", *Indogerm. Jahrb.*, 6. Bd. (1918), SS. 1-20.

id.: "Die Axiomatik der Sprachwissenschaften" in: *Kant-Studien* 38 (1933), SS. 19-90, kommentierte Neuausgabe Frankfurt/M. 1969, ²1976 (Hrsg. E. Ströker).

id.: *Sprachtheorie. Die Darstellungsfunktion der Sprache*, Jena 1934, 2. Aufl. Stuttgart 1965 (Nachdruck Stuttgart 1982 [= UTB 1159]).

Catford, J.C.: *A Linguistic Theory of Translation*, London 1965.

Christmann, H.H.: "*Declinet* und kein Ende", in: H. Krauss (Hrsg.), *Altfranzösische Epik*, Darmstadt 1978, SS. 355-367.

Cornish, F.: *Anaphoric Relations in English and French*. A Discourse Perspective. London 1986.

Coseriu, E.: "Forma y sustancia en los sonidos del lenguaje" (1954), jetzt in: id.: *Teoría del lenguaje y lingüística general* (cf. infra), SS. 115-234.

id.: "Determinación y entorno. Dos problemas de una lingüística del hablar", *Romanistisches Jahrbuch* VII (1955/56), SS. 29-54. Jetzt in: *Teoría del lenguaje y lingüística general* (cf. infra).

id.: *Sincronía, Diacronía e Historia*, 1. Aufl. Montevideo 1958; 3. Aufl. Madrid 1978 (deutsch von H. Sohre, München 1974).

id.: "Das Phänomen der Sprache und das Daseinsverständnis des heutigen Menschen", in: *Das Selbstverständnis des modernen Menschen*, Frankfurt/M. 1967, S. 21f.

id.: "'L'arbitraire du signe'. Zur Spätgeschichte eines aristotelischen Begriffes", *ASNSL*, 204 (1967), SS. 81-112.

id.: "Coordinación latina y coordinación románica", in: *Actas del III Congreso Español de Estudios Clásicos (Madrid 1966)*, Bd. III, *Coloquio de estudios estructurales sobre las lenguas clásicas*, Madrid 1968, SS. 35-57, (dt. Übers. in: id.: *Sprache. Strukturen und Funktionen*, Tübingen ²1971, SS. 157-178).

id.: *Einführung in die Strukturelle Linguistik*. Vorlesung gehalten im WS 1967/68 in Tübingen, autorisierte Nachschrift von G. Narr und R. Windisch, Tübingen 1969.

id.: "Bedeutung und Bezeichnung im Lichte der strukturellen Semantik", in: P. Hartmann / H. Vernay (Hrsg.): *Sprachwissenschaft und Übersetzen*. Commentationes Societatis Linguisticae Europaeae III, München 1970, SS. 1-18.

id.: "Zur Sprachtheorie von Juan Luis Vives", in: *Aus der französischen Kultur- und Geistesgeschichte* (Festschrift Walter Mönch), Heidelberg 1971, SS. 234-255.

id. "Thesen zum Thema 'Sprache und Dichtung'", in: W.-D. Stempel (Hrsg.), *Beiträge zur Textlinguistik*, München 1971, SS. 183-188 (jetzt auch in: *Energeia und Ergon*, cf. infra, Bd. 1, SS. 291-294).

id.: *Teoría del lenguaje y lingüística general*, tercera edición revisada y corregida, Madrid 1973 (dt. Übers.: *Sprachtheorie und allgemeine Sprachwissenschaft*, München 1975).

id.: *Die Geschichte der Sprachphilosophie von der Antike bis zur Gegenwart*, Bd. 1 Tübingen ²1975, Bd. 2 Tübingen 1972.

id.: *Probleme der strukturellen Semantik*, Tübingen 1973, ²1975.

id.: "Logique du langage et logique de la grammaire", in: J. David / R. Martin (Hrsg.), *Modèles logiques et niveaux d'analyse linguistique* (Actes du colloque organisé par le Centre d'Analyse syntaxique de l'Université de Metz, 7-9 novembre 1974), Paris 1976, SS. 15-33.

id.: *Das Romanische Verbalsystem*, hrsg. und bearbeitet von H. Bertsch, Tübingen 1976.

id.: "Falsche und richtige Fragestellungen in der Übersetzungstheorie", in: L. Grähs / G. Korlén / B. Malmberg (Hrsg.), *Theory and Practice of Translation* (Nobel Symposium 39, Stockholm 1976), Bern-Frankfurt/M.-Las Vegas 1978, SS. 17-32 (jetzt auch in: *Energeia und Ergon*, cf. infra, Bd. 1, SS. 295-309).

id.: "Einführung in die strukturelle Betrachtung des Wortschatzes" ("Structure lexicale et enseignement du vocabulaire"); jetzt in: H. Geckeler (Hrsg.): *Strukturelle Bedeutungslehre*, Darmstadt 1978, SS. 193-238.

id.: "'Historische Sprache' und 'Dialekt'", *Zeitschrift für Dialektologie und Linguistik, Beihefte NF*, Nr. 26 (1980), SS. 106-122 (jetzt auch in: *Energeia und Ergon*, cf. infra, Bd. 1, SS. 45-61).

id.: "Grundzüge der funktionellen Syntax", in: id.: *Formen und Funktionen. Studien zur Grammatik*, hrsg. v. U. Petersen, Tübingen 1987, SS. 133-176.

id.: "Die Ebenen des sprachlichen Wissens. Der Ort des 'Korrekten' in der Bewertungsskala des Gesprochenen", in: *Energeia und Ergon*, cf. infra, Bd. 1, SS. 327-364.

id.: *Strukturelle und kognitive Semantik*. Vorlesung WS 1989/90. Nachschrift v. U. Maier u. H. Weber, Tübingen 1992 (vervielf. Ms.).

Croce, B.: *Problemi di Estetica*, Bari ⁶1966.

Delbouille, P.: *Poésie et sonorités*, Paris 1961.

De Sanctis, F.: *Storia della letteratura italiana*, Florenz 1963.

Dressler, W.: *Einführung in die Textlinguistik*, Tübingen 1972, ²1973.

DUDEN, *Grammatik der deutschen Gegenwartssprache*, Mannheim ⁴1984.

Du Marsais, C.Ch.: *Des Tropes, ou des différens sens dans lesquels on peut prendre un même mot dans une même langue*. Paris 1730.

Energeia und Ergon. Studia in honorem Eugenio Coseriu. Bd. 1: Schriften von E. Coseriu. Eingeleitet u. hrsg. v. J. Albrecht. Tübingen 1988.

Eroms, H.-W.: *Funktionale Satzperspektive*, Tübingen 1986.

Fanselow, G. / Felix, S.W.: *Sprachtheorie*. Bd. 2 *Die Rektions- und Bindungstheorie*, Tübingen ³1993.

Fillmore, Ch.J.: "The Case for Case", in: E. Bach / R. Harms (Hrsg.), *Universals in Linguistic Theory*, New York 1968, SS. 1-88 (dt. Übers.: "Plädoyer für Kasus", in: W. Abraham (Hrsg.): *Kasustheorie*, Frankfurt/M. 1971, SS. 1-118).

Flydal, L.: "Remarques sur certains rapports entre le style et l'état de la langue", *Norsk Tidsskrift for Sprogvidenskap* 16 (1951), SS. 241-258.

Frege, G.: "Über Sinn und Bedeutung" [1892], in: id.: *Fünf logische Studien*. Göttingen 1962, SS. 40-65.

Gardiner, A.H.: *The Theory of Speech and Language*, Oxford 1932, [2]1951.

Gleason, H.A.: *An Introduction to Descriptive Linguistics*, New York [2]1961.

Heinemann, W. / Viehweger, D.: *Textlinguistik. Eine Einführung*. Tübingen 1991.

Hennigfeld, J.: *Geschichte der Sprachphilosophie. Antike und Mittelalter*, Berlin - New York 1994.

Hjelmslev, L.: *Omkring sprogteoriens grundlaeggelse*, Kopenhagen 1943 (engl. Übers.: *Prolegomena to a Theory of Language*, Madison [2]1961; frz. Übers.: *Prolégomènes à une théorie du langage*, Paris 1968-1971; dt. Übers.: *Prolegomena zu einer Sprachtheorie*, München 1974).

Holthuis, S.: *Intertextualität. Aspekte einer rezeptionsorientierten Konzeption*, Tübingen 1993.

Husserl, E.: *Logische Untersuchungen*, Tübingen [5]1986.

Jakobson, R.: "Linguistics and poetics", in: T.A. Sebeok (Hrsg.), *Style in Language*, Cambridge, Mass. 1960, SS. 350-377 (dt. Übers.: "Linguistik und Poetik", in: J. Ihwe (Hrsg.), *Literaturwissenschaft und Linguistik*, Frankfurt/M. 1972, Bd. 1, SS. 99-135).

Jespersen, O.: *How to Teach a Foreign Language (Sprogundervisning)*, London 1904; [12]1961.

id.: *The philosophy of grammar*, London, Nachdruck 1975.

Kainz, F.: *Psychologie der Sprache*, 5 Bde., Stuttgart 1941-1969.

Kallmeyer, W. et alii: *Lektürekolleg zur Textlinguistik*, 2 Bde., Frankfurt a.M., 1974 (Bd. 1 [4]1984).

Kęsik, M.: *La cataphore*. Paris 1989.

Koeppel, R.: *Satzbezogene Verweisformen. Eine datenbankgestützte Untersuchung zu ihrer Distribution und Funktion in mündlichen Texten, schriftlichen Texten und schriftlichen Fachtexten des Deutschen*. Tübingen 1993.

Koller, W.: *Einführung in die Übersetzungswissenschaft*, Heidelberg 1979, [4]1992.

Kong, D.: *Textsyntax. Untersuchungen zur Satzverknüpfung und Satzanknüpfung in der deutschen Gegenwartssprache*. Würzburg 1993.

Kristeva, J.: "Bachtine, le mot, le dialogue et le roman", *Critique* 33, 239 (1967), SS. 438-465).

Lausberg, H.: *Elemente der literarischen Rhetorik*, München [10]1990.

Martinet, A.: *Eléments de linguistique générale*, Paris 1960, Neubearb. 1980 (dt. Übers.: *Grundzüge der allgemeinen Sprachwissenschaft*, Stuttgart 1963).

Moirand, S.: *Une grammaire des textes et des dialogues*. Paris 1990.

Molino, J.: "La connotation", *La linguistique* 7 (1971), SS. 5-30.

Pagliaro, A.: *Saggi di critica semantica*, Messina-Florenz 1953.

id.: *Nuovi saggi di critica semantica*, Messina-Florenz 1956.

id.: *Altri saggi di critica semantica*, Messina-Florenz 1961.

Platon, *Œuvres Complètes*, Tome V, 2e Partie, *Cratyle*, Texte établi et traduit par L. Méridier, Paris [2]1969.

Riffaterre, M.: *Essais de stylistique structurale*, Paris 1971 (dt. Übers.: *Strukturale Stilistik*, München 1973).

Rohrer, Ch.: "Zur Theorie der Fragesätze", in D. Wunderlich (Hrsg.), *Probleme und Fortschritte der Transformationsgrammatik*, München 1971, SS. 109-126.

Russell, B.: *Introduction to Mathematical Philosophy*, London [12]1967.

Saussure, F. de: *Cours de linguistique générale*, Paris 1916 (dt. Übers.: *Grundfragen der allgemeinen Sprachwissenschaft*, Berlin [2]1967).

Searle, J.R.: *Speech acts*, Cambridge 1969 (dt. Übers.: *Sprechakte*, Frankfurt/M. 1983).

Seguin, J.-P.: *La langue française au XVIIIe siècle*, Paris 1972.

Spitzer, L.: *Linguistics and literary history. Essays in stylistics*, 1. Aufl. Princeton (New Jersey) 1948, Neudruck New York 1962.

id.: *Texterklärungen. Aufsätze zur europäischen Literatur*, München 1969.

Stebbing, L.S.: *A Modern Introduction to Logic*, London [7]1950.

"Thèses du Cercle Linguistique de Prague, 3. Problèmes des recherches sur les langues de diverses fonctions", in: *Travaux du Cercle Linguistique de Prague* 1, [2]1968, SS. 14-21.

Thomas von Aquin: *Summa theologiae* (beliebige Ausgabe).

Thun, H.: *Personalpronomina für Sachen. Ein Beitrag zur romanischen Syntax und Textlinguistik*. Tübingen 1986.

Trabant, J.: *Zur Semiologie des literarischen Kunstwerks. Glossematik und Literaturtheorie*, München 1970.

id.: "Poetische Abweichungen", *Linguistische Berichte* 32 (1974), SS. 45-59.

Ueding, G.: *Einführung in die Rhetorik*, Stuttgart 1976.

Urban, W.M.: *Language and Reality*, London 1939.

Vossler, K.: *Gesammelte Aufsätze zur Sprachphilosophie*, München 1923.

Weinrich, H.: *Wege der Sprachkultur*, Stuttgart 1985.

Personenregister

Sachregister

Aus Übersichtlichkeitsgründen wurden nur solche Textstellen in das Register aufgenommen, an denen der entsprechende Begriff näher erläutert wird. Wortgruppen sind unter dem sinntragenden Substantiv aufgeführt.

Weitere UTB-Bände von Eugenio Coseriu:

Einführung in die Allgemeine Sprachwissenschaft

Aus dem Spanischen übersetzt von Monika Hübner,
Silvia Parra Belmonte und Uwe Petersen

UTB 1372, 2. Auflage 1992, 332 Seiten
UTB-ISBN 3-8252-1372-2

Aus den Pressestimmen zur ersten Auflage:
"Insgesamt liegt ein streng durchkomponiertes Buch vor, das in
überzeugender Weise sprachwissenschaftliche Grundprinzipien
herausarbeitet (...)".   *Jahrbuch für internationale Germanistik*

"Dem Autor ist es (...) hervorragend gelungen, verwendete Begriffe anschaulich zu erklären und mit einer Vielzahl von Beispielen aus verschiedenen Sprachen und Sprachdisziplinen zu
konkretisieren."   *Info Deutsch als Fremdsprache*

Sprachkompetenz

Grundzüge der Theorie des Sprechens

Bearbeitet und hrsg. von Heinrich Weber

UTB 1481, 1988, 320 Seiten
UTB-ISBN 3-8252-1481-8

Aus den Pressestimmen:
"Das Buch ist beeindruckend (...). Wer Coserius Sprachtheorie
kennenlernen will, findet hier einen guten Zugang. Linguistische
Modelle des sprachlichen Wissens werden kompetent und ori-
ginell dargestellt (...)."   *Zielsprache Französisch*

UTB FÜR WISSENSCHAFT

Francke

Sprachwissenschaft

Wilhelm von Humboldt

Über die Sprache

Reden vor der Akademie

Mit einem Nachwort herausgegeben und kommentiert von Jürgen Trabant

UTB 1783, 1994
UTB-ISBN 3-8252-1783-3

Die in dem vorliegenden Band erstmals zusammengestellten Texte sind entstanden aus Vorträgen, die Wilhelm von Humboldt (1767-1835), der berühmte preußische Staatsmann und Gründer der Berliner Universität, nach dem Ausscheiden aus der aktiven Politik ab 1820 vor der Preußischen Akademie der Wissenschaften gehalten hat. In diesen letzten fünfzehn Jahren seines Lebens fand Humboldt Muße, seine sprachphilosophische und sprachwissenschaftliche Konzeption weiter auszuarbeiten und seine Sprachstudien auszudehnen.

Die Akademie-Vorlesungen, die den größten Teil dessen darstellen, was Humboldt zu Lebzeiten "Über die Sprache" veröffentlicht hat, dokumentieren in chronologischer Folge die Entwicklung dieser Forschungen und spiegeln das ganze Spektrum seiner Sprachkonzeption.

UTB
**FÜR WISSEN
SCHAFT**

Francke